현장중심

방과후학교 교육개론

After-School Introduction to Education

현장중심

방과후학교 교육개론

김홍원 · 양애경 · 김수동 · 정영모 · 김주섭 · 정종민
유재복 · 윤준영 · 양윤이 · 노상수 · 채명숙 공저

동문사

머 리 말

기존에 단위학교에서 운영되던 다양한 방과 후 교육활동은 2006년 수요자 중심을 강조하는 '방과후학교'로 새롭게 변화하였으며 이후 양적으로나 질적으로 괄목할 만한 성장이 있었다. 2006년 130천개의 강좌에 42.7%의 학생들이 참여하는 수준에서 2015년 476천개 강좌에 66.9%의 학생들이 참여하는 수준이 되었다.

방과후학교는 학생과 학부모의 요구를 반영하여 정규교육과정에서는 제공하기 어려운 다양한 교과 및 특기적성 프로그램을 제공하여 학생들의 학업능력 향상, 특기적성 능력 신장, 학부모 사교육비 부담 경감 등 다양한 성과를 보였다. 도시 저소득층 및 농산어촌 지역의 학생들에게 무료 또는 저렴한 강좌를 제공하여 계층 간 · 지역 간 교육격차를 완화하고, 학교와 지역사회가 협력하는 매개하는 역할을 하는 등 지역사회 학교 체제를 구축하는데 기여하였다. 최근에는 초등돌봄교실 기능 강화를 통해 방과 후에 방치되는 아동에게 돌봄 기능을 제공하기도 하였다. 그 결과 학생들이 건강하고 행복한 인간으로 성장하는데 방과후학교가 매우 중요한 역할을 하고 있는 것으로 인정받고 있다.

현대 사회는 매우 복잡화, 전문화, 다원화 되고 있으며, 학생과 학부모의 요구도 매우 다양해지고 있다. 맞벌이 · 한부모 가정이 증가하고 핵가족이 보편화되면서 방과 후에 방치되는 아동이 발생할 가능성도 매우 높아지고 있다. 이러한 사회적 변화는 학교의 기능이 전통적인 교육 기능 이외에도 교육 수요자의 다양한 요구를 충족시킬 수 있는 보다 유연한 교육활동의 제공과 돌봄서비스 제공에 대한 필요성을 높이고 있다. 이러한 이유에서 다양하고 유연한 교육활동을 제공하고 보호와 돌봄 서비스를 제공하는 방과후학교는 매우 필요한 기능을 수행하는 하나의 교육제도로 인식되고 있다. 이제 방과후학교는 정규교육과정과 함께 공교육을 형성하는 두 개의 축 중 한 축을 담당하고 있다.

이러한 상황에도 불구하고 방과후학교에 관심을 갖는 현장관계자, 일반인들이 방과후학교에 보다 쉽게 접근하고 종합적인 이해를 할 수 있도록 돕는 전문서적을 찾아보기 어려운 것이 현실이다. 「현장중심 방과후학교 교육개론」은 방과후학교에 대해 다년간의 경험과 연구경력이 있는 전문가들이 모여서 이러한 아쉬움을 해소하기 위하여 집필되었다.

제1부 방과후학교의 이론 부분에서는 방과후학교의 개념과 운영 현황 및 성과, 방과후학교의 역사와 변천과정, 학교교육과정과 방과후학교, 아동발달과 방과후학교, 초등돌봄교실, 지역사회와 방과후활동, 외국의 방과후활동 사례와 시사점 등과 관련된 내용을 다루었다. 제2부 방과후학교의 실제 부분에서는 방과후학교 운영지원 체제, 방과후학교 프로그램 운영의 실제, 초등돌봄교실 운영관리의 실제, 방과후학교지원센터와 지역사회 연계, 방과후학교 민간위탁 운영, 질 제고를 위한 방과후학교 내실화 방안 등과 관련된 내용을 다루었다.

본 교재가 방과후학교를 연구하는 연구자, 방과후학교에서 활동하는 강사와 담당교사 그리고 방과후학교에 관심 있는 모든 분들의 어려움을 해소하는데 많은 도움을 주기를 기대한다. 또한 이 교재를 시발점으로 많은 사람들이 보다 쉽게 접근할 수 있는 방과후학교에 관한 다양한 전문서적들이 만들어지기를 기대한다.

마지막으로 본서의 발간을 기꺼이 협력해 주신 동문사 편집부와 대표님께 감사드립니다.

2016년 8월
저자 일동

차 례

1부 방과후학교 이론

01장 방과후학교의 이해 ········ 13

1절 방과후학교의 개념과 운영방식 • 15
2절 방과후학교 운영현황 • 24
3절 방과후학교 운영성과 • 26

02장 방과후학교의 역사와 변천과정 ········ 29

1절 방과후학교 도입기의 주요 정책 동향 및 전망과 의의 • 31
2절 방과후학교 발전기의 주요 정책 동향 및 전망과 의의 • 35
3절 방과후학교 확산기의 주요 정책의 동향 및 전망과 의의 • 36
4절 방과후학교 최근 동향:박근혜 정부(2013~2016.6 현재) • 41

03장 학교교육과정과 방과후학교 ········ 43

1절 교육과정의 의미와 우리나라 교육과정의 변천 • 45
2절 교육과정과 방과후학교 연계를 위한 이론적 탐색 • 49
3절 방과후학교 중심 연계 방안 탐색 • 55
4절 정규교육과정과 방과후학교의 교수학습방법 개선 방안 탐색 • 59

// 04장 // 아동발달과 방과후학교 ········· 65

1절 아동발달의 이해 • 67
2절 방과후학교와 인성·생활지도 • 76
3절 방과후학교와 안전지도 • 82

// 05장 // 초등돌봄교실의 이해 ········· 89

1절 초등돌봄교실의 성격 • 91
2절 초등돌봄교실 운영방향 • 96
3절 초등돌봄교실 운영유형 • 98
4절 초등돌봄교실의 운영현황 및 성과 • 101

// 06장 // 지역사회와 방과후활동 ········· 107

1절 지역사회의 방과후활동 개요 • 109
2절 지역사회의 방과후활동 • 111
3절 주5일수업제 토요방과후프로그램 • 125
4절 방과후학교 문제점과 개선방안 • 126

// 07장 // 선진 외국의 방과후활동 운영 사례 탐색 ········· 129

1절 미국의 지역사회학습센터 방과후활동 • 132
2절 독일의 온종일학교 방과후활동 • 136
3절 스웨덴의 레저타임센터 방과후활동 • 141
4절 영국의 방과후활동 • 149
5절 일본의 방과후클럽과 부활동 • 154
6절 우리나라 방과후학교에 주는 시사점 • 159

2부 방과후학교 운영의 실제

08장 방과후학교 운영지원체제 ····· 165

1절 방과후학교 운영지원체제 • 167
2절 방과후학교 재정 • 171
3절 방과후학교 운영 가이드라인 • 174

09장 교과·특기적성프로그램 운영의 실제 ····· 177

1절 방과후학교 운영방식 • 179
2절 방과후학교 운영절차 및 담당자의 역할 • 184
3절 방과후학교 운영사례 • 189
4절 방과후학교 실제 수업 설계 • 199

10장 초등돌봄교실 운영 관리의 실제 ····· 209

1절 초등돌봄교실 운영 관리 • 211
2절 초등돌봄교실 설치·시설 관리 • 217
3절 초등돌봄교실 참여학생 관리 • 223
4절 초등돌봄교실 프로그램 관리 • 226

11장 방과후학교지원센터와 지역사회 연계 ····· 235

1절 방과후학교지원센터 • 237
2절 방과후학교와 지역사회 연계사례 • 245

// 12장 // 방과후학교 민간위탁 운영 253

1절 방과후학교 민간위탁 개요 • 255
2절 방과후학교 민간위탁 실제 • 262
3절 방과후학교 민간위탁 과제 • 267

// 13장 // 질 제고를 위한 방과후학교 내실화 방안 269

1절 방과후학교 내실화 • 271
2절 돌봄교실 내실화 • 277

// 부록 // 2016 방과후학교 운영 가이드라인 283

▣ 참고문헌 • 301

1부

방과후학교 이론

1장 _ 방과후학교의 이해

2장 _ 방과후학교의 역사와 변천과정

3장 _ 학교교육과정과 방과후학교

4장 _ 아동발달과 방과후학교

5장 _ 초등돌봄교실의 이해

6장 _ 지역사회와 방과후활동

7장 _ 선진 외국의 방과후활동 운영 사례 탐색

1장 방과후학교의 이해

방과후학교는 학생과 학부모의 요구와 선택을 반영하여 수익자 부담 또는 재정지원으로 이루어지는 정규수업 외의 교육 및 돌봄 활동으로 학교 계획에 따라 일정한 기간 동안 지속적으로 운영하는 학교교육활동이다. 방과후학교는 교과프로그램, 특기·적성프로그램과 초등돌봄교실에서 진행되는 돌봄활동으로 구성되어 있다. 본 장에서는 방과후학교의 개념과 운영방식에 대해 살펴보고 향후 발전방향에 대해 살펴본다.

1절 _ 방과후학교의 개념과 운영방식

2절 _ 방과후학교 운영현황

3절 _ 방과후학교 운영성과

교육목표

- 방과후학교의 개념과 목표, 운영방식을 이해한다.
- 방과후학교의 운영현황을 알아본다.
- 방과후학교의 성과를 이해한다.

1절 방과후학교의 개념과 운영방식

1. 개념

방과후학교는 학생, 학부모의 요구에 의해 이루어지는 정규교육과정 이외의 학교교육활동을 말한다. 기존에 특기 · 적성교육, 초등보육, 수준별 보충학습 등으로 사용된 각각의 명칭과 프로그램이 2006년부터 「방과후학교」라는 용어로 통합하여 사용되고 있다.

방과후학교의 지침으로 교육부, 17개 시도교육청, 한국교육개발원이 공동으로 개발한 「방과후학교 운영가이드라인」과 「방과후학교 운영길라잡이」가 활용하고 있다.[1)]「2016 방과후학교 운영 가이드라인」에 제시된 방과후학교의 개념은 다음과 같다.

> 방과후학교는 학생과 학부모의 요구와 선택을 반영하여, 수익자 부담 또는 재정 지원으로 이루어지는 정규수업 이외의 교육 및 돌봄 활동으로,[2)] 학교 계획에 따라 일정한 기간 동안 지속적으로 운영하는 학교교육활동이다.

위의 개념에 따르면 방과후학교는 다음과 같은 성격을 지닌다.

첫째, 방과후학교는 학생과 학부모의 요구와 선택을 반영한다. 즉 방과후학교는 학생과 학부모가 원하는 프로그램을 편성하여 운영하는 것이며, 학생과 학부모는 강제적이 아니라 자율적 선택을 통하여 방과후학교에 참여한다.

둘째, 방과후학교는 수익자 부담 또는 재정 지원으로 이루어진다. 방과후학교는 기본적으로 수요자가 비용을 부담하고 참여하는 프로그램이다. 그러나 취약계층이나 취약 지역의 학생들은 국가가 경비를 부담하여 참여하기도 한다. 도시 저소득층 학생들을 위한 방과후학교 자유수강권 지원사업, 농어촌 지역의 학생들을 위한 농어촌 방과

1) 개발된 가이드라인은 공통적인 운영방향이나 지침을 담고 있으며, 강제성은 없다. 시도교육청은 이를 시도교육청 여건에 적합하게 수정 · 보완하여 사용할 수 있다. 방과후학교를 포함하는 초 · 중등교육은 17개 시도교육청의 교육감이 관리한다.

2) 방과후학교에는 초 · 중 · 고등학생을 위한 방과후학교 프로그램, 초등학생을 위한 초등돌봄프로그램이 포함된다.

후학교 지원사업이 대표적이다.

셋째, 방과후학교는 교육 및 돌봄 활동이다. 초·중·고등학교에서 운영되는 다양한 교과 및 특기·적성프로그램은 교육 기능을 가지고 있다. 그러나 연령대가 어린 초등학교 학생을 대상으로 하는 방과후학교는 교육기능과 함께 부모가 집에 올 때까지 학생들을 안전한 장소에서 돌보아 주는 돌봄 기능도 가지고 있다.

넷째, 방과후학교는 학교 계획에 따라 일정한 기간 동안 지속적으로 운영하는 학교 교육활동이다. 방과후학교는 일회적으로 수행되는 활동이 아니며, 학교의 교육계획에 의해 일정기간 지속적으로 진행된다.

2. 목표

2006년 교육부는 방과후학교 운영계획을 통해 방과후학교의 비전과 목표, 비전과 목표 달성을 위한 전략을 제시하였다. 이러한 비전, 목표, 전략들은 현장의 필요와 요구를 반영하여 대체로 4~5년을 주기로 바뀌어왔다.

2006년에 교육부는 '방과후학교에서 누구나 최고의 다양한 학습을!'이라는 비전하에, '학교교육기능 보완', '사교육비 경감', '교육복지 실현', '학교의 지역사회화'라는 네 가지 교육목표를 설정하였다. 네 가지 목표에 대한 구체적인 설명은 〈표 1-1〉과 같다.

| 표 1-1 | 방과후학교의 목표(2006)

목 표	추진방안
학교교육기능 보완	특기·적성교육, 수준별 보충학습 및 다양하고 창의적인 교육 프로그램 운영
사교육비 경감	질 높고 다양한 프로그램 운영으로 학교 밖 사교육 수요를 학교 안으로 흡수
교육복지 실현	농어촌 및 도시 저소득층 자녀를 위한 방과후학교 운영 지원
학교의 지역사회화	지역 주민을 대상으로 한 프로그램 운영, 지자체·대학 등 지역의 인적·물적 자원 활용

교육부(당시 교육과학기술부)는 2011년에 기존의 방과후학교 정책을 수정·보완하는 「방과후학교 내실화 방안」을 수립·발표하였으며, 이때에는 '미래사회에 대비하는

창의인재 육성'이라는 비전하에, '학교교육기능 보완 및 확대'라는 중심목표와 '사교육비 경감', '교육복지 실현', '학교의 지역사회화'라는 세 가지 하위 교육목표를 설정하였다. 그리고 '수요자 중심 운영', '취약계층 지원', '지역사회 연계 · 협력'이라는 목표달성을 위한 전략을 설정하였다.

2016년 현재에는 '창의 융합형 인재 육성'이라는 비전과 목적 하에, '사교육비 경감', '교육격차 완화', '돌봄서비스 제공', '학교의 지역사회화'라는 네 가지 목표를 설정하였다. 그리고 '프로그램 질 제고', '강사의 활동여건 조성', '취약계층 지원 강화'라는 세 가지 목표 달성 전략과 이 세 가지 전략을 수행하게 하는 두 가지 하위 기본 전략(학생 · 학부모 중심 단위학교 운영, 지역사회 연계 · 협력)을 설정하였다.

교육부가 2006년 이후 제시한 비전, 목표, 전략들을 요약한 것은 〈표 1-2〉와 같다.

| 표 1-2 | 방과후학교의 비전, 목표, 전략(2006~2016)

구분	2006	2011	2016
비전	방과후학교에서 누구나 최고의 다양한 학습을!	미래사회에 대비하는 창의인재 육성	창의융합형 인재육성
목적	–	공교육 내실화	
목표	• 학교교육기능 보완 • 사교육비 경감 • 교육복지 실현 • 학교의 지역사회화	〈중심목표〉 • 학교교육기능 보완 〈목표〉 • 사교육비 경감 • 교육복지 실현 • 학교의 지역사회화	• 사교육비 경감 • 교육격차 완화 • 돌봄서비스 제공 • 학교의 지역사회화
전략	–	• 수요자 중심 운영 • 취약계층 지원 • 지역사회 연계 · 협력	• 프로그램 질 제고 • 강사의 활동여건 조성 • 취약계층 지원 강화 ⇧ 〈학생 · 학부모중심 단위학교 자율운영 + 지역사회 연계 · 협력〉

2006년 이후 현재까지 설정된 방과후학교의 목표들은 다음과 같다.

- 학교교육기능 보완 : 교과 심화 · 보충학습 및 특기 · 적성 교육을 위한 다양하고 창의적인 프로그램 운영
- 사교육비 경감 : 질 높고 다양한 프로그램 운영으로 학교 밖 사교육 수요를

학교 안으로 흡수

- 교육복지 실현: 방과후에 갈 곳이 없는 도시 저소득층 및 농어촌 지역의 학생들을 위해 방과후에 안전한 장소에서 질 높은 교육과 돌봄 제공
- 학교의 지역사회화: 지자체·대학 등 지역의 다양한 인적·물적 자원을 활용하고, 학교와 지역사회의 연계 협력 강화
- 교육격차 완화: 사교육비 등의 차이로 인해 심화되는 계층 간·지역 간 교육격차 해소
- 돌봄기능 확대: 맞벌이 가정 등의 증가로 인해 증가하는 방과후 초등학생 사교육비 및 양육 부담을 경감하기 위해 초등학교에서의 돌봄기능 강화

방과후학교의 목표는 그 당시의 주요한 사회적 과제, 사회변화에 따른 학교 역할에 대한 인식 등에 따라 변화하지만, 앞서 제시된 목표들은 우리나라의 방과후학교에서 달성해야 할 주요한 목표라고 볼 수 있다.[3)]

3. 운영방식

우리나라에서 방과후 교육활동이 수행된 것은 1996년부터이며, 현재 운영되고 있는 방식의 방과후학교는 2006년부터 운영되었다. 교육부(당시는 교육인적자원부)는 2006년 기존에 수행되어 오던 방과후 교육활동의 운영방식을 획기적으로 바꾼 방과후학교 운영방식을 수립하였으며, 이러한 운영방식의 기본 틀은 대부분 지금도 유지되고 있다. 기존의 방과후 교육활동과 새롭게 수립한 방과후학교의 운영방식을 비교하여 표로 제시하면 [그림 1-1]과 같다.

3) 방과후학교의 목표 중에서 '사교육비 경감'은 제외하는 것이 바람직하다는 의견을 내는 사람들도 있다. 이들은 사교육비 문제는 사회구조적인 문제이기 때문에 방과후학교를 통해서 사교육비를 경감하는 것이 어려우며, 방과후학교가 여러 긍정적인 교육적·사회적 효과가 있음에도 불구하고, 사교육비가 경감되지 않으면 방과후학교가 효과가 없는 정책으로 인식되고 있다는 의견을 제시한다.

그림 1-1 기존의 방과후 교육활동과 방과후학교의 운영방식

	기존 방과후 교육활동	방과후학교
운영주체	학교장 중심	학교장, 대학, 비영리법인(단체) 등에 운영주체의 개방성 확대
지도강사	현직교원 중심	현직교원, 전문가, 학원 강사, 지역 사회인사 등으로 다양화
교육대상	본교 재학생 위주	타교학생이나 지역사회 성인까지 점진적 확대
교육장소	본교 시설 위주	인근 학교 및 지역사회의 다양한 시설 활용 극대화
프로그램	공급자 중심	수요자인 학생 개개인의 선택권 최대 보장

자료 : 교육인적자원부(2006). 2006 방과후학교 운영계획.

방과후학교는 운영의 개방화 · 다양화 · 자율화를 통하여 수요자 중심의 방과후 교육 프로그램을 운영하고자 한다. 방과후학교는 학교가 보다 많은 자율적 권한을 가지고(자율성), 운영주체를 다양화하고, 학교와 지역사회에 있는 풍부한 인적 · 물적 자원을 활용하여(개방성), 프로그램의 종류, 운영시간 등을 다양화하고(다양성), 학생에게 최대한의 선택권을 제공하려는 것이라고 볼 수 있다. 이를 보다 구체적으로 설명하면 다음과 같다.

- 기존의 방과후 교육활동은 학교가 중심이 되어 운영했으나, 방과후학교에서는 지역사회에 있는 비영리기관(학부모회, YMCA, 대학, 사회단체, 종교단체 등)이 위탁을 받아 운영할 수 있다.
- 기존의 방과후 교육활동에서는 현직 교원들이 주도적으로 지도하고 운영하였으나, 방과후학교에서는 지역사회의 인사를 최대한 활용한다. 이를 통해 지역사회의 유능한 인적자원을 최대한 활용하고, 교사의 지도 및 운영부담을 줄이고자 한다.

- 기존의 방과후 교육활동에서는 해당학교의 학생들만이 참여하였으나, 방과후학교에서는 타학교학생, 중도탈락학생, 지역사회의 성인학교까지 교육을 받을 수 있다.[4]
- 기존의 방과후 교육활동에서는 주로 해당 학교의 자료나 시설을 이용하였으나, 방과후학교에서는 인근학교와 지역사회에 있는 다양한 자료와 시설을 이용한다. 방과후학교는 지역 사회에 있는 여러 조직, 단체, 시설 등과 유기적인 협력관계를 맺어서 프로그램을 구성하고 운영하는 것을 중요시 한다.
- 기존의 방과후 교육활동에서는 공급자를 중심으로 하여 프로그램(종류와 운영시간 등)이 결정되었으나, 방과후학교에서는 수요자의 요구와 필요를 중요시하여 프로그램을 편성하고 운영한다. 즉 수요자의 요구조사를 하여 다양한 프로그램을 편성하고 수요자가 자신이 원하는 프로그램을 선택하도록 하고 있다.

단위학교에서는 연간운영계획을 수립하여 학교교육계획에 반영하며, 학년 초 정규수업 시작과 동시에 방과후학교를 운영할 수 있도록 한다. 학교에서는 수요자(학생, 학부모)의 요구를 조사하여 방과후학교 프로그램을 편성·운영한다. 수요자는 강제에 의해서가 아니라 자발적 선택에 의해서 프로그램에 참여한다. 단위학교는 학생의 건강이나 학교교육과정의 정상적인 운영을 저해하지 않도록 방과후학교 프로그램을 정규수업 이전 또는 늦은 시간까지 운영하지 않는 것을 원칙으로 한다.

방과후학교에 참여하는 학생은 수강료를 납부한다. 다만 취약계층이나 농어촌 지역의 학생들은 방과후학교 자유수강권[5]이나 농어촌 활성화 사업비 등 정부지원금에 의해 수강료가 면제되거나 감면되기도 한다.

방과후학교 프로그램은 주중, 토요휴업일, 방학 중에 운영된다. 주중에는 보통 오후 5시까지 운영되지만 토요휴업일과 방학 중에는 학교의 여건에 따라 운영시간이 다르다. 일반적으로 학교 교사나 외부강사에게 강사료가 지급되지만 교육기부 형태로 무

---

4) 성인평생교육과의 중복성을 고려하여 이후 성인은 방과후학교 대상에서 제외되었다.
5) 2015년에는 55만 명의 학생에게 연간 1인당 60만 원 지급

상으로 프로그램이 진행되는 경우도 있다. 프로그램이 종료되면 프로그램 만족도 조사가 이루어진다. 만족도 조사 결과는 차기 프로그램 개설을 위한 기초자료로 활용되기도 한다.

단위학교는 초·중등학교 정보공시 지침에 따라 방과후학교 운영 계획 및 운영·지원 현황(프로그램명·수강료·수강정원, 수요자 만족도 조사 결과, 예산 운영 결과 등)을 연 1회 홈페이지 등에 공개한다. 학교의 장은 학교운영위원회의 심의(자문)를 받아 방과후학교를 운영한다. 단위학교는 학생들의 방과후학교 프로그램 운영 결과를 학교생활기록부 교과학습발달상황의 '세부능력 및 특기사항'에 입력할 수 있다.

많은 학교는 지자체, 대학, 박물관, 경찰, 군부대, 대학, 예술문화 및 체육 단체, 어머니회, 자원봉사자 등 지역사회의 여러 기관이나 단체, 사람들과 같은 인적·물적자원을 연계·활용해서 방과후학교를 운영한다. 언론기관, 사회적기업이나 사회적협동조합, 기타 민간업체(영리, 비영리 단체) 등이 방과후학교 프로그램의 일부 또는 전체를 위탁받아서 운영하기도 한다. 다음에 제시되는 내용은 한 초등학교의 연간 방과후학교 운영계획 사례이다.

< ○○초등학교 방과후학교 프로그램 계획(2015년) >

1) 운영 기간

<table>
<tr><td rowspan="2">방과후 학교 운영 계획</td><td>운영기간</td><td>1학기</td><td>3.09.~
7.24.</td><td>여름 방학</td><td>7.25.~
8.23.</td><td>2학기</td><td>8.24.~
12.24.</td><td>겨울 방학</td><td>2015.12.25.~
2016.1.31.</td></tr>
<tr><td>운영시간</td><td>주중</td><td colspan="2">08 : 20~09 : 00
13 : 00~17 : 00</td><td>토요 프로그램</td><td colspan="2">09 : 00~12 : 10</td><td>방학</td><td>9 : 00 ~12 : 10
(시간 변경 가능)</td></tr>
<tr><td colspan="2">수요조사 실시 계획</td><td>1학기</td><td colspan="3">2월 중</td><td>2학기</td><td colspan="3">7월 중</td></tr>
</table>

2) 연간 세부 실천 계획

사업 내용	세부실천내용	목 표	시 기	대 상	비 고
기초조사 및 분석	프로그램 수요조사, 교육활동 운영을 위한 기초자료 준비	2회	2월중	전교생	–
운영 계획 및 운영 규정 수립	학교운영위원회 심의 후	1회	2월중	학운위	–
프로그램 개설 확정	학교운영위원회 심의 후	1회	2월말	학운위	폐강 및 신설 프로그램 확정
위탁강사 선정	학교운영위원회 심의 후	1회	3월초	학운위	위탁강사 계약(재계약)
연간 지도계획 수립	연간 지도 계획서 작성	1회	3월초	각부서	지도위탁강사가 계획수립
수강 안내 및 수강생 모집	활동 희망 프로그램 안내 및 수강생 모집	2회	2월말 8월말	전교생	–
자유수강권 대상자 선정	안내장 발송, 학운위 심의	2회	3월, 9월	전교생	무상교육 희망자는 학교에서 요구하는 증빙서류 제출
프로그램별 반편성	출석부, 지도계획 작성	2회	3월 8월	각부서	부서별 특성을 고려하여 학년, 학생 수준에 맞게 편성
프로그램 운영	위탁강사에 의한 수업 실시	연중	연중	각부서	학교 실정에 맞게 분기별 운영 기간 조정
학부모 초청 공개수업	부서별 공개수업 실시	1회	10월	각부서	기간 : 10월 7일~10월 11일
성과 발표회	성과물 전시 및 작품 발표	1회	12월	각부서	전시 및 발표
만족도 조사	학기별 활동 후 설문 조사	2회	7월, 12월	각부서	방과후학교 참가 학생 및 학부모 대상 설문조사, 만족도 조사 결과를 재계약에 반영

위의 초등학교에서 편성한 방과후학교 프로그램을 제시하면 〈표 1-3〉과 같다.

| 표 1-3 | 초등학교의 방과후학교 프로그램(2015년)의 예

		월								화								수								목								금								토
		유	1-1	1-2	2	3	4	5	6	유	1-1	1-2	2	3	4	5	6	유	1-1	1-2	2	3	4	5	6	유	1-1	1-2	2	3	4	5	6	유	1-1	1-2	2	3	4	5	6	
0	08:20 ~09:00	축구(풋살), 영어, 태권도								축구(풋살), 영어, 태권도								축구(풋살), 영어, 태권도								축구(풋살), 영어, 태권도								축구(풋살), 영어, 태권도								
1	09:10 ~09:50	정규수업								정규수업								정규수업								정규수업								정규수업								토요 돌봄 및 방과후
2	10:00 ~10:40																																									
3	10:50 ~11:30																																									
4	11:40 ~12:20																																									
점심	12:20 ~13:00	트렘펄린, 보드, 풋살								트렘펄린, 보드, 풋살								트렘펄린, 보드, 풋살								트렘펄린, 보드, 풋살								트렘펄린, 보드, 풋살								
5	13:00 ~13:40	영어	골프		아카데미					영어	아카데미	로봇						승마								영어	아카데미	골프	돌봄					풋살			아카데미					
6	13:50 ~14:30	골프	돌봄	영어	돌봄						로봇	영어	돌봄	아카데미	아카데미				승마		오카리나					비누	골프	영어	돌봄	아카데미	아카데미			풋살	MBC 아나운서 (90분)		돌봄					
7	14:40 ~15:20	풋살	영어	골프		뉴스포츠		아카데미	아카데미		영어	아카데미	돌봄	락밴드				댄스	승마		오카리나						영어	아카데미	골프				아카데미				풋살			풋살 / 아카데미	풋살	
8	15:30 ~16:10		과학교실	돌봄	돌봄	골프		뉴스포츠			서예			락밴드 서예					요리		승마						한국화		돌봄	역사교실 창의나눔 (격주)		목공예		우쿨렐레	풋살 그리기		MBC아나운서 (90분)					
9	16:20 ~17:00		돌봄	과학교실				골프			서예								요리		승마								돌봄						풋살 그리기							

2절 방과후학교 운영현황

방과후학교는 2006년 이후 양적으로나 질적으로 많은 발전을 하였다. 2008년에는 전국 초·중·고등학생의 54.3%가 참여하였고, 2013년까지 매해 참여율이 증가하였으며, 2014년 이후 참여율이 감소하는 추세를 보이고 있다.6)

그림 1-2 방과후학교 학생 참여율 변화 추이(2008년~2015년)7)

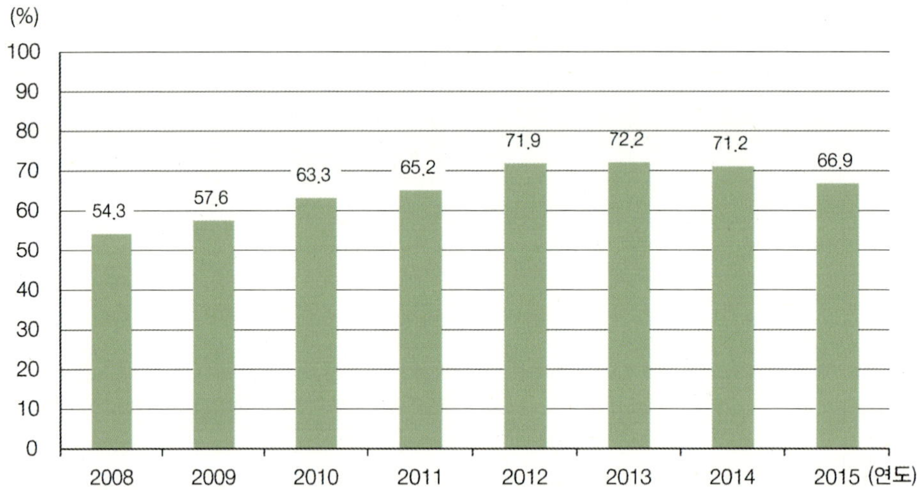

자료: 교육부의 방과후학교 운영현황 자료.

교육부의 2015년 자료를 기준으로 방과후학교 운영현황을 설명하면 다음과 같다. 전국에 있는 11,740개교(99.9%)의 학교에서 4,070천 명(66.9%)의 학생들이 한 개 이상의 방과후학교 프로그램에 참여하고 있다. 초·중·고등학교에서는 방과후에 다양한 교과 및 특기·적성프로그램이 운영되고 있다. 학교에서 운영되는 방과후학교 프로그

6) 2015년에 방과후학교 참여율이 많이 감소한 주요한 이유는 방과후학교에서 선행학습을 금지한 선행학습금지법이 발효된 것으로 조사된다(장명림 외, 2015). 즉, 방학 중에 교과선행학습을 하기 어려워지자 학생들이 방과후학교보다 사교육에 참여한 것으로 조사된다.

7) 학교 참여율은 모두 99.9%이다.

램은 475,690개이며, 이 중 교과프로그램은 53.6%, 특기 · 적성프로그램은 46.4%를 차지하고 있다. 학교급이 올라갈수록 교과프로그램이 차지하는 비중이 높다(초등학교 27.3%, 중학교 61.1%, 고등학교 87.7%).

| 표 1-4 | 학교급별 교과 및 특기 · 적성프로그램 운영현황(2015년)

구분		초	중	고	계
교과	수(개)	62,763	53,756	138,600	255,079
	비율(%)	27.3	61.1	87.7	53.6
특기 · 적성	수(개)	167,015	34,161	19,435	220,611
	비율(%)	72.7	38.9	12.3	46.4
계	수(개)	229,738	87,917	158,035	475,690

그림 1-3 학교급별 방과후학교 프로그램 구성 비율(2015년)

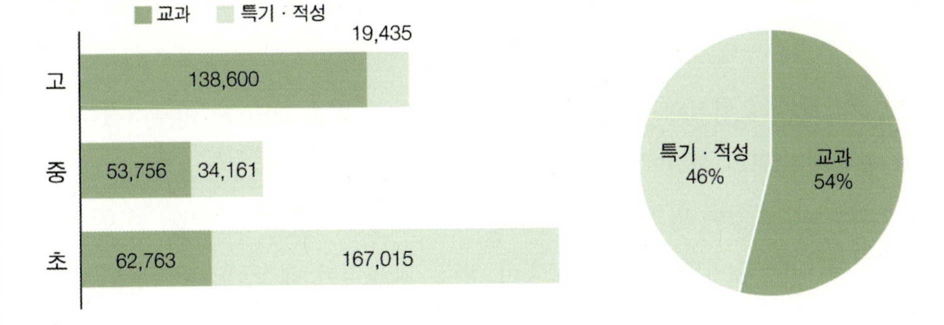

그림 1-4 방과후학교 프로그램 내용별 운영현황(전체)

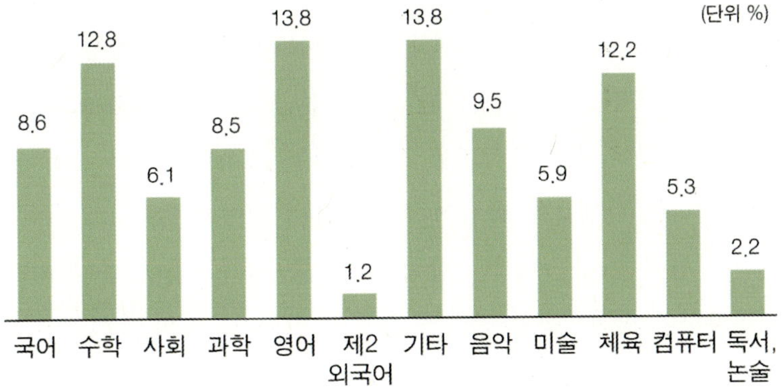

내용 영역별 프로그램을 구체적으로 보면, 영어 프로그램 13.8%, 수학 프로그램 12.8%, 체육 프로그램 12.2%, 음악 프로그램 9.5%, 국어 프로그램 8.6% 등으로 나타나고 있다. 학교에서 방과후학교 프로그램을 지도하는 강사 현직교사와 외부강사를 포함하여 총 261,182명인데, 이 중 현직교사가 137,555명(52.7%), 외부강사가 123,627명(47.3%)을 차지하고 있다. 참여 현직교사 중 71.9%는 교과프로그램을 지도하고 있어, 현직교사는 특기·적성프로그램보다 교과프로그램을 더 많이 지도하고 있다. 현직교사가 방과후학교 프로그램에 참여하는 비율은 학교급이 높을수록 교과프로그램이 차지하는 비중이 크다.

3절 방과후학교 운영성과

방과후학교의 운영실태, 성과, 개선점 등에 관한 많은 연구가 이루어졌다(김홍원, 2014). 방과후학교의 성과에 관해서는 연구에 따라 서로 다른 상반된 결과가 나오기도 하지만, 많은 연구들이 방과후학교가 학생의 소질계발, 학습태도 함양, 학업성취 신장, 학교생활에 대한 흥미도 향상, 사교육비 경감, 교육격차 해소, 학부모의 학교에 대한 신뢰감 제고, 학교의 지역사회화 등에서 보다 긍정적인 결과를 가져왔음을 보고하고 있다. 김희삼(2012)은 학업성취 향상에 미치는 방과후학교의 비용당 효과는 사교육보다 큰 것으로 보고하였다. 김홍원 외(2013)는 2011년과 2012년 통계청 사교육비 조사 자료를 사용하여 방과후학교 참여가 사교육비 경감과 학업성적 향상에 미치는 영향을 분석한 결과, 방과후학교에 참여하는 학생들은 전반적으로 사교육에 덜 참여하고, 방과후학교 참여 정도가 높을수록 사교육 경감효과는 크게 나타남을 보고하였다. 또 방과후학교에 참여하는 학생들은 미참여 학생보다 성적이 높았다.

특히 김홍원·양애경(2011)에서는 한국교육개발원의 6년간(2005~2010년) 종단연구 데이터[8]를 활용하여 방과후학교 참여가 학생의 인지적·정의적 성취에 미치는 영향

8) 2005년에 전국에서 중학교 1학년 학생 6,900명을 표집하여 이들이 고등학교 3학년이 될 때까지 추적 조사하여 수집한 자료이다.

을 11개의 영역에서 조사하였다. 본 연구에서는 학습심리영역(학업자아개념, 자아효능감, 내재적 동기), 수업영역(수업이해도, 수업태도, 수업집중도), 학교적응영역(교우관계, 교사-학생 관계), 학업성취영역(국어, 영어, 수학성적 총점), 교육만족도영역(학교생활만족도), 사교육영역(사교육비) 등을 포함하였다. 방과후학교의 효과와 관련된 많은 연구들이 주로 사교육비 경감, 학업성취도 증진과 관련되어 이루어지고 있으나, 본 분석에서는 정의적 태도와 관련된 분석이 많은 비중을 차지하고 있다. 11개 지표에 대한 분석 결과를 보면, 방과후학교를 지속적으로 참여한 학생이 그렇지 않은 학생들에 비해서 고등학교 3학년 시점에서 11개 지표에 있어 모두 수준이 좀 더 높은 것으로 나타났다. 또한 중, 고등학교 6년 동안의 변화율(성장률)에서도 방과후학교를 계속 참여한 학생들이 그렇지 않은 학생들보다 더 성장하거나 하락 경향이 둔화되는 경향을 보였다.

김양분 외(2010)는 방과후학교에 참여한 기초, 보통, 우수학력의 학생들은 미참여 학생들에 비해 전반적으로 국가학업성취도 시험에서 높은 학업성취를 보였으며, 성취수준별로 보면 상위수준에서 보다 효과적인 경향이 있었음을 보고하였다. 방과후학교 프로그램을 통한 보충심화학습이 상위수준 학생에게 효과적으로 기능하였다고 하였다.

배상훈 외(2010)는 방과후학교 교육비 지출이 많은 학생일수록 학업성취 수준이 높은 집단에 속할 가능성이 높았으며, 소득수준이 높은 집단보다는 소득수준이 낮은 집단에서 방과후학교 교육비 지출과 학업성취 간의 연관성이 더욱 뚜렷하다고 하였다. 채재은 외(2009)는 일반계고교 학생들의 수능모의고사 점수와 방과후학교 참여관계를 분석한 결과, 방과후학교 참여가 학업성취 향상에 긍정적인 영향을 미친다고 보고하였다.

또한 교육부에서는 매년 방과후학교에 참여하는 각각 25만 명 이상의 학생, 학부모를 대상으로 하여 수요자 만족도를 조사하는데 2015년 조사 결과에 의하면 방과후학교에 참여하는 학부모의 만족도는 100점 만점에 81.9점, 학생의 만족도는 83.1점으로 나타났다. 만족도는 매년 조금씩 증가하는 것으로 나타났다.

방과후학교는 학생의 다양한 교육적 요구를 안전한 학교에서 상대적으로 저렴하게 해결할 수 있도록 추가적으로 교육프로그램을 제공해 준다. 방과후학교는 상대적으로 경직되고 폐쇄적인 정규교육과정에서 제공하기 어려운 다양한 교육프로그램을 학생의 수요에 맞추어 제공한다는 점에서 학교의 정규교육과정을 보완해 준다(허경철, 2007). 방과후학교는 기존의 보수적인 공급자 중심의 교육체제에서 혁신적인 수요자 중심의 교육체제와 '선택과 경쟁'의 시장 메커니즘을 학교에 도입하는 데 기여를 한다(배상훈, 2014). 방과후학교는 공교육 체제가 가지고 있는 내재적 한계와 문제를 해소하는 역할을 담당하고, 학교를 변화시키는 계기를 제공한다(김민호, 2007). 또한 방과후학교 강사라는 일자리 창출(청년, 경력단절여성 등)에도 기여를 하고 있다.

탐 구 문 제

1. 단위학교의 방과후학교 운영 계획과 운영현황(운영조직, 프로그램, 참여비율, 지역사회와의 협력 등) 등에 관한 자료를 수집하여 분석한 다음, 그 학교에서 운영되고 있는 방과후학교의 특성에 대해 이야기해 봅시다.

2장

방과후학교의 역사와 변천과정

방과후학교의 시작과 현재까지의 방과후학교의 역사와 변천과정을 살펴본다. 1995년의 5 · 31 교육개혁방안 가운데 하나로 시작된 방과후학교는 20년 넘게 정부의 정책 사업으로 추진되고 있다. 그 동안의 추진과정을 도입기, 발전기, 확산기, 최근 동향으로 나누고 각 시기의 정책동향 및 주요 쟁점과 의의를 살펴본다.

1절 _ 방과후학교 도입기의 주요 정책 동향 및 전망과 의의
2절 _ 방과후학교 발전기의 주요 정책 동향 및 전망과 의의
3절 _ 방과후학교 확산기의 주요 정책의 동향 및 전망과 의의
4절 _ 방과후학교 최근 동향

교 육 목 표

- 방과후학교 도입기, 발전기, 확산기, 최근 동향의 쟁점과 의의를 이해한다.

1절 방과후학교 도입기의 주요 정책 동향 및 전망과 의의

방과후학교 도입기는 김영삼(1995~1998. 2), 김대중 정부(1998. 2~2003. 2)와 노무현 정부 초기(2003. 2~2004)를 의미한다. 이 시기는 1995년 방과후학교에서 특기·적성 교육이 중시되는 시기부터 방과후학교의 목적에서 사교육비 경감이 중시되는 2004년 2·17사교육비 경감대책이 나오기 전까지를 의미한다.

1. 1995~1999년[1]까지의 방과후학교 주요 정책의 동향 및 쟁점과 의의

방과후학교는 1995년의 5·31 교육개혁(안)에서 '특기·적성교육활동'이라는 명칭으로 시작되었다. 5·31 교육개혁안의 골자는 교육공급자 중심의 교육체제에서 교육수요자 중심으로 교육의 방향을 전환하고, 학생들의 다양한 개성을 존중하고 인성 및 창의성을 신장시키는 새로운 교육체제를 갖추어 모든 학생들의 잠재능력을 최대한 계발하는 데 그 목표를 두고 있다(교육개혁위원회, 1995). 위의 목적으로 도입된 특기·적성교육은 교육부에 의하여 1996년 2월 "방과후 교육활동 활성화 방안"이란 구체적인 사업으로 일선학교에 전달되어 전국적으로 실시되었다.

1) 방과후학교 정책의 동향

방과후학교는 학생들의 소질과 적성·특기를 계발하기 위해 도입되었으나, 1996년부터 1998년까지 진행된 정책의 양상을 보면, '사교육비 절감'이란 사회경제적 목적의 기능이 보다 강조되기도 하였다(정철영, 1999). 하지만 "1999년 2월 4일 다시 '특기·적성교육활동'이란 명칭으로 변경되어 실시되었다. 이때 교육부는 학교에서 실시하는 보충수업 및 자율학습을 연차적으로 폐지한다는 기본 방침을 세우고, 1996년부터 추진해 왔던 "방과후 교육활동"의 명칭을 학생의 소질 및 적성 계발, 그리고 취미·특기

1) 김수동 외(2000)의 '초·중등학교 특기·적성교육의 효율적 실행 방안 연구'를 참고하여 수정, 보완하여 작성하였다.

신장의 교육기회를 제공하고, 동아리 중심의 학생 문화를 창달한다는 목적 아래 '특기·적성교육'으로 바꾸어 시행하도록 일선 학교에 전달했다. 이러한 명칭 변경의 배경은 방과후 교육활동으로 시작한 특기·적성교육의 취지가 입시 위주 교육에 의해 퇴색되어 보충수업 및 자율학습으로 변질되는 것을 방지하기 위한 것이다. 1999년 교육부 특기·적성교육 운영계획에 따르면, 교과교육에서의 탈피하고, 특히 보충수업식의 교과교육에서의 탈피를 강조하고 있음을 알 수 있다."(김수동 외, 2000).

2) 방과후학교 정책의 전망과 의의

"1998년 10월, 교육부에 의해 발표된 '교육비전 2002 : 새 학교문화 창조'의 방안에서는 우리 교육의 근본적인 문제점인 입시 위주 교육의 획일적인 교육 풍토의 개선을 위해 특기·적성교육의 역할이 중요함을 강조하고 있다. 이러한 정책 방향은 자율화·다양화·특성화된 학교교육, 학생 개개인의 소질을 계발하여 잠재력을 충분히 발현시키는 학교교육, 지·덕·체의 조화로운 성장의 극대화를 보장하는 학교교육으로의 변화를 새 학교 문화 창조의 목표로 제시하였다."(김수동 외, 2000).

"특히 1999년 3월 제시된 교육발전 5개년 계획(시안)에서 제시된 "특기·적성교육활동의 활성화"에 의하면 특기·적성교육은 '학생들의 소질과 특성을 기르는 활동'으로, 또 건전한 학생 축제 문화 창달의 성격이 강조되면서 입시위주의 교과교육과 차별화된, 도입 초기의 학생 개개인의 소질과 특성을 기르기 위한 교육기회의 제공이라는 본래의 취지가 강조되었다."(김수동 외, 2000).

2. 2000~2004년까지의 주요 정책의 동향 및 전망과 의의

"특기·적성교육은 2000년 4월 27일, 1980년 7·30 조치에 의해 전면 금지됐던 과외가 헌법재판소의 "위헌" 판결(한국교육신문, 5월 1일 게재)을 받음으로써, 정책적 추진과 관련한 새로운 변화의 국면을 맞게 되었다. 방과후학교 도입 초기의 취지를 강화하기 위하여 보충수업 형태의 프로그램의 운영을 인정하지 않는 방향에서 전개되어 온 특기·적성교육활동은, 과외금지조치 위헌 판결에 따라 '사육비 경감 차원'의 성격이 강화되었다."(김수동 외, 2014a).

"2003년에는 사교육비 경감을 위한 특기·적성교육 활성화 방안을 마련하려고 노력하였고, 2004년에는 '사교육비 경감 방안'으로 특기·적성교육, 수준별 보충학습, 자율학습, 방과후 보육이 포함되었다."(김수동, 2014a).

1) 방과후학교 정책의 동향

2000년 4월의 '과외금지' 위헌에 따라 사교육비 경감 차원의 성격이 강화되었다. 이에 따라 수준별 보충학습과 자율학습을 할 수 있도록 하였다. 또한 저출산 현상을 완화하고 맞벌이 가정과 취약계층을 위하여 방과후 보육 사업을 추진하게 되었다. 아울러 2002년에 교육부가 시·도 교육감에게 특기·적성교육의 운영을 위임하게 되어 시도의 자율성이 확대되는 계기가 되었다.

2) 방과후학교 정책의 전망과 의의

"2004년에는 방과후활동에서 사회경제적인 목적을 지나치게 강조함으로써 교육의 본질 추구가 약화되는 상황에서 향후 사회경제적인 목적과 교육의 본질 추구의 목적이 어떻게 조화를 이루어나가야 할 것인가? 가 중요한 쟁점이 되었다. 또한 방과후학교의 양적확대와 함께 자연스럽게 나타난 교원의 업무 과중현상을 어떻게 해결할 것인가의 문제도 쟁점이 되었다. 1995년 이후 방과후학교 도입기에 나타난 방과후 교육활동의 정책적 변화의 전체 과정을 표로 제시하면 다음의 〈표 2-1〉과 같다."(김수동, 2014a).

| 표 2-1 | 방과후학교 도입기의 방과후 교육활동의 정책적 변화

정권 구분	시 기	명 칭	내 용
김영삼 정부	1995년 5·31 교육개혁 대통령 제2차 보고서	특기·적성교육활동 활성화	• 특기·적성교육의 용어 도입 • 인성 및 창의성을 함양하는 교육과정의 방안 –개인의 다양성을 중시하는 교육방법 확립 방안
	1996년 2월	방과후 교육활동	• 교육부 시달로 각 시도교육청별로 '방과후 교육활동'이란 명칭으로 각급학교에서 실시 시작 –개인의 소질·적성 및 취미 및 특기 신장/사교육비 절감의 목적 추가
	1997년 6월 2일 교육개혁 대통령 제5차 보고서	방과후활동 (방과후 아카데미 등)	과외대책을 통한 사교육비 경감의 방안으로 제시
김대중 정부	1999년 2월 4일	특기·적성교육활동	학생의 소질·적성 계발 및 취미·특기 신장을 위한 교육 기회 제공(교과교육에서의 탈피 강조: 보충수업식의 운영은 인정하지 않음)
	1999년 10월 교육비전 2002: 새 학교문화 창조	방과후 교육활동	입시 위주의 획일적인 교육의 탈피를 통한 학생 개개인의 소질계발을 위한 방안
	2000년 4월 27일 (과외금지 위헌 판결 이후의 변화 예측)	특기·적성교육활동	'과외금지 위헌' 판결에 따라 사교육비 경감 차원의 성격이 다시 강화됨.
	2001년	특기·적성교육활동	예산 지원: 지방비로 확보하여 지원 (교과관련 특기·적성교육 운영 시간의 적정성 유지)
	2002년	특기·적성교육활동	2001년과 비슷
노무현 정부	2003년	특기·적성교육활동	사교육비 경감을 위한 특기·적성교육 활성화 방안 마련 노력
	2004년 2월 17일	특기·적성교육활동	'사교육비 경감 방안'으로 특기·적성교육, 수준별 보충학습, 자율학습, 방과후 보육이 포함됨

2절 방과후학교 발전기의 주요 정책 동향 및 전망과 의의

방과후학교 발전기는 노무현 정부 중후기(2005. 2~2006)를 의미한다.

1. 정책 추진상의 전개 과정(2005년) : 방과후학교 발전기

방과후학교는 1995년부터 진행되었으며 특기·적성교육, 초등보육, 수준별 보충학습 등으로 다양하게 불렸지만 2006년부터 노무현 대통령에 의해 「방과후학교」라는 용어로 통합하여 불리게 되었다.

2. 정책 추진상의 전개 과정(2006년) : 방과후학교 발전기 : 주요 정책의 동향 및 전망과 의의

1) 방과후학교 정책의 동향

"방과후학교의 지향점을 보여주는 4가지 목표를 통해 방과후학교의 방향과 내용 등을 살펴볼 수 있다. 첫째, 학교의 교육기능 보완이다. 방과후학교를 통하여 학교의 교육기능을 도와주는 것은 바람직하게 보이기도 하지만, 직접적인 보완보다는 간접적인 보완이 보다 바람직하다. 직접적인 보완을 강조하는 경우 자칫 방과후학교 자체가 정규교육과정을 침해하거나 교원의 업무과중으로 부작용이 발생할 수 있기 때문이다. 따라서 방과후학교의 특기·적성 교육활동을 통하여 교과 학습의 중요성을 새롭게 인식하고, 행복한 학교생활을 할 수 있도록 도와야 한다. 방과후학교의 특기·적성교육활동은 교과 교육과정에서 학습한 내용에 기초하여 학생 자신의 적성이나 흥미, 관심 등을 보다 깊이 추구하는 기회가 됨을 인식함으로써 교과 학습 내용의 중요성을 재인식하는 계기가 되도록 하여야 하며, 자신의 재발견과 삶의 만족도를 높여 행복한 학교생활을 할 수 있도록 도와야 한다. 또한 그것은 학생 자신이 주변의 현상과 사물에 대한 이해를 높이고 좀 더 균형적이고 조화로운 행복한 삶을 영위하는데 기여할 뿐 아니라 사회성 발달에도 도움을 준다."(김수동, 2014a).

둘째, "사교육비 부담 완화이다. 사교육비 문제는 그 개념 정의를 한 가지로 내리기 쉽지 않고, 방과후학교가 사교육비 경감에 영향을 미친다는 선행연구 결과와 별로 영향을 미치지 못한다는 선행연구 결과가 함께 공존하고 있다. 또한 사교육비 문제는 우리사회의 정치·경제·사회적인 문제 등과 연관되어 있기 때문에 지엽적인 접근을 통해서는 해결의 실마리를 찾기 어렵고 부작용도 있을 수 있다. 따라서 이 문제에 대한 접근은 보다 근본적이고 종합적인 접근이 필요하다. 예를 들어 교육의 본질에 입각해서 학교교육기능의 보완이 이루어지고, 교육격차를 완화하는 교육복지가 실현되고, 학교의 지역사회화가 제대로 실현되면 자연스럽게 사교육비 문제도 완화되고 해결의 실마리를 찾을 수 있을 것이다."(김수동, 2014a).

세 번째의 '교육복지 실현'과 네 번째의 '학교의 지역사회화' 목표는 교육 선진국에서도 일관되게 추진하는 목표이다.

2) 방과후학교 정책의 전망과 의의

2000~2004년에 걸쳐서 앞서 언급된 내용과 유사하다.

3절 방과후학교 확산기의 주요 정책의 동향 및 전망과 의의

방과후학교 확산기는 이명박 정부(2007. 3~2012. 2) 시기를 의미한다.

1. 방과후학교 정책 추진상의 전개과정(2007~2010년) : 방과후학교 확산기

2005년 이후 2010년까지 교육과학기술부에서 추진한 방과후학교 관련 주요 정책을 표로 제시하면 〈표 2-2〉와 같다(김홍원 외, 2010; 배상훈 외, 2012; 김수동, 2014a 재인용).

| 표 2-2 | 방과후학교의 주요 정책(2005~2010)

연 도	주요 정책 사항
2005	• 48개 교육인적자원부 연구학교 운영
2006	• 목표: 학교교육기능 보완, 사교육비 경감, 교육복지 실현, 학교의 지역사회화 • 교육인적자원부 「방과후학교전담팀」 조직·운영 • 280개 시범학교 운영(교육부 48개, 교사대 36개 및 시도교육청 지정 시범학교 196개) • 중학교에서 교과프로그램 지도 허용/ 초등학교는 교과관련 프로그램 지도 허용 • 방과후학교 운영 전국적 실시(실시학교 98.7%, 참여 학생 41.9%) • 방과후학교 지원 사업 실시 – 농어촌 방과후학교 지원 사업 – 방과후학교 자유수강권 제도 도입 – 대학생 멘토링 지원 사업 – 초등 방과후 보육 지원 사업 • 방과후학교 프로그램 운영 – 교과프로그램 – 특기·적성프로그램 – 초등 보육 프로그램 – 성인대상 평생교육 프로그램 • 방과후학교 컨설팅 실시 • 방과후학교 페스티벌 개최 • 방과후학교 성과분석 실시
2007	• 목표: 학교교육기능 보완, 사교육비 경감, 교육복지 실현, 학교의 지역사회화 • 교육인적자원부 「방과후학교정책과」 설치·운영 • 96개 교육인적자원부 시범학교 운영 • 「방과후학교지원센터」 시범 도입 운영(시도교육청 7개, 지역교육청 10개) • 방과후학교 페스티벌 개최 • 방과후학교 온라인행정시스템 개발 • 방과후학교 영어원어민 강사 제도 도입 • 한국교육개발원에 「방과후학교 정책연구센터」 설치
2008	• 방향: 방과후학교 사업의 자율화 • 30개 교육과학기술부 시범학교 운영 • 방과후학교 보직교사제 도입 • 방과후학교 관리자(교장 등)에 대한 경제적 인센티브 도입 • 2008년부터 방과후학교 사업을 지방 이양 – 부동산교부세를 활용한 초등보육 교실 운영 지원 재원 마련 • 방과후학교 사업의 자율화(학교자율화 조치): 교과부 "방과후학교 운영계획" 폐지 – 초등학교 교과프로그램 지도 허용 – 방과후학교 영리업체 위탁 허용 • 방과후학교 지원 사회복무요원 제도 도입(농어촌 지역에서 지도강사 역할 수행) • 방과후학교 담당자 연수 프로그램 및 학생용 교수-학습 자료 개발

연 도	주요 정책 사항
2009	• 교육과학기술부에 「방과후학교팀」 설치 · 운영 • 방과후학교 「학부모 코디네이터」 제도 도입 및 채용(4,000명) • 「엄마품멘토링제」 도입 · 운영(2,880명) • 지자체 · 교육청 공동운영 형태의 10개 「방과후학교지원센터」 운영 • 방과후학교 성과를 시도교육청 평가 및 학교정보공시 항목에 반영 • 밤 9시까지 학생을 돌보는 「종일돌봄교실」(346개교) 시행 • 제1회 「방과후학교대상」 제도 운영
2010	• 방과후학교 현황조사 온라인시스템 개발 • 10개 방과후학교지원센터 컨설팅 실시

※ 동향 및 전망과 의의는 정책 추진상의 전개과정(2011~2012년)에서 함께 제시

2. 정책 추진상의 전개 과정(2011~2012년) : 방과후학교 확산기의 주요 정책의 동향 및 전망과 의의

“교육과학기술부가 2011년 7월에 제시한 방과후학교는 “미래사회에 대비하는 창의인재 육성”이라는 비전하에 학교교육기능 보완 및 확대라는 기본 목적 아래 ‘사교육비 경감’, ‘교육격차 해소’, ‘돌봄기능 확대’, ‘지역사회 학교실현’의 4가지 세부 목표를 가지고 있다. 이러한 비전과 목표를 실현하기 위해서 교육청과 단위학교에서는 ‘수요자 중심 단위학교 자율 운영’과 ‘지역사회 연계 · 협력’을 바탕으로 ‘프로그램 질 제고’, ‘우수강사 발굴 · 역량 강화’, ‘취약계층 지원 강화’를 방과후학교 전략으로 제시했다([그림 2-1] 참조).”(김수동, 2014a).

그림 2-1 방과후학교의 비전과 목표

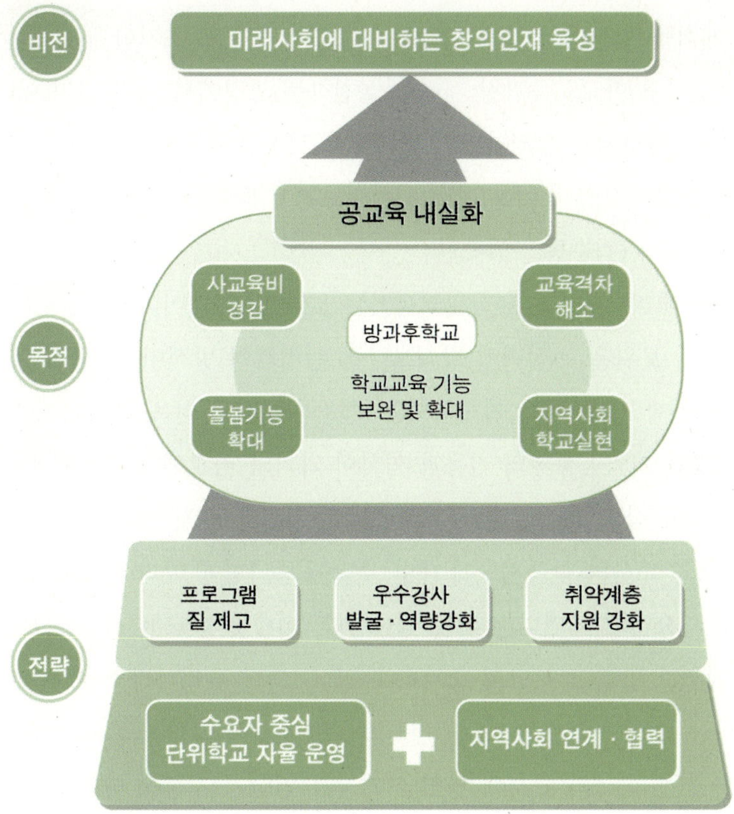

자료 : 교육과학기술부(2011). 방과후학교 내실화 방안.

1) 방과후학교 정책의 동향

방과후학교의 지향점을 보여주는 비전과 공교육 내실화 및 한 가지 기본 목적과 네 가지 세부 목표를 중심으로 동향을 살펴볼 수 있다.

"우선 비전을 살펴보면, '미래사회에 대비하는 창의인재 육성'이라는 비전이다. 이는 현장 단위학교의 정규교육과정의 비전이기도 하다. 방과후학교의 비전을 정규교육과정의 비전과 동일하게 하는 것은 장점도 있지만 단점도 있다. 우선 방과후학교는 정규교육과정을 보완하는 것이지 그 자체는 아니기 때문이다. 방과후학교는 정규교육과정

뿐만 아니라 평생교육과도 연관성을 갖고 있다. 최근 미래 평생학습사회에서 필요한 역량을 학교교육과정 개혁에 반영하는 선진국의 사례가 있기는 하지만 아직 우리나라는 그러한 개혁을 현장에서 본격적으로 추진하지 못하고 초기단계에 있는 실정이다. 앞서가는 선진국도 학교교육과정 개혁을 실천하는 과정에서 여러 가지 어려움을 겪고 있다. 따라서 현재로서는 우리나라의 방과후학교는 정규교육과정과 어느 정도 거리를 두고 각각의 변화과정의 추이를 면밀히 살펴보면서 방안을 구안, 강구하는 것이 바람직하다고 생각된다.(김수동, 2014a).

"목표측면을 살펴보면, 첫째, 학교교육기능 보완 및 확대이다. 앞에서도 언급했듯이 학교교육기능의 보완은 직접적인 방식보다는 간접적인 방식이 더욱 바람직한 것으로 생각된다. 최근 학교교육에서 지역사회와 국가의 책임이 더욱 강조되고 있다. 일본의 경우에도 가정과 지역공동체의 기능과 역할이 과거와 비교해서 약화됨에 따라 교육기본법을 개정하여 학교교육에 대한 지역사회 구성원들의 참여와 지원을 강조하고 있다. 이는 학교와 교사의 학생지도에 대한 부담이 증가함에 따라 국가와 지역사회 등의 지원이 더욱 필요하게 되었다는 것을 의미한다. 이렇듯 학교는 사회가 복잡하게 진화함에 따라 자연스럽게 그 부담이 증가하고 있다. 최근 우리나라의 학교폭력과 왕따현상도 그것이다. 여기에다가 인위적·정책적으로 추가해서 학교와 교사에게 과도한 부담을 지우는 것은 학교와 교사의 본연의 기능과 역할에 지장을 줄 수 있는 우를 범할 수 있기 때문에 보다 신중한 접근이 필요하다. 학교와 교사는 최우선적으로 정규교육과정의 운영에 몰두해야 하고 국가와 지역사회는 이를 위하여 여건 조성과 지원을 아끼지 말아야 한다.(김수동, 2014a).

둘째, 사교육비 경감과 교육격차 완화이다.

셋째, "돌봄 기능 확대이다. 돌봄교실의 추진 배경이며, 원인이자 운영 목적이 저소득층 자녀 및 맞벌이 가정이나 방과후 가정에서 보육할 수 없는 자녀를 위하여 방과후 보육 프로그램을 운영하여 사교육 부담 완화 및 학생들의 전인적 성장발달을 도모하는 것임을 학부모가 잘 인식할 수 있도록 국가와 사회 및 학교는 더욱 노력할 필요가 있다. 또한 가정의 교육적 기능을 강화하여 부모의 직접적인 아동 양육이 아동 교육의 기본이라는 확고한 인식이 필요하다. 일본의 아동교육도 부모의 인식과 역할 및 기능을 강화하는 것을 가장 강조하고 있다."(김수동, 2014a).

넷째, "지역사회와 연계 · 협력이다. 지역사회의 인적 · 물적 자원, 문화유산, 자연환경 및 사회적 교류 등의 지역의 교육력을 십분 활용할 필요가 있다. 또한 학교가 반드시 방과후학교 운영의 주체가 되어야 한다는 고정관념에서 탈피하여 지자체나 교육청 또는 대학 등 다양한 민간기관이나 단체 등에 위탁하여 방과후학교를 운영하도록 노력하여 학교와 교사의 부담을 덜고 프로그램의 질도 높이고 다양화하여 궁극적으로 학생과 학부모의 만족도를 높이도록 해야 한다."(김수동, 2014a).

2) 방과후학교 정책의 전망과 의의

2011년에 교육부가 제시한 방과후학교의 비전과 목표에서 사회경제적인 목표를 지나치게 강조함으로써 교육의 본질 추구가 약화되는 상황에서 향후 사회경제적인 목표 등과 교육의 본질 추구의 목표가 조화를 이루어나가야 한다. 이에 대한 해결을 모색하기 위하여 앞서의 동향에서 언급한 항목에 대한 합리적이고 이론적이고 실제적인 검토와 정치 · 경제 · 사회적 합의를 모색하고 현실적인 대안을 마련할 필요가 있다.

4절 방과후학교 최근 동향: 박근혜 정부(2013~2016.6 현재)

"2012년 3월부터 전국의 초 · 중등학교에서 자율적인 형태로 도입된 주5일수업제[2]는 학습의 장을 가정과 지역사회로 확대하고, 학교-가정-지역사회 연계의 교육공동체를 구축하여, 학교교육에서 실시하기 어려운 다양한 문화, 예술, 스포츠 특기 · 적성 활동과 체험활동들을 학생들에게 제공하여 학생들의 자기주도학습, 인성, 창의성을 함양하고자 하는 것이다. 정부는 주5일수업제가 현장에서 정착할 수 있도록 2012년부터 2013년까지 토요방과후학교를 무료로 운영할 수 있도록 지원하는 등 지원을 아끼

2) 주5일수업제 토요 프로그램은 2013년 말 기준 전국 11,451개의 초 · 중 · 고가 99.6%가 운영하고 있으며, 전체 학생 중 39.6%(2,413,311명/고3학생 제외)가 참여하고 있다. 39.6%의 학생 중 학교에서 운영하고 있는 학교 토요프로그램에는 약 26%, 지역사회 기관이나 단체에서 운영하는 지역사회 토요프로그램에는 약 13%의 학생이 참여하고 있다.

지 않았다. 하지만 정부예산 중단 이후 크게 활성화되지 못한 한계점이 발생하였다." (김수동, 2014a).

"이와 더불어 2014년부터는 박근혜 정부의 국정과제로서 초등학교 돌봄 프로그램이 강화되어 여기에 정책적 노력을 집중하게 되었다. 박근혜 정부는 '국민이 안심하고 자녀를 양육할 수 있게 한다.'는 국정과제를 제시하였다. 즉 "국정과제(63-4) 초등방과후 돌봄기능 강화"를 제시하면서 '오후 5시까지 초등학생 방과후 돌봄 프로그램 무료 제공, 추가 돌봄 대상학생을 위해 저녁 10시까지 초등돌봄교실 운영'한다고 제시하고 있다. 이 과제를 추진하기 위한 한 가지 주요 정책으로 '학교 내 돌봄강화'가 제시되었다(김수동, 2015). 이에 따라 교육부는 2013년 3월 29일 대통령 업무보고를 통해 2014년부터 연차적으로 초등학교 1~2학년에서 돌봄 프로그램을 강화하기로 하였으며, 2015년에는 3~4학년을 대상으로 하고 2016년에는 전국의 모든 초등학생들을 대상으로 5~6학년까지 확대하여 적용하게 된다."(김수동, 2014a).

초등돌봄교실은 2014년 6월 기준으로 초등학교 5,938학교, 10,966실에서 221,000명이 오후돌봄교실을 이용하고 있으며 1,834학교, 2,018실에서 20,000명이 저녁돌봄교실을 이용하고 있다(김홍원, 2014 : 7; 김수동, 2015 재인용). 최근 초등돌봄교실은 양적·질적으로 큰 성과를 거두고 있으며, 교실 수 12,380실에 총 239,798명의 학생이 이용하는 수준으로 확대되었다(교육부·한국교육개발원, 2015; 김홍원, 2015; 장명림 외, 2015).

탐구문제

1. 방과후학교의 각 시기에 대두한 주요 방과후학교 정책의 주요 동향과 이슈, 쟁점, 전망과 의의를 살펴봅시다.
2. 방과후학교의 발전방향에 대해 토론해 봅시다.

3장 학교교육과정과 방과후학교

정규교육과정과 방과후학교의 관계, 학교교육활동에서의 의미 등을 살펴보고 정규교육과정과 연계하는 방안을 살펴본다. 학교교육과정과방과후학교 연계의 이론적 기초와 연계 방안 및 교수학습 방법에 대한 연구, 방과후학교의 발전 방안 마련 및 정규교육과정의 내실화 방법을 제시한다.

※ 본 장의 방과후학교와 정규교육과정과의 연계 관련 부분은 김수동(2008)의 「초등학교교육과정과 방과후학교의 연계 방안 탐색 연구」와 김수동 · 권양이(2015)의 「미국과 일본 대학의 역량기반 교육과정의 비교 분석: 대학교육 및 평생학습에의 시사점」 및 김대현 · 김석우(2011)의 「교육과정 및 교육평가」 내용 일부를 참고하여 수정, 보완하여 작성한 것이다.

1절 _ 교육과정의 의미와 우리나라 교육과정의 변천

2절 _ 교육과정과 방과후학교 연계를 위한 이론적 탐색

3절 _ 방과후학교 중심 연계 방안 탐색

4절 _ 정규교육과정과 방과후학교의 교수학습방법 개선 방안 탐색

교 육 목 표

- 방과후학교 중심의 정규교육과정과 방과후학교의 연계 방안을 탐색한다. 구체적으로 교과와 창의적 체험활동과의 연계방안을 탐색한다.
- 정규교육과정과 방과후학교의 내실화를 위한 교수학습방법을 이해하고 방향을 제시할 수 있다.

1절 교육과정의 의미와 우리나라 교육과정의 변천

1. 교육과정의 어원적 의미와 학습과정에 비추어 본 의미 탐색

교육과정(curriculum)의 어원은 라틴어의 '쿠레레(currere)'다. 쿠레레는 경주에서 사람들이 '달려가야 할 정해진 길(course)'과 '달리는 과정(course)'이라는 두 가지 의미가 있다(김대현 · 김석우, 2011). 전자의 의미는 동양의 〈사서삼경〉이나 서양의 〈7자유학〉 등의 학생들이 배워야 할 정해진 내용을 의미한다. 하지만 1970년대 전후 시기의 Pinar는 '달리는 과정'이라는 동사의 의미에 주목한다. 그는 교육과정 개발은 1918년에 출생하여 1969년에 사망하였으며, 이제 교육과정 '개발'의 시대가 끝나고 '이해'의 시대가 열렸다고 선언한다(Pinar et al., 1995). 그는 교육과정 분야가 개발의 문제에 매몰되어 '인간 존재'의 문제를 잊었다는 점을 비판하고, 사람들이 살아가는 과정에서 알고, 생각하며, 고민하고, 느끼며, 다시 생각해 보면서 자신을 변화시키는 '과정'에 초점을 맞추어야 한다고 하였다(김대현 · 김석우, 2011).

2. 교육과정의 개념화

김대현 · 김석우(2011)는 교육과정의 개념을 오래된 입장의 3가지로서 '교육내용', '학습경험', '문서 속에 담긴 교육계획'으로 보았으며, 보다 최근의 입장으로서는 '재개념주의자들의 입장'을 제시하였다. 재개념주의자들의 입장은 비실증주의적 사회과학과 인문학의 이념, 논리, 방법론, 성과를 바탕으로 교육과정 현상을 이해하는 데 목적을 두고 있다. 이를 간단히 설명하면 다음과 같다(김대현 · 김석우, 2011).

1) '교육내용'으로서 교육과정

"교육과정의 개정 작업이 있을 때 신문이나 방송에서 보도하는 교육과정의 일반적인 의미는 각급 학교에서 배우는 교과들의 종류, 중요도, 시간 배당 등이다. 이와 같이 교육과정을 교과들의 목록이나 교과들의 강의 요목인 교육내용으로 생각하는 입장은

역사적으로 가장 오래되었고 널리 알려져 있다."(김대현 · 김석우, 2011).

2) '학습경험'으로서 교육과정

"이 입장은 교육과정이 학교의 시간표에 제시된 교과들의 목록이나 교사가 나누어 주는 교수계획표에 나타나는 것이 아니라 학생들이 갖는 경험 속에 있다는 것이다. 하지만 학생들이 학교에서 생활하는 동안에 갖는 모든 경험이 교육적인 가치가 있다고 보기는 어렵기 때문에 교육과정을 학교에서 제공하는 경험 중에서 계획된 경험으로 한정짓는 것이 좋다는 견해가 있다."(김대현 · 김석우, 2011).

3) '문서 속에 담긴 교육계획'으로서의 교육과정

"이 의미에서의 교육과정은 문서 속에 담긴 교육목적과 교육내용의 체계, 그리고 이를 효과적으로 전달하기 위한 교육방법, 교육평가, 교육운영 등에 대한 종합계획을 가리킨다. 이는 포괄적이며 예비교사들이나 현직교사들이 교육부, 교육청, 학교에서 만든 문서에 들어 있는 내용을 이해하는 데 도움을 준다는 점에서 실용적이다."(김수동, 2014a)

4) '재개념주의자의 입장'으로서의 교육과정

"1970년대를 전후하여 교육과정의 현상과 실제를 종전과 다른 관점에서 이해하고자 하는 노력이 있었다. 이 학자들을 재개념주의자라고 부른다. 그들은 교육과정 개발은 1918년에 출생하여 1969년에 사망하였으며, 이제 교육과정 '개발'의 시대가 끝나고, '이해'의 시대가 열렸다고 선언한다. 그들은 교육과정을 현상학, 해석학, 정신분석학, 포스트모더니즘, 미학, 신학 등의 다양한 이론적 관점에서 해석하며, 자서전, 생애사, 쿠레레, 감식안과 비평 등의 다양한 주제를 다룬다. 대표적인 재개념주의자인 Pinar는 교육과정을 '이전과는 다른 새로운 관점인 쿠레레의 동사적 의미를 되살린 것'이라고 하였다. 이는 교육자나 학습자가 살아오면서 갖게 된 교육적 체험들을 자신의 존재의 의미와 연관 지어서 해석하고 반성(self-reflective)하면서 자신의 삶과 사회를 개조하는 것을 목적으로 한다."(김대현 · 김석우, 2011).

3. 교육과정의 구성요소

교육과정을 학생들의 학습경험을 중심으로 할 경우 다음과 같은 기본 요소를 들고 있다. Tyler(1949)는 『교육과정과 수업의 기본 원리』라는 저서에서 교육과정과 수업을 계획할 때 수행해야 할 4가지 과제를 다음과 같이 표현하였다.

첫째, 학교가 달성해야 할 교육목표는 무엇인가?

둘째, 목표를 달성하기 위하여 어떤 학습 경험을 제공해야 하는가?

셋째, 학습 경험을 효과적으로 조직하는 방법은 무엇인가?

넷째, 목표가 달성되었는지를 어떻게 알 수 있는가?

4. 우리나라 교육과정의 변천 및 개정

우리나라는 그 동안 7차에 걸쳐 교육과정의 개정이 이루어졌고 제7차 교육과정 개정 이후에는 급변하는 환경에 적응할 수 있도록 수시 개정으로 바뀌었다. 교육과정의 기준과 내용에 관한 기본적인 사항은 교육부에서 문서로 고시하고, 모든 학교의 공통적·일반적 교육과정 편성 기준이 된다. 국가수준의 교육과정에는 교육목표, 교과편제 및 시간 배당, 내용, 방법, 평가가 제시되고 운영 면에서 법적 구속성을 가진다. 따라서 우리나라의 교육과정이 어떻게 변천되어 왔는지를 알아보는 것은 교육과정을 이해하고 교육과정을 편성·운영하는 데 도움이 될 것으로 보아 그 과정을 표로 제시하면 〈표 3-1〉과 같다.

| 표 3-1 | 대한민국의 국가 교육과정 기준의 역사적 변천

구 분	특 징
교수요목시기 (1945~1954)	⇒ 미군정하의 교육 - 교육과정 : 교수요목(교사가 학생에게 가르쳐야 할 내용의 주제 또는 제목을 열거) - 새교육(진보주의), 홍익인간 교육이념 - 6-3-3-4기본학제, 일본식민지 교육잔재 탈피
제1차 교육과정 (1954~1963)	⇒ 교과중심 교육과정 - 교육과정: 교과과정 (각 학교의 교과목 및 기타 활동의 편제) - 교육법(1949)제정, 우리정부에 의해 만들어진 최초의 교육과정 - 도의교육 강조, 교과활동 + 특별활동(특별활동이 정식 반영)

구 분	특 징
제2차 교육과정 (1963~1973)	⇒ 생활중심 교육과정 – 교육과정: 학교의 지도하에 학습자가 경험하는 총체 – 학습활동의 경험성, 자주성, 생산성, 유용성을 강조 – 교과활동 + 반공, 도덕 생활 + 특별활동 – 한문, 교련 신설
제3차 교육과정 (1973~1981)	⇒ 학문중심 교육과정 – 지식의 구조, 기본개념과 원리중시(나선형 교육과정) – 단순기억이나 일반경험보다 탐구 강조 – 국민정신교육의 강화 – 국사, 도덕 교과 신설, 반공, 도덕생활 없어짐
제4차 교육과정 (1981~1987)	⇒ 인간중심 교육과정 – 교과, 경험, 학문을 인간중심으로 조화 – 국가교육과정 문서를 총론과 각론으로 나누어 체계적으로 개발하기 시작(한국교육개발원) – 초등학교 1,2학년의 통합 교과서 출현(바른 생활, 즐거운 생활, 슬기로운 생활) – 고등학교 자유 선택 과목 신설
제5차 교육과정 (1987~1992)	⇒ 통합적 교육과정(교과, 경험, 학문, 인간중심의 교육과정의 조화) – 초등학교 1,2학년의 통합적 교육과정 탄생('우리들은 1학년'도입, 1교과 다교과서 체제 도입) – 고등학교 자유 선택 과목 신설
제6차 교육과정 (1992~1997)	⇒ 통합적 교육과정 – 교육과정 결정의 분권화(중앙집권형 교육과정 → 지방 분권형 교육과정) – 교육부 : 국가수준 교육과정 → 학교 : 교과서)에서 탈피하여 (교육부 : 국가수준 교육과정 → 시・도 교육청 : 교육과정 편성・운영지침, 학교 : 학교교육과정)으로 전환
제7차 교육과정 (1997~2006)	⇒ 통합적 교육과정, 학생중심 교육과정 – 국민공통 기본교육과정(1~10학년)의 편성 – 고등학교 선택중심 교육과정(고2~고3학년) – 수준별 교육과정의 도입 – 학교재량시간의 신설 및 확대 – 국가수준에서 개발한 절대평가기준을 활용 – 재량활동 도입(초등–창의적 재량활동, 중등–교과 재량활동에 중점)
	○ 수준별 교육과정 – 개인차 존중 교육의 실현 1) 단계형 – 수학(1~10단계), 영어(7~10단계) 2) 심화, 보충형(상: 심화, 하: 보충) – 국어(1~10단계), 사회, 과학(3~10단계), 영어(3~6단계)
수학, 영어 교육과정개정고시 (2006.8)	– 제7차 교육과정 이후 교육과정 개정 체제가 수시 개정 체제로 전환됨 – 수준별 교육과정 관련 내용을 삭제 – 단위학교에 수준별 수업 운영(교과, 학년, 수업방법 등)과 관련된 자율성 부여 – 난이도 하향화, 학습내용 간 연계성 강화

구 분	특 징
2007개정 교육과정	⇒ 기본구조는 7차 교육과정과 비슷함 – 단위학교별 교육과정 편성·운영의 자율권 실질적 확대 – 고등학교 선택중심교육과정 개선: 선택과목 신설, 개설 허용. 일반선택과 심화선택 과목을 선택과목으로 일원화 – 교과별 교육내용 적정화 – 수준별 교육과정을 수준별 수업으로 전환함
2009개정 교육과정	– 기본구조는 9년의 공통교육과정과 3년의 선택교육과정으로 이원화 – 학년군제 도입: 발달단계가 비슷한 2~3개 학년을 하나의 학년군으로 설정 – 초중고 교육과정에 교과군제 도입 – 창의적 체험활동 교육과정 영역 도입: 특별활동과 재량활동의 통합 – 학교교육과정의 자율적 운영 강화: 교과(군)별로 수업시수의 20% 증감운영 가능 – 진로교육 강화
2015개정 교육과정	– 창의융합형 인재양성, 학생평가방법 개선을 통한 핵심역량 함양교육 – 추구하는 인간상에 6개 핵심역량 제시 – 초중고 소프트웨어 교육 강화 – 안전교육 강화, 범교과학습주제를 10개 내외로 재구조화 – 고등학교 선택과목을 일반선택과 진로선택으로 구분 – 초1,2수업시수 1시간 증배 – 초등교육과정과 누리과정 연계 강화(한국교육강화) – 핵심역량중심의 학습량 적정화, 학생참여중심 교수학습방법 개선

자료: 김대현·김석우(2011) 재구성.

2절 교육과정과 방과후학교 연계를 위한 이론적 탐색

1. 추진 배경

세계는 불과 수십 년 사이에 수백 년 동안 우리 사회를 주도했던 산업화 사회에서 벗어나 지식 및 정보와 인적 자원이 중심이 되는 지식기반사회에 진입해 있다. 아울러 사이버와 유비쿼터스가 정보를 유통시키는 정보화 사회, 시공의 제약 없이 국경을 쉽게 넘나드는 국제화, 세계화 사회로 이미 상당히 들어와 있다. 이와 같이 급변하는 상황에서 교육을 둘러싸고 있는 우리나라의 사회문화적인 환경의 변화, 사회계층의 고

착화, 가족해체와 사회해체의 진전, 시민사회의 활성화 등으로 최근의 교육 여건은 패러다임적인 변화를 겪고 있다(교육인적자원부, 2005).

이와 같은 광범위하고 급속한 변화의 물결이 학교교육의 변화에 주는 시사점을 몇 가지 추출해 보면 다음과 같다(교육인적자원부, 2005).

첫째, 국가가 독점하는 획일적 공교육체제로는 학교교육 환경의 변화에 신속하게 대응하기가 어렵다는 것이다. 따라서 국가와 함께 지역사회가 공교육에 참여하고 그 중요한 근거가 되어 다양하게 확대되는 수요자의 요구에 부응하는 학교의 모습으로 변화되어야 할 필요가 있다.

둘째, 획일적 국가 교육과정 체제가 갖는 한계와 교육과정을 뒷받침할 제도적 변화의 미흡, 입시위주의 교육풍토 등으로 학교교육의 변화를 유도하기가 어렵다는 것이다. 그러므로 교사의 교육활동이 학생, 학부모 및 지역사회로부터 피드백 받는 구조를 마련함으로써 지역과 학부모의 의견에 기초하여 단위학교의 자율성과 책무성을 강화해야 한다.

셋째, 대부분의 교과가 주지교과화 되어 학생들의 다양한 요구를 억눌러 학교교육에 대한 흥미를 저하시키고 지역사회의 교육적 역량이 학교로 유입되지 못하고 있다. 따라서 교육과정의 내용을 적정화하고 교수학습 방법을 개선하여 학생들의 특기와 적성을 제대로 발굴하고 계발하도록 해야 한다. 아울러 지역과 학교가 공동으로 책임지고 운영하는 자율 역량을 제고해야 할 것이다.

방과후학교는 이러한 문제들을 해결하는 데 적극적인 역할을 할 수 있을 것으로 기대된다. 왜냐하면 방과후학교는 학생들의 인성과 창의력 및 학력을 향상시키려고 하는 교육의 본질적 목적을 전제로 하면서 사교육비 경감, 교육 복지 실현, 학교의 지역사회화라는 사회경제적 목적을 실현하고자 하는 것이기 때문이다(교육인적자원부 2006, 2007). 아울러 교육 선진국인 미국, 영국, 일본의 방과후 교육활동이 우리나라의 정규교육과정과 방과후학교의 연계에 주는 시사점을 몇 가지 측면에서 비교해 보면 다음과 같다(방과후학교 정책연구학교 운영보고서).

첫째, 세 나라 모두 학생들의 요구와 흥미를 존중한다. 미국과 영국은 다양한 프로그램을 개설하고 있다. 일본은 자신이 원하는 방과후 부활동에 참여할 수 있다. 중등학교의 방과후 부활동은 정규교육과정은 아니지만 교사가 그 활동을 지원하고 있다.

둘째, 세 나라 모두 정규교육과정과의 연계를 강조한다. 미국과 영국은 특기·적성 뿐 아니라 학생 보호와 학업 성취에 있어서 방과후 교육활동이 정규교육과정을 보완해 주는 역할을 한다. 일본은 특별활동의 탄력적 운영을 통하여 방과후 교육활동과 창의적 재량활동과의 연계를 모색하고 있다.

셋째, 세 나라 모두 지역사회의 프로그램과 정규교육과정과의 연계를 고려한다는 것이다. 미국과 영국은 지역사회의 다양한 교육 프로그램에 학생들이 참여할 수 있도록 도와주고 있다. 일본도 방과후 부활동을 통하여 학교의 클럽활동과 지역사회의 다양한 프로그램이 연계되도록 하고 있다.

2. 정규교육과정과 방과후학교의 연계를 위한 선행 연구 개관 및 연계 방안 탐색에 주는 의미

정규교육과정과 방과후학교와의 연계 방안에 대한 연구가 필요하다. 최근에는 교육 수요자의 교육에 대한 개선 요구가 확대됨에 따라 방과후학교가 필요하게 되었다. 연계의 방식에는 크게 두 가지를 생각할 수 있다(김수동, 2008). "첫째는 방과후학교 프로그램이 정규교육과정을 심화·보충하는 등 적극적으로 연계하는 것이다." 둘째는 정규교육과정에 방과후학교의 운영방식을 일부 도입하는 것이다. 예를 들어 외부강사의 활용, 수준별 강좌의 도입 등이 있을 수 있다. 이 절에서는 전자, 즉 방과후학교 중심의 연계에 초점을 두고자 한다.

"방과후학교는 정규교육과정에서 충분히 제공하기 어려운 개개 학생의 다양한 능력, 특기·적성을 계발할 수 있는 다양하고 풍부한 수준별 교육내용을 제공함으로써 정규교육과정을 보완하는 역할을 할 수 있다. 방과후학교에서는 ① 정규교육과정에서 지도하는 학습내용을 보충, 심화하거나(부진아, 우수아, 영재아 지도 등) ② 정규교육과정에서 목표로 하는 핵심능력 또는 기능과 태도를 연계하여 심화 지도(문제해결력, 창의력, 자기 주도적인 학습력, 인성 지도 등)함으로써 정규교육과정을 보완할 수 있다."(김수동, 2008).

그 동안 방과후학교의 활성화를 위한 국가적인 지원과 함께 여러 연구가 진행되었으며, 이 연구들은 방과후학교 활성화를 위한 여러 방안들을 제시하였다. 국내외 방과후 교육활동 사례 수집 및 분석 · 유형화 연구(김수동 · 김정주, 2004)에서, 방과후학교는 문화관광부와 청소년보호위원회, 보건복지부, 여성가족부 등 아동과 청소년 관련 정책을 수행하는 정부 부처들이 함께 참여하는 범정부적 국가 정책으로 추진되어야 한다고 하였다. 그리고 방과후학교의 운영에 가정 · 학교 · 지역사회 · 지방자치단체 · 국가가 모두 참여하는 체제를 마련하여야 한다고 하였다. 또한 방과후학교의 프로그램과 강사의 질 관리를 위한 시스템 마련과 방과후학교 운영에서 소외 계층에 대한 특별한 대책의 필요성을 제기하였다. 그뿐만 아니라 방과후학교 운영을 뒷받침하기 위해 「방과후교육활동지원특별법(가칭)」과 같은 법령을 제정, 국가와 지역 사회의 책임을 명시하고, 구체적인 추진 방안을 담을 필요가 있다고 하였다. 그 외에도 방과후학교 운영의 업무 경감을 위한 "방과후학교 정보 관리 센터"(가칭) 구축과 방과후학교 학생 활동 결과를 평가해 주기 위한 평가 시스템 구축 방안이 제시되었다(김영식 외, 2005).

그러나 그 동안 국가적인 교육 정책으로 추진되어 온 방과후학교 활성화는 그 프로그램에서 다루는 주된 내용이 국가 교육과정에 기초를 두고 있음에도 불구하고 정규교육과정과 관련되기보다는 어느 정도 거리를 두고 추진되었다. 이에 따라 방과후학교 프로그램의 장기적인 효과를 제고하기 위해서도 정규교육과정과의 연계 필요성이 제기되기도 하였다. 방과후학교의 매뉴얼 개발을 위해 수행된 연구(김영식 외, 2005)에서는 방과후학교에 대한 목적을 '사교육의 교내 흡수'에 두기보다 정규교육과정과의 연계에 두고 방과후 교육이 필요한 교육 수요자를 중심으로 운영하도록 하고 있다.

정규교육과정과 방과후학교의 연계는 다양한 방식으로 모색될 수 있다. 예를 들어, 김수동 외(2000)의 연구에 따르면 특별활동은 방과후 특기 · 적성교육이나 재량활동과 연계되어 운영될 수 있다. 특별활동은 정규교육과정에 속하고 특기 · 적성교육은 비정규교육과정에 속한다는 것이 서로 대비되지만, 활동의 성격상 특별활동은 특기 · 적성교육활동 부서와의 연계 지도 및 탄력적 운영이 필요하며 학생의 특기 · 적성 계발을 위한 보충 · 심화 학습이 되도록 해야 한다. 또한 성격상 유사한 점이 많은 동아리 활동과의 연계방안도 신중히 고려해야 한다.

국내외 방과후 교육활동 사례 수집 및 분석 · 유형화(김수동 · 김정주, 2004) 연구를 참조하여 미국, 일본, 영국의 방과후 교육활동이 연계 방안 탐색에 주는 의미를 정리하면 다음과 같다.

미국은 첫째, 우등생, 보통 학생, 학습부진아, 비행청소년들 등 다양한 학생들을 위한 프로그램 등이 개발되어 있다. 둘째, 예체능 계통의 소질과 적성을 살리는 교육뿐 아니라 지적인 측면의 3R's와 사고력 교육을 포함한다. 셋째, 활동 내용은 학생들의 생활기록부에 기록되어 진로와 진학 지도의 기초자료로 쓰인다.

일본은 수업시간의 특별활동은 방과후 특별활동 형식의 특기 · 적성교육 혹은 학교장 재량의 창의성 계발활동으로 활용하는 방안을 적극 모색한다.

영국은 정규수업과 긴밀한 관계를 가지고 이루어지며, 지역사회의 다양한 교육프로그램을 학교의 클럽활동의 일부로 수용하기도 한다. 또한 지역사회의 각종 경연대회에 정기적으로 참여하여 클럽활동의 활성화를 도모하고 있다.

방과후학교의 이론적 · 철학적 기반 정립을 위한 세미나 자료집(허경철, 2007)을 참고하여 학교교육과정과의 연계하에서 보는 방과후학교의 의미를 다음과 같이 두 가지로 정리할 수 있다.

첫째, '학교교육과정의 양적 부담 완화'이다. 우리의 학교는 사회로부터 다양하고 강력한 요구를 받은 결과 소위 '학교교육과정의 범람' 현상이 발생하고, 이러한 현상은 학교교육 부실화의 중요 원인이 되고 있다. 방과후학교는 학교교육과정이 정상적으로 감당할 수 없는 부분들을 일부 혹은 상당 부분을 담당함으로써 학교교육과정의 양적 부담을 완화하는 데 기여할 수 있다.

둘째, '학교교육과정 개선의 계기 제공'이다. 학교교육과정의 획일성과 경직성으로 정해진 내용을 제한된 시수 내에 강의식으로 전달하는 데도 어려움이 많다. 이를 개선하기 위하여 방과후학교에서 정선된 내용을 토론 및 실험실습 등을 통하여 심층적으로 다루면 학생들은 교과에 대한 흥미유발은 물론 공부하는 방법도 학습하게 되어 자기주도적으로 학습능력을 신장할 수 있다. 요컨대 내용과 방법을 의미 있게 연계하는 효과를 거둘 수 있다. 이와 같은 방과후학교의 효과는 다시 정규교육과정에 영향을 미칠 것이다. 예를 들어 외국의 경우도 정규교육과정과 방과후학교가 연계되어 운영되는 사례가 있다.

최근 그 수가 크게 증가하고 있는 독일의 '온종일학교'도 정규교육과정과 방과후 교육활동을 동시에 운영하고 있다. 온종일학교에서 정규교육과정과 방과후 교육활동을 연계하는 것에 대한 교육 정책적 의미와 청소년 정책적 의미를 살펴보면 다음과 같다 (교육인적자원부 · 한국교육개발원, 2007a).

첫째, "교육 정책적 주장이다. 이 관점에서 온종일학교 교육의 목적은 모든 젊은이의 기술과 능력을 더 잘 개발하고 가정 배경에 관련되는 교육적 소외를 해소하는 것이다. 온종일학교 교육의 교육적 이점에 대한 공적 논쟁은 최근 몇 년 동안에 더욱 고조되었다. 그 이유는 주로 PISA 국제 수학, 과학 학업성취도 비교 연구에서 독일 학생들의 성취가 별로 좋지 않았기 때문이다. 온종일학교에서 제공되는 방과후활동들은 특히 약자 입장의 학생들을 위한 지원 프로그램, 즉 숙제를 도와주거나 구체적인 교과목에서 보충 수업을 해 주는 것은 학업 성취를 향상시킬 것이고, 특별한 지원을 필요로 하는 학생들에게 도움이 될 것이다."(교육인적자원부 · 한국교육개발원, 2007a).

둘째, "청소년 정책적 주장이다. 이런 관점을 주장하는 사람들은 온종일학교 교육이 젊은 학생들의 심리 사회적 발달 조건을 증진하고 그들이 성인 세계와 통합하도록 도와주어야 한다는 것이다. 이런 종류의 주장은 대체로 다음과 같은 인식에 근거하고 있다. 즉, 아동과 청소년의 세계는 최근 수십 년 동안에 아동의 양육을 위하여 매우 중요한 사회적 경험과 접촉이 점차 적어지고 멀어져가는 변화를 겪고 있다는 인식이다. 이런 현상을 설명하는 이유는 세 가지이다. 첫째, 아동이 그들 부모로부터 받는 양육의 질이 계속 저하되고 있다는 것이다. 둘째, 공동체에 의한 교육기능이 약화되었기 때문이다.

셋째, 아동들의 일상생활이 점차 고립되어 가고 있다는 것이다. 온종일학교를 찬성하는 중요한 주장 중의 하나는 그것이 이러한 현상에서 야기되는 사회적 통합의 필요성에 도움을 줄 수 있기 때문이다."(교육인적자원부 · 한국교육개발원, 2007a).

3절 방과후학교 중심 연계 방안 탐색

여기에서는 학교의 교과, 특별활동 및 재량활동과 방과후학교의 연계 방안을 탐색하여 방과후학교 중심 연계 프로그램의 개발과 적용에 도움을 주고자 한다. 참고로 우리나라의 2009 개정 교육과정부터는 특별활동과 재량활동을 합해서 창의적 체험활동으로 하고 하위영역을 자율활동, 동아리활동, 봉사활동, 진로활동으로 하고 있지만, 특별활동과 재량활동의 취지에 차이가 있기 때문에 이를 구분하여 보는 것이 의미가 있다고 생각되어 여기에서는 구분하여 다룬다.

1. 교과 활동과 방과후학교의 연계 방안 탐색

"2000년 이후에는 교육인적자원부도 모든 교과에서 특기·적성교육이 가능하다는 교과교육 전문가의 의견을 받아들여 일반 교과교육관련 방과후 특기·적성교육을 할 수 있다고 하였다. 다만 주입식 수업의 형태나 기계적인 문제풀이식 보충 수업 형태의 방과후 특기·적성교육은 배제해야 한다는 것이다. 따라서 주입식이나 암기식 수업에서 탈피하여 학생의 참여도가 높은 수업, 학생의 자기주도적인 학습 능력을 신장시키는 수업, 소집단 토론이나 협동학습 활용 등의 학교와 교실 수업의 여건 등 여러 가지 이유 때문에 평소의 학급에서는 사용하기 어려운 다양한 교수·학습 방법을 활용하여 학생들의 특기와 적성을 제대로 발굴하고 계발하는 방향으로 나아가야 할 것이다."(김수동, 2005).

이러한 방향으로 나아가기 위해서는 "교과에서의 특기·적성교육은 어떻게 구현될 수 있는가와 관련한 프로그램의 개발이 교과 전문가를 중심으로 이루어져야 하며, 이러한 결과가 정규교육과정의 교과 시간에 점진적으로 적극 구현되어야 할 것이다.

교과활동과 방과후학교의 연계를 효율적으로 하려면 다음과 같은 사항을 충분히 고려하고 이에 대한 대처방안을 마련해야 할 것이다."(김수동, 2008).

첫째, "학생들의 교과 관련 특기·적성을 발굴하고 계발하는 데 장애가 되는 구체적인 요인을 파악하여 이에 효율적으로 대처하여야 한다. 따라서 정규 교과 교육과정을 통하여 학생들의 특기와 적성을 제대로 발굴하고 계발하는 데 장애가 되는 현실적인 문제점은 다음과 같다."(김수동, 2008).

① 가르칠 내용의 범위와 심도에 비해 배정된 시간이 부족하다는 것이다. 따라서 학생들의 자기주도적인 학습보다는 주입식, 암기식 교육이 대체로 많다.

② 대체로 학급당 학생수가 많다는 것이다. 이는 개별화 수업을 어렵게 하며 학생들에 대한 획일적인 수업을 피하기가 어렵게 만든다.

③ 학생들의 학력수준차가 크다는 것이다. 따라서 학생들의 개별 수준에 맞게 적합한 자료와 지도 방법을 사용하기가 쉽지 않다.

④ 학생들에게 필요한 자료와 시설 여건이 미흡하다는 것이다. 개별 학생들에게 적합한 교수학습 자료와 실험실습실, 교과교실 등의 여건이 부족하여 교사와 학생들이 효율적으로 교수학습을 하기 어렵다.

둘째, "교과 관련 특기·적성교육을 활발하게 추진하여야 한다. 따라서 교과에서의 특기·적성교육이 어떻게 구현될 수 있는가와 관련한 방과후학교 중심 연계 프로그램의 개발이 교사와 교과 전문가를 중심으로 이루어져야 하며, 개발된 연계 프로그램이 방과후학교에서 점진적으로 적극 실행되어야 할 것이다."(김수동, 2008).

"교과 영역에서 방과후학교의 교과 관련 특기·적성교육이 어떻게 구현될 수 있는가에 대한 예를 들면 다음과 같다. 첫째, 기초·기본학력 신장과 심화 프로그램 등을 운영한다. 둘째, 언어영역, 수리영역, 과학탐구영역, 체육영역, 음악영역, 미술영역 등의 교과 영역으로 연계 프로그램을 개발하여 적극 연계한다."(김수동, 2008).

2. 재량활동과 방과후학교의 연계 방안 탐색

"비정규교육과정이지만 학교교육활동의 하나로 운영되고 있는 방과후학교는 제7차 교육과정 및 2007 개정 교육과정을 중심으로 고찰할 때 정규교육과정의 창의적 재량활동과 목적 및 활동내용 상 여러 가지 중첩되는 부분이 많다. 또한 교육과정 편제에서 재량활동과 특별활동이 구분되어 있음에도 불구하고 실제 운영에서 일부 중복될 가능성이 있다면 양자를 연계해서 전개하는 것도 하나의 방법이 될 것이다. 재량활동은 일본의 종합적 학습시간과 유사한 성격을 갖고 있는 영역이다. 일본에서 종합적 학습시간 운영과 연계하여 특별활동 운영방안을 강구하는 모습을 볼 때, 재량활동과 연계된 특별활동 운영방안에 대한 보다 적극적인 모색이 필요하다고 본다. 이는 특별활동의 본질적인 특성인 '운영의 융통성'을 실현하기 용이할 것이다. 아울러 특별활동, 재량활동, 방과후학교의 특기·적성교육활동 간의 차이점을 강조하기보다는 이들이 적절히 관계 지어지면서 운영되는 것에 초점을 두는 것이 바람직하다. 재량활동과 방과후학교의 연계를 효율적으로 하려면 다음과 같은 사항을 충분히 고려하고 이에 대한 대처방안을 마련해야 한다."(김수동, 2008).

첫째, 재량활동은 체험학습을 통하여 학생의 인성과 창의력을 길러주어야 한다. 즉, 재량활동은 사회 변화에 따른 대응력을 길러 주고 다양한 체험활동으로 창의력과 사고력을 신장시키기 위하여 학교나 지역 사회의 특성, 필요, 요구에 따라 학교 나름의 특색 있는 활동 영역을 선정하고, 그에 따른 교육 프로그램을 작성하여 지도함으로써 학교교육의 자율성과 다양성을 높이고, 학생의 자기 주도적인 능력을 개발하여 교육의 질적 향상을 꾀하려는 목적이 있다(교육부, 1997).

둘째, 제7차 교육과정과 2007 개정교육과정에서 규정하고 있는 재량활동에 대하여 잘 이해하고 이를 실천할 수 있어야 한다.

셋째, "재량활동의 실천과 관련되는 구체적인 문제점을 파악하고 이에 효율적으로 대처해야 한다. 창의적 재량활동은 범교과 학습이나 자기주도적 학습을 신장시키는 것이기 때문에 학생의 특기와 적성을 계발하기에 적절하다."(김수동, 2008).

넷째, "재량활동 시간을 통하여 학생의 소질을 다시 한 번 자세히 확인하고 기초적인 지식과 기능을 신장시키는 데 중점을 두어야 한다. 재량활동은 학생의 요구에 의해서 다양한 활동을 할 수 있으므로 이때 학생의 소질과 적성의 발굴과 계발에 관련되는 기본적인 기능을 경험할 수 있도록 하는 것이 매우 중요하다. 개인의 적성과 소질의 발견은 빠르면 빠를수록 좋기 때문에 학창시절에 이를 경험할 수 있는 단초를 방과후학교 중심 연계 프로그램에서 제시하는 것은 학교의 중요한 임무가 될 것이다."(김수동, 2008).

"방과후학교의 재량활동 관련 방과후학교의 특기·적성이 어떻게 구현될 수 있는가에 대한 예를 들면 다음과 같다. 첫째, 학생의 선택권을 존중하는 체험활동을 강조한다. 둘째, 재량활동의 하위영역인 정보영역, 범교과영역, 자기주도적 학습영역 등과 연관되는 방과후학교 연계 프로그램을 개발하여 활용한다."(김수동, 2008).

3. 특별활동과 방과후학교의 연계 방안 탐색

"비정규교육과정이지만 학교교육활동의 하나로 운영되고 있는 방과후학교는 제7차 교육과정 및 2007 개정 교육과정을 중심으로 고찰할 때 정규교육과정의 특별활동과 목적 및 활동내용 상 여러 가지 중첩되는 부분이 많다. 또한 특별활동은 사교육비를 줄이고 공교육의 신뢰성 회복 및 교육 정상화를 꾀하기 위해 실시되고 있는 방과후학교의 '특기 · 적성교육' 활동과의 관련성도 모색해 보아야 한다. '방과후학교의 특기 · 적성교육'은 방과후 교육활동으로 진행되어 오는 것으로 그 활동내용에 있어서 역시 특별활동과 중첩되는 부분이 많다. 따라서 특별활동과 방과후학교의 특기 · 적성교육 활동 간에 상호 협조관계를 유지할 때 교육 효과는 높아질 것으로 보인다. 특별활동과 방과후학교의 연계를 효율적으로 하려면 다음과 같은 사항을 충분히 고려하고 이에 대한 대처방안을 마련해야 할 것이다. "(김수동, 2008).

첫째, "우리 교육은 교과지식 중심의 획일화된 교육을 실시하는 문제점을 갖고 있다. 따라서 특별활동을 충실히 운영하여 그 동안 교과위주, 입시위주의 교육을 시정하는 것이 우선시 되어야 한다."(김수동, 2008).

둘째, "특별활동 교육의 구체적인 문제점을 파악하여 이에 대한 적절한 대책을 강구해야 한다는 것이다. 예를 들어 배당 시간이 제한되어 있다는 것이다. 주당 1~2시간 정도의 짧은 시간으로는 자치활동, 적응활동, 계발활동, 봉사활동, 행사활동에서 학생의 잠재된 소질을 발굴하여 계발하기 어렵다."(김수동, 2008).

셋째, "특별활동 시간에는 수준별 집단을 편성하고 학생의 능력, 흥미, 진로 등에 맞는 지도에 중점을 두어야 한다. 학생의 소질과 적성은 그 영역에 차이가 있을 뿐 아니라, 현재의 그 수준에 있어서도 차이가 있을 수 있다. 따라서 방과후학교 중심 연계 프로그램에서는 수준을 고려한 집단을 편성하여 학생을 지도하고 그것이 계속 이어지도록 해야 할 것이다."(김수동, 2008).

방과후학교의 특별활동 관련 방과후학교의 특기 · 적성이 어떻게 구현될 수 있는가에 대한 예를 들면 다음과 같다. 첫째, 특별활동 시간의 계발활동이 방과후학교의 특기·적성활동과 연계되도록 한다. 둘째, 특별활동의 하위영역인 자치, 적응, 계발, 봉사, 행사활동과 연관되는 방과후학교 연계 프로그램을 개발하여 활용한다.

4절 정규교육과정과 방과후학교의 교수학습방법 개선 방안 탐색

1. 현장 정규교육과정의 교수학습방법 개선 방안 탐색

정규교육과정에서나 방과후학교 모두에서 가르치고 배우는 과정이 공통적으로 포함되어 있다. 하지만 정규교육과정의 교수학습 환경과 방과후학교의 교수학습 환경이 매우 상이한 것도 현실이다.

김수동 외(2007)는 Bruce Joyce, Marcha Weil & Emily Calhoun가 2004년에 발표한 〈Models of Teaching〉(제7판)이라는 저서의 서문과 1장을 참고하여 교수모형과 학습모형의 관계가 어떻게 설정되어야 우리의 학교교육을 위하여 바람직한가를 보여준다. 교수모형은 예비교사와 교사들을 잘 개발된 다양한 교수방법에 연결시켜 주는 것이다. 교수모형은 합리적인 근거를 가질 뿐만 아니라 그 모형들의 기능에 대한 다양한 연구의 배경을 갖는다. 따라서 교수모형들은 "교육 실제를 안내하기 위하여 연구를 활용하는 것"이라고 볼 수 있다.

탁월한 교수는 특정한 목적을 위하여 매우 적합하고 우수한 교육과정을 생성하기 위하여 종합될 필요가 있는 여러 교수모형들의 유형들로 구성되어 있다.

세 가지 중요한 발전이 지난 30여 년에 걸쳐서 이루어졌다.

첫째, 특정 교수모형들에 대한 계속적인 연구가 있어 왔고, 새로운 교수모형들을 개발해 왔다는 것이다. 정련화를 통하여 그러한 교수모형들의 효과성이 증대되었다.

둘째, 교수모형들을 매우 유용성이 높은 교육과정으로 종합하는 것이다. 현재 우리는 모든 교육과정 영역에서 매우 훌륭한 교육과정을 보유하고 있고, 특히 문식성

(literacy)에 관한 교육과정은 모든 학생들을 읽기와 쓰기로 안내했고, 읽기와 쓰기를 효과적으로 학습하지 못한 학생들을 잘 도와주었다.

셋째, 도서관을 확장시키는 전자공학의 발전이다. 현대의 학급에서 수천 권의 책이 학생들 주위에 있고 전자 매체는 인쇄 매체에 대한 실제적인 발전을 대표하는 백과사전과 여러 사전들을 제공해 준다. 아울러 다량의 정보가 인터넷을 통하여 활용될 수 있다. 수만 개의 도시와 지역들이 인터넷 웹페이지를 통하여 연결되어 있다.

다시 말하면 지금까지 개발된 교수모형은 해가 거듭됨에 따라 두 가지 측면에서 점점 강력해졌다. 그 첫째는 모형 자체가 강력해진 것이고, 둘째는 모형을 지원하는 서지자료와 전자 자료들이 훨씬 더 풍부해졌다는 것이다.

앞에서 언급한 바와 같이 계속 발전하고 있는 교수모형은 학습모형이기도 하다. 교사가 학생들이 정보, 아이디어, 기술, 가치, 사고방식 그리고 스스로 표현하는 방식 들을 획득하도록 도와 줄 때 교사는 학생들에게 학습하는 방법을 가르치는 것이기도 하다. 사실상 가장 중요한 수업의 장기적인 결과는 미래에 학생들이 더 쉽고 효과적으로 학습하는 능력을 학생들이 갖도록 하는 것이다. 즉, 점차 학생들은 자기주도적으로 지식과 기술을 획득하고 더 많은 과정들을 통달하게 된다.

성공적인 교사들은 단순히 카리스마가 있고, 설득력이 있는 자료제공자가 아니다. 오히려 그들은 엄격한 인지적·사회적 과제에 학생들이 참여하도록 하고 학생들이 그러한 과제를 생산적으로 수행하는 방법을 가르친다. 좋은 강의자는 대화에서 정보를 추출하는 방법과 그것을 자기 자신의 것으로 만드는 방법을 학생들에게 가르친다. 한편 효과적인 학습자들은 교사로부터 정보, 아이디어 그리고 지혜를 이끌어 내고 학습자원들을 효과적으로 사용한다. 따라서 교수의 주요 역할은 자기주도적인 학습자를 만들어 내는 것이다.

똑같은 원리가 학교에도 적용된다. 우수한 학교들은 학생들이 학습하도록 가르친다. 따라서 교수는 학생들이 학교생활을 하는 동안 발전하면서 더욱 효과적이 된다. 왜냐하면 해가 지남에 따라 학생들은 자기주도적인 학습자가 되도록 배우기 때문이다. 우리는 다양한 교수모형의 효과를 다음 두 가지를 통하여 측정한다. 첫째, 교수모형들이 구체적인 교수 목표들을 얼마나 잘 달성하는가 이다. 둘째, 교수모형들의 본질적인 목적이라고 볼 수 있는 학생들의 학습능력을 얼마나 잘 증진시키는가 이다.

학생들은 자신이 갖고 있는 학습 전략 레퍼토리가 증가함에 따라 변할 것이고 점점 더 많은 유형의 학습들을 더 효과적으로 달성할 수 있을 것이다. 다양한 교수모형은 탐구하고, 일관성 있게 효과적인 교사들은 두 가지 기본적인 질문을 탐구한다. 첫째, 학생들이 더 효과적으로 학습하는 방법을 얼마나 빨리 배울 수 있는가? 둘째, 모든 학생들이 더 잘 학습하기 위하여 어느 정도까지 배울 수 있는가? 이다.

우리나라의 제7차 교육과정과 2006년, 2007년에 걸쳐 고시된 교육과정, 2009 개정 교육과정, 2015 개정 교육과정은 학생 중심을 표방하면서 자기주도적인 학습을 강조하고 있다. 국가교육과정 문서에는 추구하는 인간상, 교육목표, 교육내용, 교육방법, 교육평가 등에 관련된 내용이 제시되어 있다. 그리고 문서에 제시된 내용은 선정된 내용을 압축적으로 제시하고 있다. 따라서 내용을 꼼꼼히 살펴볼 필요가 있고 필요하면 교육과정 해설서를 참고할 필요가 있다.

이러한 교육과정 문서를 기초로 교육현장의 수업 실제에서 교사들은 학생의 자기주도적인 학습을 촉진시키려고 어떠한 노력을 해야 하는지 다 같이 유심히 살펴보고, 다각도로 점검해 보아야 할 것이다.

2. 방과후학교의 교수학습 방법 개선 방안 탐색

방과후학교는 특기 · 적성교육, 교과 보충학습, 초등돌봄교실로 구성된다. 방과후학교는 원래 학생의 인성과 창의성을 길러주기 위해서 특기 · 적성교육으로 시작되었기 때문에 여기에서는 특기 · 적성교육을 중심으로 언급하고자 한다. 또한 교과 보충학습은 주로 중고등학교에서 많이 활용되고 있고, 초등돌봄교실은 주로 초등학교에서 많이 활용되고 있으나, 특기 · 적성교육은 초중고등학교 두루 관련되는 것이기도 하기 때문에 특히 특기 · 적성의 교수학습에 대하여 언급하고자 한다.

지식위주의 획일화 된 교육에서 학생의 특기와 적성을 신장시켜 줄 수 있는 다양화된 교육의 필요성에 따라 1996년 방과후 교육활동으로 시작된 특기 · 적성교육이 시행 20년여를 맞고 있다. 특기 · 적성교육은 탈산업화, 정보화, 세계화, 다원화로 특징 지워지는 21세기 사회의 학교교육에서 가장 강화되고 변화되어야 할 교육의 방향으로 강조되면서, 우리나라 학교현장에서 폭넓게 확산되어 있다.

그러나 특기 · 적성교육은 아직도 현장에서 많은 어려움을 겪고 있다. 특히 일부 중등학교의 특기 · 적성교육은 정부와 지방자치단체의 적극적인 지원에도 불구하고 입시 위주의 교과교육에 밀려 제대로 정착이 되지 못하고 있다.

특기 · 적성교육은 원래 학생의 인성 및 창의성을 함양하는 교육과정의 방안으로 구안되었지만, 1996년 초부터 현장의 각급 학교에 실시되면서 사교육비 절감의 목적이 추가되었다. 그러므로 특기 · 적성교육은 실시 시작부터 특기와 적성의 신장이라는 교육의 본질적인 목적과 사교육비 절감이라는 사회경제적인 목적을 함께 포괄하고 있었던 것이다. 2000년 4월 27일의 과외금지 위헌 판결 이후 사교육비 절감의 목적이 더욱 강조되는 분위기였다. 그 이후 사교육비 경감 방안(2004. 2. 17)에 특기 · 적성교육이 포함되었다. 물론 이 방안에는 중고의 경우 방과후 수준별 보충수업(학습)과 자율학습을 허용하는 것도 포함되어 있다. 2012년에는 주5일수업제가 전면 실시됨에 따라 맞벌이나 저소득층을 지원하고 양극화를 완화하는 목적을 가진 토요 방과후학교가 크게 주목을 받기도 했다. 또한 정부는 초등돌봄교실 정책을 통하여 1~6학년까지 저소득층, 맞벌이, 한부모 가정의 학생 중 방과후에 부모 등의 보호와 안전한 장소가 확보되지 못하는 학생이면서, 학생과 학부모가 원하는 학생은 가급적 모두 받아들여서 보육과 교육을 실시하려고 노력하고 있다.

이러한 일련의 조치는 특기 · 적성교육의 본질을 제대로 회복할 수 있는 좋은 기회로 생각된다. 교과수업의 보완은 보충수업(학습)에 맡기고, 특기 · 적성교육은 본연의 목적에 더욱 충실했으면 한다. 물론 교과에 관련된 특기 · 적성도 얼마든지 있을 수 있기 때문에 특기 · 적성교육에서 교과 관련 내용을 배제하는 것이 아니라 그 내용과 방법을 정규 교실 수업과 차별화해서 학생에게 접근하면 되리라 생각된다. 예를 들어 일반 교과에 관련된 핵심 내용을 주입식이나 설명식이 아닌 토의 · 토론방법, 실험중심 학습방법 등을 활용해서 지도할 수 있을 것이다. 학생들이 교과의 진도에 얽매이지 않고 마음껏 토의 · 토론하고 질의와 응답을 해가면서 궁금증을 하나하나 풀어가게 되면 학습의 즐거움도 더 느낄 수 있다고 생각된다. 교사도 그동안 과밀학급에서 진도 때문에 하고 싶어도 하지 못했던 다양한 내용과 방법을 다시 배우고, 연구하고, 가르치면서 많은 보람을 느낄 수 있을 것이다.

최근 경제협력개발기구인 OECD 학업성취도 국제 비교에서 우리나라 학생의 수학과 과학 성적은 상위권에 속하나 흥미와 태도 등의 자기 주도적 학습능력을 구성하는 변인에서는 하위권에 속한다는 결과가 나왔다. 이는 입시위주 교실 수업의 한계를 드러낸 것으로 볼 수 있다. 특기·적성교육은 그러한 문제를 개선하는 데 크게 기여하리라 생각된다.

공자님 말씀에 "배우고 때로 익히니 또한 즐겁지 아니한가?"라는 말이 있다. 우리 학생들이 교과교육뿐 아니라 특기·적성을 신장하는 다양한 영역에서 진정으로 학습하는 즐거움을 느낄 수 있도록 관계 당국을 포함하여 전 국민이 지속적으로 관심을 갖고 지원해 주어야 할 것이다.

탐 구 문 제

1. 정규교육과정과 방과후학교와의 연계와 관련하여 추진배경, 연계를 위한 선행 연구 개관 및 연계 방안 탐색에 주는 의미 등에 대하여 서로 토론해 봅시다.
2. 정규교육과정과 방과후학교의 교수학습방법 개선 방안 탐색에 관해서 서로 토론해 봅시다.

4장

아동발달과 방과후학교

아동은 장기간의 발달과정을 거쳐 스스로 판단하고 행동하는 독자적인 인간으로 성장하게 된다. 이때 아동들은 주위를 둘러싸고 있는 여러 가지 환경과 부단한 상호작용을 하며 많은 경험과 지식을 축적하고 바람직한 인간으로 성장하게 된다. 이런 점에서 방과후학교는 학생들의 바람직한 성장을 돕는 교육활동의 일부분이기 때문에 아동의 발달단계에 맞는 교육이 안전하게 이루어져야 한다는 것은 주지의 사실이다. 따라서 본 장에서는 방과후학교가 안전하고 바른 인성을 기르는 교육활동이 될 수 있도록 아동발달에 대한 이해로 발달단계에 맞는 생활지도와 안전지도가 이루어지도록 하는 데 의의가 있다.

1절 _ 아동발달의 이해

2절 _ 방과후학교와 인성 · 생활지도

3절 _ 방과후학교와 안전지도

교 육 목 표

- 아동발달에 대한 중요한 내용을 이해하고 이에 맞는 교육활동을 전개한다.
- 바른 인성을 지닌 사람으로 자라는 데 도움을 주는 방과후학교로 인성교육 방안을 모색한다.
- 안전교육에 대한 이해를 높여 안전한 방과후학교를 운영하도록 한다.

1절 아동발달의 이해

1. 아동발달의 의미

학생들은 장기간에 걸쳐 주변 여러 사람의 도움과 스스로의 경험과 다양한 학습활동과정을 거쳐 성숙된 인간으로 성장하게 된다. 이러한 성장 과정에서 학생들은 그를 둘러싸고 있는 다양한 환경과 상호작용을 하고 많은 것을 배우며 성장한다. 따라서 학생을 바르게 이해하고 학습의 적기를 찾아 방과후학교를 실시하기 위해서 학생[1] 발달과정을 이해하는 일은 대단히 중요하다. 코프카(Kurt Koffka, 1988~1941)는 "발달이란 유기체 또는 그의 특수기관이 양적으로 증대하며 구조가 정밀해지고, 그 기능이 유능화되어지는 것이라고 정의했다. 이런 점에서 보면 발달은 형태 구성의 과정이며 창조적 능력의 변화라고 할 수 있다. 또한 발달은 변화를 뜻하는 것으로 바람직한 목표를 향해 가는 것이고, 그를 둘러싼 환경에 적응해 가는 것이라고 볼 수 있다. 이와 같이 학생은 주변과 반응해 가며 성장하기 때문에 방과후학교도 학생들이 자신의 꿈을 세우고 이루어가도록 돕기 위해서는 학생의 발달단계를 알아야 하고 그 단계에 맞는 학습이 이루어져야 한다. 그러나 학부모들의 욕심으로 학생의 발달단계는 무시되고 사교육을 통한 선행학습 이루어지고 있으며, 방과후학교도 학생들의 발달단계에 맞는 프로그램보다는 사교육비 절감에만 초점이 맞추어져 있어 방과후학교의 성격과 목표와는 거리감이 있게 진행되고 있다. 따라서 학교교육의 정상화와 사교육비 경감을 위해서도 선행학습보다는 학생들의 발달단계에 적합하며 학교교육과정 정상화에 도움을 주는 방과후학교 프로그램을 운영해야 한다.

아동발달의 이해를 바탕으로 한 방과후학교가 운영될 수 있도록 하기 위하여 학생 발달의 원리를 알아보면

첫째, 발달은 계속되며 점진적인 변화 과정이다. 인간은 신체적으로 어느 수주까지

1) [아동복지법] 제3조에서 아동은 18세 미만인 사람을 의미함, 따라서 학생과 아동을 같은 범주로 본다.

는 빠르게 또는 느리게 발달하고 정신적으로 쉬지 않고 발전하며 속도는 시기에 따라 다르게 나타난다. 보통 출생기와 사춘기에는 신체적 성장이 빠르게 진행되고 그 후에는 서서히 느려진다. 정신적으로는 유치원 단계에서 90% 정도가 완성되고 그 이후에는 서서히 계속적으로 변화의 과정을 밟는다.

둘째, 발달은 개인차가 있고 성숙과 학습경험의 산물이다. 사람마다 유전적인 요인과 환경에 따라 발달의 차이가 있으며, 훈련과 경험을 통하여 행동 수준을 높이면서 발달하게 된다. 따라서 타고난 유전적인 요인이 아닌 대부분의 발달은 후천적으로 훈련과 경험의 상호작용을 통하여 이루어지기 때문에 교육을 통한 다양한 학습활동과 체험 그리고 경험이 발달에 큰 영향을 주며 차이를 나타내는 원인이 될 수도 있다.

셋째, 발달은 일정한 방향과 순서가 있고 계속적으로 이루어지나 속도는 일정하지 않다. 학생 발달은 열악한 환경과 개인의 신체적 · 정신적으로 유전적 특징이 있으면 발달과정에서 속도와 모양이 다를 수 있지만 정상적인 조건이라면 대부분 일정한 순서와 조건이 있으며 계속적으로 발달이 이루어진다. 그러나 속도는 사람에 주어진 능력이나 노력에 따라 달라질 수 있다.

넷째, 발달은 각 영역 간에 밀접한 관계가 있어 분화와 통합의 과정을 거친다. 어릴 때의 몸은 미분화적 반응을 일으키던 것이 성장함에 따라 특수부분만 반응을 일으키는가 하면 분화로 그치는 경우도 있으며 분화된 각 부분이 발달 수준에서 통합적으로 연결되어 반응한다.

다섯째, 발달은 유전적 특성과 후천적인 경험과 훈련의 상호작용을 한다. 발달은 인간이 타고날 때 가지고 있는 유전적인 특성에 후천적인 경험과 훈련으로 상호작용을 하며 실질적인 발달이 이루어진다.

이외에도 인간의 발달을 어느 시점을 기준으로 보느냐에 따라 다양한 원리를 찾을 수 있으며, 인간의 성장발달을 퇴화의 측면까지 보면 장기적 · 연속적이긴 하지만 신체적 성장만을 보면 단기적 성장이고 불규칙적이라는 점에서 더욱 많은 원리가 존재할 수도 있다고 본다.

2. 아동기[2] 발달적 특성

아동기 혹은 학령기(school years)라고 칭하는 시기는 만 5세~만 11세까지로서 초등학교 6년간 시기의 아동을 의미하며 초등학교에 입학함으로써 새로운 사회집단에 속하게 된다. 이 시기의 아동은 가족이라는 친밀한 집단을 벗어나 동년배집단으로부터 많은 영향을 받는다. 이 시기에 동년배집단에 참여하는 것은 사회화의 근원이 되며, 지나치게 어른을 따르기만 하는 아동은 또래와의 소중한 사회학습의 기회를 잃게 된다. 이 시기의 특징은 성장잠재기로서 외적인 성장과 더불어 정서를 내면화시킨다. 또한 학교생활을 통한 경험과 또래집단 내에서의 상호작용은 아동의 사회적 기능습득에 큰 영향을 미친다. 교육관계지도, 세심한 학습지도, 근면성과 자아개념 발달을 위한 긍정적인 부모-자녀 상호작용 등이 무엇보다 중요하다(양애경 · 장원동 · 최희양, 2016; 이명희 · 양애경 · 강신천 · 김수진, 2013; 이경화 외, 2007 수정판). 이 시기의 아동은 내면화된 정서로 발달되어 가는 시기로 아동기의 자녀를 둔 부모는 자녀의 성장에 따라 양육방식을 변화시켜야 한다. 신체적 양육형태를 벗어나 자녀의 발달적 특성을 고려한 심리적 양육형태가 요구된다.

아동기에는 많은 행동이 형성되고, 신체적 · 심리적 의존상태에서 차츰 벗어나게 된다. 아동기, 즉 학령기에는 성장잠재기로서 이 시기의 아동은 유아기나 청년기에 비해 성장속도는 느리지만 상당한 성숙을 이루고 운동기술이 발달된다. 또한 정서적으로도 보다 분화되어 정서표현방식이 달라지는가 하면 또래 집단에의 애착이 형성되어 사회적 관계가 확대된다.

아동이 초등학교에 입학하게 되면 친구들과의 관계를 통하여 자신의 인지적 · 사회적 기능을 습득하게 된다. 초등학교 입학 전에 자신에 대한 믿음으로 주도성을 발휘하였다면, 초등학교 생활에서는 친구들과의 갈등과 해결을 통해 자신의 능력을 발휘하는 방법을 배우고, 하나씩 성취함으로써 자신감을 갖게 된다. 또한 자신이 원하지 않거나 즐거움을 주지 않는 일이라도 참고 이루어내야 함을 배워야 한다. 즉, 학교생활에서 이루어지는 숙제나 시험과 같이 스트레스를 주는 활동도 참고 견디어 성공경험

2) 「아동복지법」 제3조에서 아동은 18세 미만인 사람을 의미하며, 「청소년기본법」 제3조에서는 청소년은 9세 이상 24세 이하인 사람을 말한다.

을 하게 되고, 이러한 경험이 아동의 긍정적인 자아존중감을 형성하는 기반이 된다. 그러나 자신의 욕구를 적절하게 조절하지 못하여 반복적으로 실패 경험을 하게 되면 열등감을 갖게 된다.

아동발달의 원리에 의하면 아동은 계속적인 분화와 통합을 거치는 것으로 보아 방과후학교도 아동의 신체발달, 정서·사회성 발달, 인지·언어발달 특성에 따라 개인차를 고려하여 이루어져야 한다. 따라서 각 발달의 단계와 특성을 살펴보면 다음과 같다.

1) 신체발달

저학년에서의 신체적 운동 프로그램은 아동들의 대근육 운동기술을 포함하는 활동으로는 도보여행, 스케이팅, 구기, 자전거 타기 등을 들 수 있다. 한 가지 기술에 성공하는 것은 또한 새로운 다른 기술을 배우려는 의지를 북돋아 준다.

초등학교의 취학연령인 만 5세 이후 초등학교 시기에는 연령이 증가할수록 신장과 체중에서 현저한 증가를 보이고 외모에서는 유아티를 벗어난다. 우리나라 남아의 경우 만 5세경에는 평균신장이 약 116cm이고, 12세경에는 약 151cm 가량으로 자란다. 여아의 경우는 만 5세경의 평균 신장이 약 115cm이던 것이 12세경에는 약 152cm로 자라게 된다. 체중도 이 시기에는 크게 증가된다. 만 5세 남아의 경우는 평균체중이 약 21kg, 여아는 약 20kg이던 것이 12세경에는 각각 남아 약 45kg, 여아 약 43kg 정도로 증가된다(보건복지부, 2007 최신판 소아·청소년표준성장도표).

만 5세~만 11세 아동기, 즉 초등학교 1~6학년에는 유아기에 비해 신체발달 속도는 느려지는 반면, 운동이나 신체활동에 대한 조작이나 통제력이 높아지는 시기이다. 운동기능을 익히고 노련하게 운영할 수도 있게 되는 시기로서, 대체적으로 여아가 남아보다 빠른 발달을 보이나 운동능력이나 기능에 있어 개인차가 크므로 수준별 또는 개별적인 교육적 접근이 필요한 시기이다.

만 11세 이후 초등학교 5~6학년 사춘기를 맞는 시기에는 신체발달과 더불어 성적으로도 성숙하게 된다. 이 시기는 질풍노도의 시기로 표현될 만큼 급격한 신체 외형적 성장과 더불어 호르몬의 변화로 개인차가 있기는 하나 청소년들은 신체, 성, 정신적으로 많은 혼란을 겪게 된다. 따라서 신체 표현을 기본으로 하는 교육활동에 있어 개인별 신장, 근육 발달, 성적 성숙 등 다양한 변인에 대한 세심한 배려와 더불어 바르게 성장해 갈 수 있도록 해야 한다. 윌리엄스(Williams)와 스티치(Stitch)는 스포츠나 게임을 하는 데 필요한 기술의 습득은 아동기의 신체적 발달수준을 나타내 준다고 한다(장원동 · 류현수, 2012).

모든 발달은 상호관련이 있으므로 신체나 감각기관의 발달결함은 아동의 전체적 인성특성에 영향을 미친다. 아동의 신체적 발달양상은 아동의 유능하고 책임 있는 사회적 존재로서 발달하는 데 있어서 기본이 된다. 이와 같은 신체발달은 매년 꾸준한 증가추세를 보이는데, 이는 국민경제가 향상됨에 따라 나타난 양질의 영양섭취를 비롯한 환경의 개선에 의한 결과라고 볼 수 있다. 아동의 운동능력 발달에 있어서는 이미 획득된 운동기술이나 근육들의 협응이 보다 정교화되고 세련된다. 따라서 자기 몸을 통제하고 조정하는 정확성이나 효율성, 속도 등이 변화된다. 즉, 쓰기기능, 읽기기능에서부터 전체 운동능력까지 다양한 활동에서 다양한 기능이 세련되고 정교해진다. 이 시기에는 운동조절 능력이 매우 좋아서 아동의 뛰기(jumping) 능력과 공놀이에서의 기능이 보다 크게 발달된다. 한 예로 아동은 아래위로 더 잘 뛰며 멀리 공을 던지고 받아낼 수 있다.

2) 정서 · 사회성 발달

교육활동에 있어 정서는 주로 행동장애와 연관되며 과잉행동이나 불안, 충동, 폭력, 학습장애의 원인을 파악하는 통로로 활용된다. 원인파악 및 치유 지원을 통해 안정적이고 긍정적인 태도로 교육활동에 임할 수 있도록 노력을 해야 한다. 학령기가 되어 초등학교에 입학하는 것은 많은 아동에게 하나의 새로운 경험이 된다. 여러 교사와 성인들이 부모의 권위인 양육자로 대두된다. 또한 학교에 입학하면 다양한 성격, 사고, 행동양식을 보이는 다양한 친구들의 도 다른 사회적 집단이 아동의 발달에 영향을 미치는 요인으로 대두된다.

양애경 · 장원동 · 최희양(2016)에 의하면 아동기의 정서 · 사회성은 단순한 감정상태로서 주변사람들로부터 사랑을 받음으로써 발달된다. 즉, 부모와 자녀 간의 애정관계가 원만치 못할 때 아동들은 문제행동 · 부적응 · 이상행동을 하여 애정을 갈구하는 반면, 자녀에 대한 부모의 애정이 익애적이면 아동의 정서발달은 매우 안정적이고 긍정적인 자아개념이 형성된다. 아동의 인성과 사회도덕성 발달은 매우 중요한 과업이고, 어려서부터 길러진 방식은 사회적 기준의 내면화에 중요한 역할을 한다.

아동기의 질투는 사랑하는 사람, 또는 사랑 받고 싶은 사람을 타인에게 빼앗길 때 혹은 자기의 재능·능력으로서는 도저히 불가능하여 타인에게 압도 당할 때 일어난다. 따라서 아동의 외부적인 상태만을 살피는 것만으로는 불충분하여 아동의 욕구가 충족되고 있는가의 요구수준 정도와 자아의 구조를 아는 등 내부적 상태와 관련시켜 파악하는 것이 필요하다.

아동이 성장함에 따라 정서적 표현방법이 달라진다. 유아기의 정서는 미분화되며 직접적인 표현을 했으나 아동기에는 불쾌한 감정 등을 스스로 억제할 수 있으며 분화된 간접적인 표현을 한다. 즉, 내면화된 정서로 발달되어 가는 것이다. 아동기에 나타나는 몇 가지 중요한 정서형태를 살펴보면, 아동기에는 공포보다 노여움이 더 자주 나타난다. 아동의 노여움은 욕망이 좌절되거나 실수했을 때나 놀림받거나 꾸중을 들을 때 나타나기 쉽다. 아동기에 공포는 처음에는 시각적·청각적 대상이나 구체적이고 직접적인 자극에 의해서 일어나지만 점차 상상적이고 가상적 공포로 변해간다. 예를 들어, 시험성적, 지각, 부모나 교사로부터 꾸중을 듣는 것 등 걱정과 근심형태로 나타난다. 부정적인 정서는 학습활동에 있어서 읽기, 셈하기, 문제해결 등 다양하고도 복합적으로 표출된다. 부정적 정서, 혹은 행동장애의 발견은 가정에서 조기 발견할 수 있으나 대부분의 부모는 이에 대해 무지하거나 외면하고 있는 것이 현실이다. 학교 입학을 통해 집단생활을 하는 가운데 발견되는 경우가 대부분으로서 학교와 가정 간의 유기적인 관계 형성을 기본으로 유관단체와의 협조체제 구축을 통해 효과적인 교육적 접근과 처치가 이루어져야 한다. 방과후학교와 연계하여 미술치료, 음악치료, 보충지도 등의 프로그램을 개설하여 학부모 동의하에 참여하도록 하는 것도 한 가지 방법일 것이다.

Erikson은 개인이 하나의 특별한 발달단계에서 심리·사회적 위기에 적절하게 대처하는 방법에서 나타나는 태도 혹은 일반적 감정 등을 토대로 사회성이 발달한다고 보고 다음과 같이 발달단계를 구분하고 있다(이경화외 4일, 2007 수정판).

(1) 6~12세(아동기)

이 시기는 근면성대 열등감의 심리·사회적 위기의 시기로서 주요대상은 학교와 이웃이다. 이 시기의 아동들에게는 성취할 기회를 부여하고 성취한 과업을 인정·격려받으면 근면성이 발달한다. 성취할 기회를 갖지 못하고, 성취 결과에 비난을 받으면 열등감이 형성된다. 초등학령기에 교육활동을 행함에 있어 발달시기적인 특성을 고려하여 아동들에게 성취기회의 부여와 더불어 아낌없는 칭찬과 격려를 아끼지 말아야 한다.

(2) 12~18세(청소년기)

이 시기는 자아정체감 역할 혼미의 시기로서 주요대상은 또래 집단이다. 이 시기에는 자신의 성격의 동일성과 계속성에 대한 인식이 정체감을 발달시킨다. 신체적 불안감, 성 역할과 직업선택 등의 불안전은 역할 혼미를 초래하게 된다. 또한 청소년기에 겪는 직업에 대한 궁금증과 불안은 정체감을 발달시키는 동기이자 출발점이므로 직업에 대한 다양한 경험의 제공과 체험의 기회는 매우 중요하다.

아동기의 사회성 발달은(양애경, 장원동, 최희양, 2016) 사물을 이해하는 과정에서 나타나는 자기중심성이 대인관계에도 영향을 미치기 때문에, 타인의 입장이나 관점을 이해하는 데 한계가 있게 된다. 즉, 다른 사람도 본인이 세상을 보는 대로 본다고 믿어, 타인의 생각, 감정, 관점이 존재하는 것을 모르기 때문에 자신의 생각만을 전달하려는 의사소통방식을 보이게 된다. 이런 현상은 타인의 입장을 배려하지 못해서가 아니라, 단지 상대방의 관점을 이해하지 못해 나타나는 현상이다. 그러나 7세 이후에는 자기중심적 사고가 매우 빠르게 감소하고, 타인의 입장과 감정이 다를 수 있음을 이해하게 되어 상호협력하고 협상하는 관계를 형성하게 된다. 초등학교 2학년이 지나면, 사물의 보이는 모양이 달라지더라도 수·양·길이 면적이 불변한다는 사실을 알게 되고, 물체의 위계적 관계를 인지하여 물체를 공통의 속성에 따라 분류하고, 관계를 설정할 수 있게 된다. 또한 물체를 속성에 따라 서열화하고, 사물 간의 관계를 유추할 수 있게 된다.

3) 인지 · 언어발달

아동기의 인지 · 언어발달은(양애경 · 장원동 · 최희양, 2016) 옳고 그름에 대해 적극적으로 생각하게 되고, 사회적 상황에 대한 조망능력과 추론이 가능해지면서 사회도덕적인 이해가 향상된다. 아동의 행동은 점차적으로 자기중심성에서 벗어나고 다른 사람의 관점을 고려하는 능력이 커진다. Piaget는 인지발달적 관점에서 학령기를 구체적 조작기(concrete operational stage)라고 하였다. 이 시기가 되면 아동은 사건과 사물 사이의 어떤 원칙이나 관계를 이해하고 이용할 수 있다. 구체적 조각기에 나타나는 중요한 능력은 탈중심화(decentration)이다. 이는 어떤 한 상황을 한 가지 관점이 아닌 여러 관점에서 동시에 고려할 수 있는 능력을 말한다. 또한 물체가 공간적 배열을 달리하거나 모양을 다르게 해도 그 속성은 변하지 않는다는 보존개념(conservation)이 형성된다. 구체적 조작기의 능력으로는 사물의 크기나 무게 등을 순서대로 배치하는 능력인 서열화(seriation)와 주어진 관계로부터 다른 한 관계를 추출해내는 능력인 전환성(transivity)이 있다.

아동기는 인지적 발달에 따라 학령기에 접어들면서 아동들은 심신이 발달하고 기존의 문화를 받아들여 학습함으로 인해 인지적으로 현저한 발달을 나타낸다. 이 시기의 아동들은 생활공간이 가정에서 학교, 사회로 확대되며 가족 이외의 다른 친구들을 많이 사귀게 되며 집단생활을 하게 되므로 세상에 대해 흥미를 갖게 되고 지적 생활은 복잡 · 다양하게 된다. 아동의 연령이 증가함에 따라 인지능력도 발달하게 되고, 외부 물체에 대한 개념을 확립하게 된다.

Piaget는 지적발달이란 유전적인 요인과 환경적인 요인의 교류에 의한 결과라고 연구결과에서 밝히고 있다. 다시 말해 아동들은 끊임없이 자신이 처한 환경과 교류하며, 이 과정에서 지식이 창조되고 또 재창조된다는 것이다.(이경화외 4인, 2007 수정판)

(1) 구체적 조작기(만 5세~만 11세)

구체적 조작기는 초등학령기(1~6학년)에 속한다. 구체적 조작기의 가장 큰 핵심은 변형된 형태가 다시 그 반대의 절차를 따라서 다시 현재의 상태로 돌아갈 수 있는 가역성의 개념이다. 그러나 이 시기의 아동들은 가역성에 대해 완전하지 않으며 현재 다루고 있는 구체적인 상황에 국한되어 가설 설정에 따른 문제 해결에 접근해 가거나 추상적인 사고를 하지 못한다. 초등학령기 아동에게 있어 이러한 발달특성을 이해하고 교육적으로 접근하는 것은 매우 중요하며, 특히 저학년의 경우는 구체적 조작활동을 기본으로 하여 교육활동을 펼쳐가야 한다.

(2) 형식적 조작기(만 11세~만 17세)

형식적 조작기는 중·고등학교 청소년기(중1~고3)에 속한다. 형식적 조작기의 주요 특징은 현실세계나 자기 신념의 세계에서 벗어나, 논리적 사고에 의해서 문제를 해결하고 인지적 조작을 할 수 있다는 것이다. 따라서 이 시기에는 추리하고 사고할 수 있는 능력을 가지고 있어 가설 연역적 사고나 명제적 사고, 조합적 사고가 가능하다. 중·고등학교 청소년기 교육활동에 있어 구체적인 조작활동을 포함하여 좀 더 가역적이고 고차원적인 교육적 접근을 통하여 지적 요구 및 지적발달을 가속화할 수 있는 방향으로 교육활동에 임해야 할 것이다.

아동기에 있어서 언어능력(이명희·양애경·강신천·김수진, 2013)은 아동 자신의 지적인 의사소통도구로 인식하고 학습도구로 인식할 정도로 언어능력이 현저히 발달된다. 일상생활에서 아동이 주고받는 언어를 통해 아동의 언어발달을 알 수 있다. 학령기의 아동은 대상으로부터 단어를 분리하고 단어를 하나의 상징으로 볼 수 있는 인지능력을 갖게 된다. 언어능력은 이해(읽기·듣기)와 표현(쓰기·말하기)으로 구분할 수 있으며, 문자언어와 구두언어로 나누어 표현한다. 아동기 초기에는 이해와 구두언어가, 후기에는 표현과 문자언어가 발달한다. 또한 어휘력이 급속히 발달함에 따라 어휘의 사용량도 풍부해지고 동의어에 대한 이해도 가능하다.

아동기의 제한적 인지능력은 판단에도 영향을 미치고, 제시되는 자극이나 한 가지 두드러지는 물건의 특징으로 전체를 판단하게 되는 경향이 있으며, 자신의 입장에서 모든 것에 대해 판단을 내리는 자기중심성을 보이게 된다. 또한 아동기에는 외부자극을 인지하여 의미 있는 지식으로 전환시키는 심리적 과정인 지각(perception)조직을 분화시킬 수 있음으로 인해 논리적 방식으로 지각정보를 구성해 나갈 수 있다. 복잡한 지각적 조직을 할 수 있게 되는 새로운 능력은 아동이 읽기를 한다거나 셈을 이해한다든지, 창의적인 예술적 작업을 하는 능력이 점차로 증가하는 데서 찾아볼 수 있다. 예를 들어, 단어나 낱말 외우기에서 운율을 맞춰가며 암기할 수 있으며, 사물의 위치·

방향 · 크기 · 부피 · 모양 · 운동 등의 공간지각이 발달하여 시범을 보인 체조를 따라 할 수 있다. 또한 사물을 공통된 특성에 의하여 유목화시키는 등의 논리적 구성능력이 발달된다. 또한 아동기는 지금까지 주된 생활중심이었던 가정에서 벗어나 학교라는 집단생활로의 변화를 맞게 된다. 초등학교에 다니게 되면서 학령기 아동들의 전반적인 생활은 달라지고, 학교 및 가정에서의 교육을 통해 학령기 아동은 성장하며 이는 이후 발달의 기초가 된다.

아동기에는 특히 대상참조적 의사소통기능(referential communication skill)이 발달된다. 대상참조적 의사소통기능이란 대화하는 상대방의 나이 · 성별 · 이해 정도 · 사고방식 등과 같은 것을 알게 되고, 상황에 맞도록 자기 언어를 선택 · 조절해서 구사할 수 있게 되는 것을 말한다. 한 실험에서 성인과 7세 아동이 같은 장난감을 3세 아이에게 설명하는 경우 7세 아동이 성인보다 어린아이에게 쉽고도 많은 어휘를 이용하여 천천히 설명하는 것을 볼 수 있다. 대상참조적 의상소통기능이야말로 상대방에게 필요한 정보가 무엇인가를 알고, 생각하고, 전달할 내용을 조절할 수 있는 탈중심화 능력발달의 기본이 된다. 이와 같은 기능은 이동의 사회성 발달과도 영향을 주고받게 되면서 계속 발달된다.

2절 방과후학교와 인성 · 생활지도

1. 생활지도의 개념

생활지도를 영어로는 가이던스(guidance)로 표현한다. 이 의미에는 '방향을 가리키다', '인도한다', '안내한다' 등의 뜻이 내포되어 있다. 그런데 보통 학교에서는 생활지도는 학생들의 일탈 행동을 지도하여 학교나 가정에서 모범적으로 행동하도록 하는 것이 생활지도의 전부로 생각하고 있다. 따라서 생활지도에 내포된 넓은 의미 중 아주 적은 활동의 생활지도가 이루어지고 있음을 알 수 있다. 이는 사전에 정의된 학생들의 일상생활활동을 직접 지도해서 좋은 습관이나 태도를 기르는 일이라는 내용에 어느 정도 일맥상통하는 것 같으나, 넓은 의미의 바른 인성을 지닌 학생을 기르는 데 초점을 맞추어 보면 학교 모든 활동에 생활지도의 역할이 포함되어야 함을 알 수 있다.

따라서 생활지도의 개념을 바르게 이해하고 바른 인성을 지닌 학생을 기르기 위해 학자들이 주장한 정의를 살펴보면 장성철은 "학생 각자가 자기 자신을 깊게 이해하여 자율적이고 자주적인 생활습관을 가지고 안정적인 성장발달을 체계적이고 전문적으로 도와주는 과정이다."라고 하였고, 전찬화는 "개인 또는 집단을 구성하고 있는 개인들이 자신을 이해하고 자신의 능력을 최대한 활용하여 환경에 적응할 수 있도록 도와주는 활동"으로 정의하고, Miller는 "생활지도는 가정과 학교와 지역사회에서 최대한 적응하기 위하여 필요한 자기이해와 자기지도를 할 수 있도록 돕는 과정"이라고 하였다. 또한 황응연은 "생활지도 활동이 교육의 다른 활동과 마찬가지로, 학생 개인의 성장・발달을 극대화시키고, 잠재능력을 계발해서 현재는 물론 장차 어떠한 난관에 봉착하더라도 그것을 자신의 힘으로 유효적절하게 해결해 나가도록 힘을 길러 주는 일이다."라고 하였다. 또한 생활지도는 아동들이 자신을 이해하고 주변의 사회를 이해하며 자신에게 당면한 문제를 스스로 해결하는 능력을 길러 주는 일이다(장원동・양애경. 2012). 이를 종합해 보면 생활지도는 예의와 행동을 중점 지도하는 것만이 아니라 학생의 전인적 성장을 돕기 위해 체계적이고 종합적인 교육활동으로 학교・가정・사회에서 지속적으로 이루어지는 학생을 돕는 모든 교육활동이라고 할 수 있다.

2. 생활지도의 필요성

급변하는 현대사회에서 생활지도는 학교교육에서 대단히 중요한 부분을 차지하는 교육활동이다. 또한 학생들의 일탈 행동을 막아 서로가 편안한 학교생활을 통해 행복한 삶으로 이끄는 중요한 덕목이다. 특히 학교교육활동을 크게 교과활동과 생활지도로 나누어 보면 교과활동은 지적・인지적 활동이라고 볼 수 있고, 생활지도는 정서적・인성적 활동을 나타낸다. 따라서 학교교육활동이 잠재능력을 신장시키고 전인교육이 되려면 교과활동과 생활지도가 동시에 중요하게 이루어져야 한다. 특히 발달・심리적 특성, 교육적 여건, 사회의 급속한 변화, 학생의 삶에서의 긍정적인 반응 등은 민주주의 이념에 비추어서도 중요한 교육활동의 하나이다. 생활지도의 필요성을 더 자세히 살펴보면(김종서 외 1988) ① 민주교육의 이념에 따른 요구, ② 사회적 요구, ③ 개인적 요구를 들고 있다.

민주교육의 이념에 따른 요구는 개인의 성장과 개인의 가치를 존중하며, 종래의 강압적인 생활지도를 탈피하여 시대의 변화에 따르는 자아실현에 역점을 두고 있다. 즉, 생활지도의 획일성을 탈피하여 민주시민 정신에 걸 맞는 개인의 자아실현을 돕는 생활지도가 되어야 함을 강조하고 있다. 사회적 요구 측면에서 보면 개인이 모여서 집단이 되고 집단이 모여서 사회를 이루듯이 개인의 요구와 사회적 요구를 절충하여 사회의 변화에 대응하는 교육이 이루어져야 한다. 요즈음 학교현장에서는 생활지도에 큰 어려움을 겪고 있는데, 그 이유도 급변하는 사회적 요구에 학교현장이 적극적으로 대응하지 못하는데 원인이 있다고 본다. 또한 현대사회의 새롭고 다양한 문화는 학생들에게 다양한 경험을 요구하게 되어 학생들은 이에 적응하는 다양한 경험을 갖도록 하기 위해서도 사회적 요구에 부응하는 생활지도가 이루어져야 한다.

개인적인 측면에서 살펴보면 민주사회는 개개인의 이익을 무시하고 전체적인 이익만을 추구할 수 없기 때문에 개인적 요구가 교육내용이나 목적에 반영되어 개개인의 자아실현과 개성을 신장시키고 행복한 삶을 누릴 수 있도록 생활지도가 교육의 한 형태로 이루어져야 한다.

3. 생활지도의 원리

생활지도의 원리는 학자들에 따라 다양하게 정의되는데 의견을 종합하여 정리해 보면 다음과 같다.

첫째, 생활지도는 모든 학생을 대상으로 전인적 발달이 이루어지게 해야 한다. 생활지도는 육체적 · 신체적 결함이 있는 학생들만을 대상으로 하는 것이 아니라 모든 학생들의 건전한 성장과 발달을 위해서 이루어져야 한다. 이제 우리 사회는 다양한 민족이 함께 살아가는데 따른 또 다른 문제가 발생하고 있다. 따라서 시대에 부응하는 생활지도가 되기 위해서는 모든 학생을 대상으로 하는 맞춤형 생활지도로 개개인의 전인적 발달이 이루어질 수 있도록 해야 한다.

둘째, 생활지도는 문제 발생에 대해 치료보다 예방과 성장에 중점을 두어 바람직한 행동과 태도를 익히게 한다. '세 살 버릇 여든까지 간다'는 속담이 있듯이 잘못 형성된 습관을 고치기는 매우 어렵다. 그러나 지금의 학교 생활지도는 한 담임이 많은 학생들을 지도하는 관계로 예방보다는 결과를 중시하여 일탈행동을 한 학생에 한하여 교정하거나 학교 규정에 의해 처벌하는 것이 보통이다. 그러나 모든 학생을 전인적인 인간으로 육성시키는 것이 학교의 존재 가치라면 문제 학생들의 교정과 치료도 중요하지만 보통 학생들이 일탈 행동을 하지 않도록 하는 것이 비용도 적게 들고 더 많은 장점을 가지고 있다고 본다. 전염병을 한 예로 들어보면 메르스(MERS, 중동호흡기증후군)라는 전염병을 미리 발견하여 예방하지 못하여 국가적으로 많은 피해를 입었듯이 생활지도도 교정과 선도도 중요하지만 청소년기의 반항으로 일탈 행동에 빠질 수 있는 학생들에게 예방을 통하여 피해를 최소화하는 동시에 개개인의 성장에 도움을 줄 수 있도록 해야 한다.

셋째, 생활지도는 처벌보다는 이해하고 존중하는 배려를 통하여 지도해야 한다. 생활지도는 학생들의 전인적인 성장을 위한 조직적인 봉사활동이므로 학생들의 일탈 행동에 무자비하게 상·벌 제도를 적용하는 것과는 다르다. 물론 잘못된 행동에 대하여 제재를 가하는 것은 필요할 수 있겠으나 이를 지도하는 과정에서 사제 간에 관계를 유지하는 데 어려움을 겪게 되고 근본적인 치료는 어렵다. 따라서 학생들을 처벌하는 생활지도가 아니라 학생들의 바른 행동을 찾아내어 그를 북돋아 주는 활동으로 학생들을 이해하는 활동이 필요하다.

넷째, 생활지도는 민주시민의 자질들의 하나인 자율성을 기본 원리로 한다. 자율성이란 자기 스스로 원칙에 따라 어떤 일을 하거나 스스로 자신을 통제하여 절제하는 특성이나 성질을 말한다. 민주시민이란 자신을 스스로 다스리고 규칙을 준수하는 것이 귀중한 덕목이라면 교육을 통해서 자율성을 길러 주어 법규와 규칙에 맞는 행동을 실천할 수 있도록 해야 한다.

다섯째, 생활지도는 지속적·체계적으로 실행하여 전인적 발달이 이루어지도록 해야 한다. 좁은 의미의 생활지도가 아니라 학생 개개인의 성장과 발달을 돕는 활동에 역점을 두어 도덕성과 바른 인성을 갖춘 민주시민을 육성하는 활동이 되어야 한다.

여섯째, 생활지도는 과학적인 근거에 의거 지도방안을 찾아야 한다. 생활지도는 전문적인 자질과 민주적 지도성을 갖춘 지도자가 신뢰성이 높은 자료를 활용해야 한다.

또한 행동에 대해 구체적이고 객관적인 자료를 통해 학생들의 잠재력을 최대한 개발시키도록 해야 한다.

4. 생활지도의 영역

오늘날 생활지도는 교육의 전 영역으로 확대되어 매우 중요한 부분을 차지하고 있으며 지도방법도 다양화되고 있다. 이를 형태별로 분류해 보면 〈표 4-1〉과 같다.

| 표 4-1 | 생활지도의 형태별 영역

영 역	내 용
교육지도	오리엔테이션, 학습지도, 독서지도 등 학업에 관한 내용
인성지도	인성지도: 배려, 나눔, 협력, 타인과 협력, 규칙 준수, 심리적 상태 진단 및 치료, 욕구 불만 해소
직업지도	직업적성, 직업 선택에 필요한 정보 제공, 직업인의 자세에 관한 내용
사회성 지도	교우 및 이성관계, 가족과 대인관계에 관한 내용
건강지도	신체적 정신적 장애, 질병 및 건강에 관한 내용
여가지도	올바른 여가 선용 방법(취미, 오락 등)

5. 생활지도활동

1) 학생이해활동

무엇보다 중요한 활동으로 학생을 바르게 이해해야 효과적인 지도를 할 수 있다. 학생을 이해하는 자료가 다양하므로 이를 잘 수집하여 활용하여야 한다. 자료는 신뢰성이 있고, 지도 목적에 일치해야 하며, 활용 시에는 여러 가지 자료를 종합적으로 이용해서실제 지도에 활용될 수 있도록 정리 보관되어야 한다.

2) 정보제공활동

학생에게 필요한 정보를 정확하게 제공하는 것은 학생의 자율적인 성장을 돕는 데 매우 중요하다. 따라서 다양한 자료로 학생들의 욕구를 해결해 줄 수 있는 교육, 직업,

사회적 변화에 따른 내용을 학생들에게 제공해 주어야 한다.

3) 상담활동

생활지도에서 가장 중요한 활동으로 상담자와 내담자가 만나 라포(rapport; 친밀관계)를 형성하여, 내담자의 문제 해결에 상담자가 적극 나서서 내담자가 스스로 문제 해결력을 키울 수 있도록 도움을 주는 활동을 말한다.

4) 정치활동

학생의 능력과 적성을 고려하여 다음 단계로의 위치를 정해 주는 활동이다. 직업선택, 동아리 활동, 학과 선택에 있어서 자신의 개성에 맞는 활동을 선택할 수 있도록 도움을 제공하는 것을 말한다. 즉 자신을 정확하게 이해하는 데 도움을 주는 활동이다.

5) 추수활동

일정기간 도움을 받았던 학생이 진학하거나 졸업한 후에도 건전하게 사회에 적응을 하는지 확인해 보고 지도·평가하는 활동이다. 추수활동은 건강진단의 재검과 같은 활동으로 학생들이 급변하는 현대사회에서 바르게 적응할 수 있도록 돕는 활동이다. 또한 앞으로 같은 문제로 고민하는 학생을 지도하는 좋은 자료를 지도자에게 제공해 준다고 본다.

6. 상담

상담은 영어의 counseling에 대한 번역어로 '고려하다', '반성하다', '자문하다' 등의 의미로 쓰이기도 한다. 상담의 사전적인 의미는 문제나 궁금증을 풀기 위하여 서로 의논하는 것을 말한다고 되어 있다. 이에 대해 학자들은 "개인의 태도나 행동을 변화시키기 위한 목적을 가진 개인적인 접촉이다"(Fogers, 1961). 이장호는 "도움을 필요로 하는 사람이 전문적인 훈련을 받은 사람과 대면관계에서 자기생활 과정상의 문제를 해결하고, 행동 및 감정 측면의 인간적인 성장을 위해 노력하는 학습과정"이라고 정의하였다. 이외에도 여러 학자들은 상담에 관해 다양한 정의를 하고 있는데, 결론적으로 보면 상담자는 전문가여야 하고 내담자에 도움을 주어야 하고, 상담자와 내담자의 상호 협력활동이다. 또한 의사결정과 문제해결에 관여하며 행동변화가 수반되어야 한다.

교육활동 중의 상담자는 교육자, 조력자, 안내자, 변화촉진자, 자문자, 연구자 등 다양한 역할을 들 수 있으며, 자질로는 전문적 자질, 인간적 자질을 가지고 있어야 한다.

지금까지 생활지도의 제반 내용을 살펴보았고 생활지도를 통하여 바른 인성을 기르는 활동이 이루어져야 함을 볼 수 있었다. 생활지도의 원리와 영역 그리고 개인적 발달의 측면에서 볼 때 방과후학교도 학생들의 전인적 발달에 도움을 줄 수 있도록 교육과정이 편성되어야 한다. 생활지도의 원리에 부합한 지도와 지적 영역, 정의적 영역, 심동적 영역을 망라한 방과후학교 운영으로 학생들의 인성 발달에 도움을 줄 수 있도록 지도교사나 운영자 모두가 관심을 가져야 한다.

3절 방과후학교와 안전지도

1. 안전의 의미

안전이란 위험하지 않은 상태, 부족함이 없는 상태를 말한다. 서양에서는 safety로 사고가 없는 평온하고 온전한 상태를 만드는 것을 의미한다. 국어사전에서는 위험이 생기거나 사고가 날 염려가 없음 또는 그런 상태라고 정의하고 있다. 안전은 위험의 가능성을 없애고, 사고 여건의 제거를 목적으로 하는 인간행동에서 발생하는 모든 상태를 말한다(김창현, 2014). 또한 Marland 등(1973)은 위험 가능성을 줄이기 위해 인간의 행동을 변화시키거나, 물리적 환경을 조성함으로써 사고를 감소시키는 조건이나 상태라고 정의했으며, Worick(1975)은 부주의와 행동으로 인하여 사고 및 자연재해와 같은 상황에서 재산 손실을 최소화하는 상태라고 했다.

이를 종합해 보면 일상생활에서 일어나는 모든 위험으로부터 자신의 생명과 재산을 보호하고 위험요인을 제거하여 손실을 최소화하는 것을 목적으로 하는 것이 안전을 의미함을 알 수 있다.

2. 안전교육의 목표

학교나 사회에서 「인명존중의 정신」이 구체적인 행동으로 나타나도록 하는 교육이 중요하고, 핵심이며, 다양한 재난으로부터 자신을 보호할 수 있는 대책을 강구하는 것도 중요한 목표다. 크고 작은 사고에 대해 원인을 분석해 보면 대부분 인재이며, 조금만 주의하고 예방을 하면 막을 수 있는 사고라는 점에서 전 국민을 대상으로 하는 안전교육은 매우 중요하다. 방과후학교에서도 학생들이 안전한 환경에서 자신의 교육활동을 할 수 있도록 안전 지도에 철저를 기함을 물론 사고를 미연에 방지하기 위해 사고 요인을 미리 제거하기 위하여 많은 노력이 있어야 한다. 특히 방과후학교 강사는 수업활동 중에 안전사고가 발생하지 않도록 학생들 관리에 세심한 주의를 기울여야 한다. 어느 누구도 위험으로부터 자유로울 수 없는 급변하는 세상을 안전하게 살아가기 위해서는 자신의 행동으로 발생할 수 있는 위험을 방지하기 위한 지식이 있어야 하며, 태도에 따라 안전사고가 발생할 수 있으므로 안전에 대한 관심을 확고히 하여 사고를 미연에 방지하도록 하는 것이 최선임을 생각하여 자신의 행동을 결정하고 활동해야 한다.

이와 관련하여 안전교육의 목표를 다음과 같이 정리할 수 있다.

① 생활주변에서 발생할 수 있는 위험요인을 알고, 이를 미연에 막을 수 있는 방법을 체득한다.
② 타인의 생활에 방해가 되지 않도록 행동하는 습관을 기른다.
③ 장소와 시설 사용방법을 알고 안전 수칙을 지켜 이용하는 습관을 기른다.
④ 질서 생활이 습관화될 수 있도록 이론과 실기를 병행하여 반복 지도한다.
⑤ 위험한 장소에서 위험한 행동을 하지 않도록 지도한다.
⑥ 신체적 활동으로 인한 사고를 방지하기 위해 준비 운동을 철저히 하고 순발력과 통제력을 기른다.
⑦ 어린이들에게 가장 많이 발생하는 교통안전 사고 예방을 위해 어른, 아이 모두 교통질서와 규칙을 지키도록 한다.

⑧ 전기, 화재, 물놀이 등에서 발생할 수 있는 사고 예방교육과 위험 시 활동 방법을 지도한다.

3. 안전교육의 필요성

앞에서 안전교육은 일상생활에 잠재하고 있는 온갖 사고 위험의 가능성을 없애거나 위험으로부터 자신의 생명과 재산을 보호하기 위하여 필요한 지식과 기능을 습득하며 손실을 최소화하는 것을 목적으로 한다고 밝혔다. 이와 같이 안전은 보다 나은 삶을 위한 필수 불가결한 수단이다. 그러나 행동이 반복되다 보면 습관이 되듯이, 잘못 형성된 행동은 쉽게 고치기 어렵다. 따라서 어려서부터 안전생활이 습관화 될 수 있는 교육이 필요하다. 그러나 현재의 안전교육은 이론으로 교실에서 이루어져 긴박한 상황이 전개되었을 때 효과적인 활동이 되지 못하여 피해를 키우는 경우가 많다. 따라서 학교에서의 안전교육도 이론과 실기를 병행하는 교육이 이루어질 수 있도록 대책을 강구하여야 한다. 그동안 일어난 대형사고 중 씨랜드 청소년 수련원 화재사고, 인천호프집 화재사고, 대구지하철 방화사고, 최근에 일어난 세월호 사고 등은 미연에 방지할 수 있었는데도 안전 불감증과 인간의 욕심이 일으킨 인재다. 따라서 인재에 의한 안전한 국가와 국민 모두가 안전한 생활을 하기 위해서는 국민들의 안전의식 관심 제고와 안전시설에 관심을 갖도록 국가차원에서 제도적 장치를 마련할 필요가 있다.

4. 안전교육의 특성

사고는 여러 가지 복합적인 요인이 작용하여 발생하기 때문에 미리 안전시설을 점검하고 안전교육이 철저하게 이루어진다면 예방할 수 있고, 설령 사고가 발생한다고 해도 피해를 최소화할 수 있다. 미국의 안전 전문가 하인리히는 대형사고가 발생하기 전에는 그와 관련된 수많은 아주 대수롭지 않은 작은 사고와 징후들이 꼭 존재한다고 하면서 1 : 29 : 300의 법칙을 발견하였다.

즉 산업재해가 발생하여 중상자 1명이 나오면 그전에 같은 원인으로 29명, 같은 원인으로 부상당할 뻔한 잠재적 부상자가 300명 있었다는 사실 법칙이다. 이와 같이 대형사고는 한 순간에 발생하는 것이 아니라 그전에 아주 대수롭지 않은 작은 사고들이 발생한다는 사실을 밝혀 사소한 문제가 발생하였을 때 원인을 파악하고 시정하면 되지만 방치하면 대형사고가 발생할 수 있다는 사실에 근거하여 경미한 사고를 통해서 사고의 원인을 미연에 제거하는 지혜를 발휘해야 한다. 사고의 원인은 인간의 잘못으로 발생하는 것이 대부분이다. 따라서 어려서부터 안전한 생활이 체득될 수 있도록 다양한 활동을 통해 열심히 익혀 반복교육과 갑작스러운 사고에서 자신을 보호할 수 있는 태도가 형성될 수 있도록 해야 한다.

5. 안전사고의 이해

1) 안전사고의 정의

미국국립안전위원회(National Safety Council)는 사고란 "인간을 사망 또는 부상당하게 하거나 재산에 손실을 주는 예측하지 못한 사건"으로 기술하고 있고, 세계보건기구는 "첫눈으로 보고 그것을 상해라고 할 수 있는 예기치 못한 조건"이라고 정의하고 있다. 또한 중위생부에서는 "적어도 하루 정도로 평상활동을 제한하는 상해를 사고로 한다."고 정의하고 있다. 따라서 사고는 사람을 부상이나 죽게 하거나 재산상의 손해를 주는 예기치 못한 사건이라고 말할 수 있다(김창현, 2014).

2) 사고의 분류

사고의 원인을 개별적 요인과 환경적 요인으로 분류하면 개인의 정신적・신체적 상태에서 오는 사고가 개별적 요인에 의한 사고이고, 기상조건이나 천재지변에 의한 불가항력적인 사고를 환경적 요인에 의한 사고라고 부른다. 그러나 환경적인 요인에 의한 사고에 비하여 개별적 요인으로 일어나는 사고는 예방이 가능하기 때문에 이점에 유념하여 교육이 이뤄져야 한다. 또한 환경적 요인에 의한 사고는 불가항력이라고는 하지만 사고에 대비한 교육이 이루어진다면 피해를 최소화할 수 있다. 사고는 개인과 가정뿐만 아니라 국가적으로도 큰 손해이기 때문에 안전 교육을 통해 자기 자신을 보호하는 힘을 갖도록 하는 것이 매우 중요하다.

3) 안전 조치

일상생활에서 일어나는 사고로부터 안전하기 위해서는 위험의 요인을 미리 제거하는 것이 중요하다. 안전한 생활을 위한 조치를 찾아보면 처음부터 위험하지 않도록 하는 근원적 안전조치, 위험으로부터 자신을 보호할 수 있는 보호구 착용, 위험표시를 통해 다른 사람에게 알려 주는 것들이 안전 조치이다. 특히 쉽게 할 수 있는 안전 조치를 소홀히 하여 대형사고가 되는 사례가 너무 많다.

6. 학교생활 안전

학교는 어린이들이 가정 외에 많이 활동하는 장소이다. 따라서 안전한 학교생활이 이루어지도록 학생들에게 안전 의식을 내면화시키고, 다양하고 지속적인 교육을 통하여 일상생활에서 일어나는 안전사고로부터 학생들을 보호하고 안전한 행동을 할 수 있도록 지도해야 한다. 특히 학교에서 일어나는 사고는 조금만 관심을 기울이면 예방할 수 있기 때문에 예방을 위한 위험 요소의 제거와 체계적인 예방교육이 필요하다. 학교에서의 안전교육은 위험에 올바르게 대처하고 사고가 발생한 경우에 적절한 행동을 할 수 있는 능력을 길러 주고, 이러한 안전교육이 체득될 수 있도록 반복교육이 이루어져야 한다. 학교에서 중점 지도해야 할 덕목은 안전교육의 체계적 실시, 교통안전 내실화 교육, 학교 시설 안전 점검을 통한 위험 요소 제거이다.

7. 안전사고 발생 시 처리 절차

학교에서 발생하는 안전사고를 소홀히 처리하면 행·재정적 피해를 입을 수 있기 때문에 안전사고 처리 절차를 준수하여야 한다. 안전사고가 발생하면 곧 바로 최소한의 응급조치를 취하고, 119에 연락하여 병원으로 이송한 후 의사의 진료를 받게 해야 한다. 그리고 사고의 원인과 과정을 학교장과 담임교사 그리고 학부모에게 알려야 한다. 또한 안전공제회의 보상에 필요한 서류를 구비하여 금전적인 지원을 받을 수 있도록 해 주어야 한다.

안전사고 발생 후 효율적인 처리 절차를 살펴보면

① 먼저 간단한 응급처치를 실시하고 119에 연락하여 병원에 후송하여야 한다.

② 사고가 발생하면 반드시 목격자의 진술을 확보하고 사고 원인과 과정을 파악해서 기록하고 필요하면 사진으로 남겨야 한다(출석부, 보건일지, 훈련일지, 방과후학교교육제출서 등 기록관리).

③ 안전사고가 발생하면 상황에 따라 응급처치 실시와 병원으로 이송 후 학교관리자에게 보고하여 필요한 조치를 취할 수 있도록 하고 학부모에게도 연락하여야 한다.

④ 사고 가족에게는 담임교사, 학교장, 학생, 교직원의 위로와 사고의 원인과 수습과정을 상세하게 설명하여 가족들의 불만을 해소하고 불안한 마음을 안심시켜야 한다.

⑤ 학생 관리 감독 불충실과 시설 설치의 하자에 따른 구상권 청구가 일어나지 않도록 해야 한다.

⑥ 안전공제회에 보상금 청구 및 치료 완치 후 보상금 청구하여 결정된 내용을 학부모에게 알리고, 학부모에게 동의 및 청구서 그리고 합의 각서를 받아서 동의 및 청구서는 공제회로 보내고 합의 각서는 학교에 보관한다.

방과후학교 운영 시에도 안전사고로부터 자유로울 수 없으며, 언제 어떠한 사고가 발생할지 모르기 때문에 주의를 기울여야 하고, 사고가 발생하면 절차에 따라 처리되어야 한다. 사고가 발생하면 당황하여 처리를 잘못함에 따라 큰 문제로 비화하는 경우가 있으므로 방과후학교 담당교사나 지도교사는 사건처리 절차를 숙지하여 사고가 원만하게 처리될 수 있도록 주의하여야 한다. 방과후학교에서 발생한 사고도 학교안전공제회의 보상을 받을 수 있으며 절차는 동일하다. 다만 방과후학교 교육 중 사고가 발생하면 담당교사나 담임교사의 도움을 받아야 사고 발생을 빨리 보고하여야 한다. 하찮은 사고라고 생각하여 소홀히 처리하다 큰 낭패를 당할 수 있으므로 경미한 사고라도 학교에 알려 도움을 받고 안전하게 처리하는 것이 중요하다.

탐 구 문 제

1. 방과후학교가 안전하고 바른 인성을 기르는 교육활동이 될 수 있도록 하기 위한 생활지도 및 안전교육에 대해 생각해 봅시다.

5장 초등돌봄교실의 이해

여성의 사회적 진출과 맞벌이 가정이 늘어나고 출산율이 낮아짐에 따라 학교에서의 돌봄에 대한 필요성이 제기되어 초등돌봄교실이 학교에 들어오게 되었다. 사회가 변화함에 따라 과거 학교가 수행하지 않았던 새로운 역할을 학교가 수행하게 되었다. 본 장에서는 초등돌봄교실의 개념, 운영방향, 운영유형, 운영현황과 성과에 대해 살펴보기로 한다.

1절 _ 초등돌봄교실의 성격

2절 _ 초등돌봄교실 운영방향

3절 _ 초등돌봄교실 운영유형

4절 _ 초등돌봄교실의 운영현황 및 성과

교 육 목 표

- 초등돌봄교실의 성격을 이해한다.
- 초등돌봄교실의 추진배경을 이해한다.
- 초등돌봄교실의 운영현황과 성과를 이해한다.

1절 초등돌봄교실의 성격

1. 초등돌봄교실의 개념

초등돌봄은 초등학생을 대상으로 하여 방과후에 수행되는 돌봄활동으로 말할 수 있다. 보다 구체적으로 말하면, '초등돌봄교실'은 학교장의 책임하에 방과후에 초등학생을 대상으로 수행되는 돌봄활동이나 돌봄 프로그램으로 정의될 수 있다(한국교육개발원, 2016). 초등돌봄교실은 방과후학교의 한 영역을 차지한다. 방과후학교는 초·중·고등학생을 대상으로 하고, 교과 및 특기·적성프로그램이 운영된다. 초등돌봄교실은 방과후에 소정의 돌봄을 원하는 초등학생들을 대상으로 하고, 단체활동(인성 및 창의성 함양을 위한 활동)과 개인활동(숙제, 독서, 기타 자율 활동)이 운영된다.

그림 5-1 방과후학교와 초등돌봄교실

'초등돌봄교실'은 상황에 따라 서로 다른 의미들로 사용된다. 초등돌봄교실은 초등돌봄 활동이나 프로그램이 수행되는 학교의 특정한 시설(전용교실, 겸용교실)을 의미하기도 한다. 「2016 초등돌봄교실 운영 길라잡이」에서는 다음과 같이 1~2학년 저학년 학생들을 위한 '초등돌봄교실'과 3학년 이상의 학생들을 위한 '방과후학교 연계형 돌봄교실'을 구분하고 있다.

- '초등돌봄교실'(이하 '돌봄교실')이란 별도 시설(전용 또는 겸용교실 등)이 갖추어진 공간에서 돌봄이 필요한 학생들을 대상으로 정규수업 이외에 이루어지는 돌봄활동을 말한다.
- '방과후학교 연계형 돌봄교실'이란 방과후 돌봄이 필요한 3~6학년 맞벌이 · 저소득층 · 한부모 가정 등의 학생 중 방과후학교 프로그램에 참여하면서, 돌봄교실을 이용하지 않는 학생 등을 대상으로 일반교실 등에서 이루어지는 방과후 돌봄활동을 말한다.

「2016 초등돌봄교실 운영 길라잡이」에서는 초등돌봄교실의 개념을 매우 구체적으로 제한하여 정의하고 있다.

일반적으로 초등돌봄교실은 학교장의 책임하에 방과후에 초등학생을 대상으로 수행되는 돌봄활동이나 프로그램으로 인식되나, 방과후학교 연계형 돌봄교실과 함께 사용될 때에는 저학년 학생들을 위하여 돌봄 전용 및 겸용 교실에서 제공되는 돌봄활동이나 프로그램으로 인식되기도 한다.

2. 초등돌봄교실의 추진 배경 및 경과

우리나라에서 국가차원에서 처음으로 초등학교에서 운영하는 돌봄교실 운영의 필요성에 제기된 것은 「공교육 정상화를 통한 사교육비 경감대책(2004. 2. 17)」에서이다. 교육부(당시 교육인적자원부)에서는 초등학교 저학년(1~2학년) 학생의 방과후 탁아를 위한 사교육과 여성의 사회진출 급증에 따른 보육 사교육이 증대하자, 탁아와 보육 사교육 흡수를 위하여 초등학교 저학년을 위한 '방과후 교실' 운영을 제안하였다. 교육부가 제시한 정책방안은 다음과 같다(2004. 2. 17 사교육비 경감대책 방안).

- 직영을 원칙으로 하되, 학교별로 위탁 또는 임대 등 실정에 맞는 방법 채택
- 학부모의 요구에 부응, 실질적인 사교육 대체 효과 도모
  - 충분한 운영시간 확보를 통해 실효성 담보
    ※ 학기 중 12 : 00 ~ 19 : 00, 방학 중 08 : 00 ~ 19 : 00
  - 아동의 발달단계를 고려한 다양한 양질의 프로그램 제공

※ 체험활동, 특기·적성 계발, 과학교실, 과제지도, 간식 프로그램, 휴식제공, 상담활동 • '방과후 교실' 설치·운영을 위한 여건 조성 – 쾌적한 공간 마련 및 서비스 제공을 위한 시설환경 개선, 1학급당 전담교사·보조교사 각 1인 확보를 위한 경비 지원 • 수익자 부담을 원칙으로 하되, 저소득층 자녀 무상 지원 – 방과후 열악한 환경에서 성장하고 있는 취약계층 자녀를 학교에서 맡아 실질적인 교육복지 실현

2004년부터 초등돌봄교실(초기에는 '보육교실'로 명명됨)이 시범 운영·도입되었다. 돌봄교실의 운영성과가 좋아서 돌봄교실은 계속 확대되었다. 또한 아침 일찍부터 일을 나가거나 저녁 늦게 귀가하는 학부모를 위한 종일돌봄교실(오후, 저녁돌봄 운영)과 엄마품 온종일 돌봄교실(아침, 오후, 저녁 돌봄 운영)과 같은 시간이 연장된 형태의 돌봄교실이 함께 시범 운영·도입되었다. 이 기간 동안에 초등돌봄교실이 양적으로나 질적으로 매우 발전하였다. 2004년 이후부터 박근혜 정부 이전인 2012년까지의 돌봄교실 추진 경과를 요약하여 제시하면 다음과 같다.

2014년 박근혜 정부가 들어서면서 「학부모가 안심하고 자녀를 양육할 수 있는 시스템 구축」을 위한 방안으로 초등학생을 위한 돌봄 강화 정책이 수립·추진되었다. 새 정부의 돌봄 정책은 크게 두 가지로 구분할 수 있다. 한 가지 정책은 초등학교에서의 돌봄기능을 강화하는 정책이며, 다른 한 가지는 3개 부처(교육부, 보건복지부, 여성가족부)에서 지원하여 운영하고 있는 초등돌봄교실, 지역아동센터, 청소년방과후아카데미와 같은 방과후 돌봄서비스 간의 연계협력을 구축하여 수요자가 필요로 하며, 돌봄 사각지대가 없는 보다 질 높은 방과후 돌봄을 제공하는 정책이다. 여기에서는 초등학교의 돌봄기능 강화 정책에 대해 설명하고자 하며, 정책의 주요 내용은 다음과 같다.

○ 돌봄대상의 확대

• 2013년까지는 맞벌이·저소득층·한부모 가정 등의 학생이 대상이 되었으나, 2014년부터는 희망하는 학생은 돌봄(오후 돌봄)에 참여 가능

○ 무상돌봄의 확충

• 2013년까지는 수요자 부담을 원칙으로 하였으나(가정 여건이 가능한 학생은 전액부담 또는 일부부담으로 참여, 교육비지원대상 학생은 무상으로 참여), 2014년부터 급·간식비를 제외하고는 무상으로 참여토록 함. 학교는 학

교의 여건을 고려하여 급 · 간식비만 수요자 부담으로 운영할 수 있도록 함

○ 돌봄시간의 연장

- 오후돌봄에 참여를 한 학생 중 추가돌봄이 필요한 맞벌이 · 저소득층 · 한부모 가정의 학생을 위해서 밤 10시까지 저녁돌봄 제공. 2013년까지는 엄마품 온종일 돌봄교실을 운영하는 학교(약 26%)에서 저녁돌봄 운영

○ 돌봄대상 학년의 연차적 확대

- 돌봄은 과거 저학년(1~2학년) 학생 중심으로 운영되었으나, 2014년부터 대상이 연차적으로 확대되어 2014년은 2학년까지, 2015년은 4학년까지, 2016년은 6학년까지 대상이 확대됨

2014년에는 희망하는 모든 학생이 오후돌봄의 대상이 되었으나, 2015년부터는 돌봄이 꼭 필요한 맞벌이 · 저소득층 · 한부모 가정의 학생만이 돌봄의 대상이 되도록 하였다.

그림 5-2 초등돌봄교실의 추진 배경

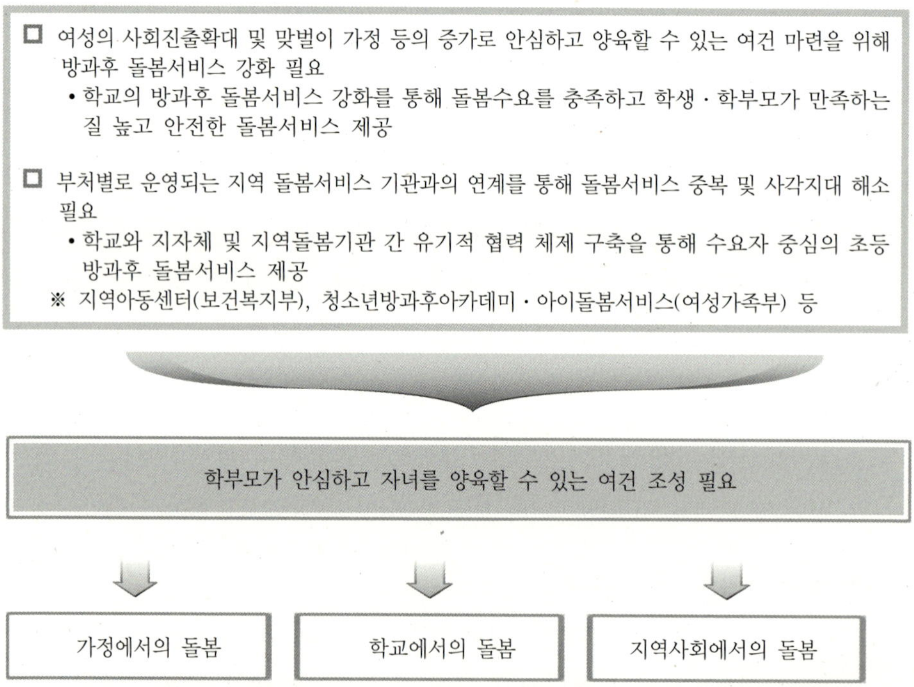

자료 : 2016 초등돌봄교실 운영 길라잡이.

방과후학교와 초등돌봄교실의 차이는 다음과 같다.

| 표 5-1 | 방과후학교와 초등돌봄교실

구 분	방과후학교	초등돌봄
참여 학생	• 희망하는 초·중·고 모든 학생	• 맞벌이·저소득층·한부모 가정의 초등학생 중 희망하는 학생
비용	• 수익자 부담 원칙 – 도시 저소득층의 학생은 방과후학교자유수강권, 농어촌 지역의 학생은 농어촌 방과후학교 지원사업비의 지원을 받아 참여	• 무상 원칙 – 급식비와 간식비는 수익자 부담 가능
프로그램의 선택	학생은 참여하고 싶은 프로그램을 선택하여 수익자 부담으로 참여	• 학교가 일정한 프로그램을 제공하고, 학생은 무상 참여 • 학생은 방과후학교 프로그램에 비용을 부담하고 참여 가능 – 방과후학교 자유수강권 이용 가능
운영되는 프로그램	• 교과프로그램 • 특기·적성프로그램	• 단체활동 프로그램 – 특기·적성프로그램: 예체능 프로그램, 놀이·체험활동 등 • 개인활동 프로그램 – 숙제, 독서 등과 같은 자기주도학습 프로그램
참여시간	학생이 자유선택 – 방과후~오후 5시	• 오후돌봄: 방과후~오후 5시 (19:00까지 연장 운영 가능) • 저녁돌봄: 오후 5시~밤 10시 (보호자 동행시 조기 귀가 가능) • 아침돌봄: 아침 6시 반~정규수업 전
운영장소	• 학교내 여러 교실, 특별실, 도서실, 체육관, 운동장 등 • 학교밖 다양한 시설, 장소	• 1~2학년은 돌봄교실(전용, 겸용 교실) • 3~6학년은 방과후학교 연계형 돌봄교실 • 학교밖 장소 가능
활동지도/관리자	• 방과후학교 지도강사 – 외부강사, 현직교원 등	• 돌봄전담사: 돌봄 전용교실 및 겸용교실 1실당 1명씩 배치 • 단체활동 지도강사: 외부강사, 현직교원 등 • 돌봄보조인력: 대학생, 퇴직교원, 학부 모, 교육기부자, 현직교원 등

※ 아침돌봄: 맞벌이, 저소득층, 한부모 가정의 자녀가 대상이 됨. 학교가 여건(참여학생수, 예산, 시설 및 장소 등)을 고려하여 자율적으로 운영 여부 결정하여 실시

2절 초등돌봄교실 운영방향

초등돌봄교실 운영은 국가에서 국정과제로 선정될 정도로 매우 중요한 교육정책이었으며, 박근혜 정부는 '(국민이) 안심하고 (자녀를) 양육할 수 있게 한다.'는 국정과제를 제시하였다. 이를 위한 추진전략으로 부모가 자녀를 안심하고 양육할 수 있는 여건이 구축되지 못해서 생기는 여러 가지 심각한 가정적 · 사회적 문제들을 없애기 위해서 '초등돌봄교실과 범부처 방과후 돌봄서비스 통합지원사업'을 실시하였다.

정부에서는 여성의 사회진출에 대한 결혼 및 출산율 감소와 자녀양육에 대한 가정경제 부담에 따른 출산율 감소를 해소하고자 초등돌봄교실을 통해 맞벌이, 저소득층, 한부모 가정의 양육부담을 완화하고, 부처 간 돌봄연계 체제 강화를 통한 돌봄 사각지대 해소 및 돌봄 필요 아동에 대한 종합적 지원을 강화하고 방과후 돌봄 통합지원을 제공하고자 노력하였다. 2014년 교육정책네트워크 "지역사회 협력을 통한 돌봄교실 확대 방안"보고서에 의하면, 부처별로 운영되는 돌봄서비스를 연계하여 교육부(초등돌봄교실), 복지부(지역아동센터), 여가부(방과후아카데미) 부처별 연계를 통한 수요자 중심의 적극적 돌봄서비스를 제공하는 데 목적을 두고 있으며, 교육청, 지자체 및 지역돌봄 간 협력 체제 구축을 통해 지역 돌봄서비스의 유기적인 연계 운영을 추진한 내용을 밝히고 있다. 즉 국가수준의 돌봄정책 기본방향은 크게 2가지로 나뉘며, 첫째 초등돌봄교실 확대 · 강화, 둘째 범부처 방과후 돌봄서비스 통합지원사업으며, 초등돌봄교실의 기본정책 방향으로 추진되고 있다.

1. 초등돌봄교실 참여 대상

현재 초등돌봄교실은 정부의 무상돌봄의 확대 · 적용, 돌봄 참여 학생의 확대, 돌봄 운영시간의 연장 · 확대 정책 방향으로 초등돌봄교실에 참여 대상도 전 학년으로 확대되고 있으며, 1~2학년이 대부분을 차지하고 있고, 3~6학년은 보다 적게 참여하고 있다. 3~6학년은 방과후학교 프로그램에 참여하는 학생이 대부분이기 때문에 초등돌봄교실에 참여하는 정도는 많지 않다. 한 교실당 참여 학생수는 20명 내외이다. 맞벌이·저소득층·한부모 가정 학생 등 돌봄이 꼭 필요한 학생이 대상이 된다.

2. 지역사회와 초등돌봄교실의 연계

우리나라는 초등돌봄교실이 생기기 전에 보건복지부, 여성가족부에서 방과후 돌봄서비스를 제공하고 있었다. 보건복지부가 주관하고 있는 지역아동센터, 여성가족부가 주관하고 있는 청소년방과후 아카데미, 아이돌봄사업이 있으며, 교육부, 보건복지부, 여성가족부가 주관하여 운영하고 있는 이러한 돌봄정책사업들은 전국의 각 지역에서 운영되고 있으나, 아직까지는 그 연계가 효율적으로 되지 않아서 수요자가 원하는 맞춤형 돌봄서비스를 체계적으로 그리고 질 높게 제공하지 못하고, 방과후 나홀로 아동 및 교육취약계층 아동의 돌봄사각지대를 효과적으로 해소하는 데도 어려움이 있었다. 이러한 문제를 해결하기 위해 교육부, 보건복지부, 여성가족부, 안전행정부는 2013년부터 부처 간 협약을 체결하여 방과후 돌봄서비스 범정부 통합지원체제를 구축·운영하는 노력을 하고 있다.

지역사회 및 부처 간 돌봄연계체제 강화를 통한 돌봄 사각지대를 해소하고 돌봄 필요 아동에 대한 종합적 지원을 강화할 필요성이 제기되면서 방과후 돌봄 통합지원 시범운영이 시작되었다. 부처별로 운영되는 돌봄서비스를 연계하여 수요자 중심의 적극적 돌봄서비스를 제공하고 있다. 지속적으로 교육부(초등돌봄교실), 보건복지부(지역아동센터), 여성가족부(방과후아카데미)가 각 시도교육청, 지자체 및 지역돌봄 간 협력 체제 구축을 통해 지역 돌봄서비스의 유기적인 연계를 도모할 필요가 있다.

지역사회와 초등돌봄교실 간에 연계를 하기 위해서 시·도 돌봄지원협의회 및 시·군·구 돌봄운영협의회 운영을 활성화하고 돌봄운영협의체는 중앙 및 지역 수준(시·도/시·군·구)에서 주요 돌봄 정책 및 사안을 협의하고 결정하여 운영하고 있으며, 초등돌봄교실 참여 학생과 지역사회 돌봄서비스의 협력과 참여 학생의 효과적인 참여와 선택을 위해 돌봄 범정부 공동 수요조사를 실시하고 결과를 활용하며, 범정부 공동 수요조사 실시 및 결과 활용은 초등학생의 돌봄수요에 대한 종합적 현황을 파악하고 지원체제를 구축하고 있다.

또한 지역별로 지역별 워크숍 개최 및 권역별 돌봄협의체를 구성하여 운영하고 있으며 지역 내 학교 및 지역돌봄기관 간 긴밀한 협조체제 유지를 위해 읍면동 단위의 적정 권역으로 묶어 협의회를 구성운영하기도 한다. 상호 기관 방문을 추진하여 학교, 지역아동센터, 청소년방과후아카데미 등 기관별 관계자 상호 기관 방문을 실시한다. 이를 통해 각 돌봄서비스 기관별 서비스 내용 및 정보 공유 및 연계 정책, 기관 간 상호 이해를 통한 공감대 형성 및 전문성을 제고하는 우수사례도 발견되고 있다.

3절 초등돌봄교실 운영유형

1. 학교장 중심형

단위학교에서 학교장의 책임하에 직접 운영되고 있는 형태로 지역사회의 자원을 활용하지 않고 학교장이 돌봄전담사를 직접 채용하여, 단위학교 내에서 운영하는 방법이다. 시도교육청이나 지자체에서 총액으로 지원되는 돌봄교실 운영비를 학교장이 예산을 편성하여 운영하는 형태로 운영의 제한을 받지 않고 학교 여건을 고려하여 다양하게 운영할 수 있다는 장점이 있다. 또한 이 유형은 돌봄교실 태동부터 지금까지 가장 일반적으로 운영되는 유형이다.

단위학교 중심형은 대부분의 학교에서 운영하고 있으나, 특히 도심지와 멀리 떨어진 농어촌의 경우, 다양한 외부강사들 초빙에 어려움이 있어 그 지역 내의 인적자원인 돌봄전담사를 채용하거나 학교 내의 인적자원을 활용할 수밖에 없는 실정이다. 또한 지역사회 내의 다양한 인적·물적 자원을 발굴하고 활용하기보다는 학교장책임 하에 학교 내의 가용 인력이나 자원을 활용해서 운영하는 것이 일반적이다.

운영 프로그램을 살펴보면 아침 06 : 30~08 : 30까지 운영되는 '아침돌봄'과 방과후부터 오후 5시까지 운영되는 '오후돌봄', 오후 5시부터 오후 10시까지 운영되는 '저녁돌봄' 등으로 구분하여 운영되고 있다. 방과후학교는 오후 5시까지 운영되는 데 비해 저녁 돌봄은 늦은 시간에 귀가하는 직장인 및 농어촌의 부모들이 이용할 수 있어 학부모들의 호응이 크다.

단위학교 중심형 돌봄교실은 전용 돌봄교실을 원칙으로 하여 운영하나 수요자가 많아 별도의 전용교실 설치가 어려운 경우에는 저학년 교실 및 특별실 등을 리모델링하여 돌봄교실로 겸용 활용하여 운영하고 있기도 하다. 학교 내에서 이루어지다보니 무엇보다 안전에 대한 학부모의 신뢰가 높다. 학교 내 안전관련 인력을 활용하거나 학교 주변 지구대와 협력하여 돌봄교실 운영·귀가 시간 시 순찰을 강화하고 있다. 특히 저녁돌봄교실 안전을 위해서는 출입통제장치 및 교실-출입문 간의 비디오폰, 학교 내 CCTV 활용 등 안전시설을 강화하고 있으며, 학부모 동행귀가를 원칙으로 하되, 학부모 미동반 귀가 시 등을 대비하여 대리인 사전 지정제 등으로 학생 귀가에 안전 대책을 강구하고 있는 학교도 있다.

프로그램 편성으로는 '단체활동'과 '개인활동'으로 구분하며, 과제 수행 등의 개인활동과 놀이, 특기·적성 중심의 단체활동으로 이루어진다. 개인활동과 단체활동의 구체적인 활동 내용을 소개하면 〈표 5-2〉와 같다.

| 표 5-2 | 초등돌봄교실 운영유형

유 형	내 용
단체활동	• 돌봄교실에 참여하는 학생들이 교내 방과후 프로그램 강사 등이 지도하는 다양한 예체능, 체험학습 프로그램에 단체로 참여하여 수행하는 활동 • 교과학습 프로그램 운영은 지양 • 돌봄교실, 체육관, 도서실, 과학실 등 학교 내외의 다양한 시설이나 장소에서 수행
개인활동	• 돌봄교실에 참여하는 학생들이 돌봄전담사, 학교교사, 돌봄보조인력 등의 지도·관리하에 개인적·자율적으로 수행하는 활동 • 숙제하기, 일기쓰기, 독서하기, 그림그리기, 글쓰기, 교과보충학습, EBS 시청 등의 다양한 활동 포함 • 돌봄교실(1~2학년 학생)이나 거점교실(3학년 이상 학생)에서 수행

자료: 한국교육개발원(2016) 2016년 초등돌봄교실 운영 가이드라인.

2. 지역사회 협력 연계형

지역사회 협력 연계형이란 돌봄교실의 프로그램 질 향상과 원활한 운영을 위해 학교가 지역사회의 인적·물적 자원 활용을 극대화기 위해 관련기관, 시설, 단체 등과 협력 · 연계해서 운영하는 유형을 말한다.

방과후 돌봄을 필요로 하는 학생들에게 다양하고 질 높은 프로그램을 제공하기 위해서는 많은 자원(예산, 프로그램, 인력, 시설, 교통수단 등)이 필요하나, 국가, 교육(지원)청, 학교는 이러한 자원을 충분히 제공하기 어려운 실정이다. 그러나 지역사회 자원의 참여는 다양하고 질 높은 돌봄프로그램의 제공, 지역사회가 함께 하는 돌봄 시스템의 구축, 그리고 학교의 업무부담 경감을 위해서는 매우 필요하다.

중앙부처 차원의 협력 연계 기관을 살펴보면, 여성가족부에서 추진하는 취약계층 청소년 종합 돌봄 프로그램인 청소년아카데미, 문화체육관광부의 토요문화학교, 토요스포츠학교 등 다양한 여가문화체험프로그램, 보건복지부의 지역아동센터 등의 교육복지 프로그램을 들 수 있다.

또한 문화체육관광부에서는 전국 국립 박물관을 활용하여 초 · 중등학교 학생이 가족과 함께 즐길 수 있는 체험프로그램을 지원하고 있으며, 국립 문화예술관련 기관이 지역 학교와 연계하여 다양한 문화 · 예술 체험프로그램을 지원하고 있다. 더불어 전국의 지역문화원 및 문화예술단체에서 초 · 중등학생 및 가족을 대상으로 한 문화학교를 개설하고 있으며, 학교와 연계하여 학교예술교육을 보완 및 지원하기 위하여 전국의 초 · 중등학교에서 전문 문화예술강사를 파견하여 학생들을 대상으로 문화예술 동아리활동을 지원 · 운영하고 있다. 취약계층 아동 청소년 지원을 위해서는 문화바우처 카드를 발급하여 운영하고 있으며, 문화바우처 카드를 소지한 취약계층 학생의 참여를 30% 내외로 보장해 주는 주말프로그램 청소년 쿼터제를 도입을 추진 중에 있으며, 문화바우처 카드를 소지한 학생이 국립박물관 및 미술관, 영화관 등의 문화시설에서 운영하여 유료 프로그램을 이용할 경우 무료 관람이나 할인 혜택을 받을 수 있게 하고, 여행바우처를 활용하여 주말 여행 및 체험 프로그램 참여를 지원하고 있다.

4절 초등돌봄교실의 운영현황 및 성과

1. 운영현황

한국에서 초등학생을 위한 돌봄프로그램은 초등학교 저학년(1~2학년) 학생들의 방과후 양육부담을 경감하고 사교육비를 줄이기 위해 2004년에 일부 학교에서 처음으로 도입되었다.

맞벌이 부부 등이 증가하여 양육 부담이 늘어나고, 방과후에 방치되는 학생들이 증가함에 따라 2014년 이후부터 초등학생을 위한 학교내 및 학교밖 돌봄정책이 새롭게 마련되고 강화되기 시작했다. 학교내 돌봄에서는 맞벌이·저소득층·한부모 가정의 학생과 같이 방과후 돌봄이 필요한 학생들에게 오후돌봄과 저녁돌봄을 제공하고, 대상도 저학년(1~2학년)에서 전체 학년(1~6학년)으로 확대되었다.

초등돌봄프로그램이 운영되는 초등돌봄교실은 처음 도입된 이후, 양적으로나 질적으로 많은 발전을 하였다. 교육부(2015. 4)에 의하면, 전국 5,972개 학교(초등학교의 96.2%)의 12,380개 돌봄교실에서 240천 명의 학생들이 참여하고 있다.

그림 5-3 초등돌봄교실 발전 현황(2009~2015)

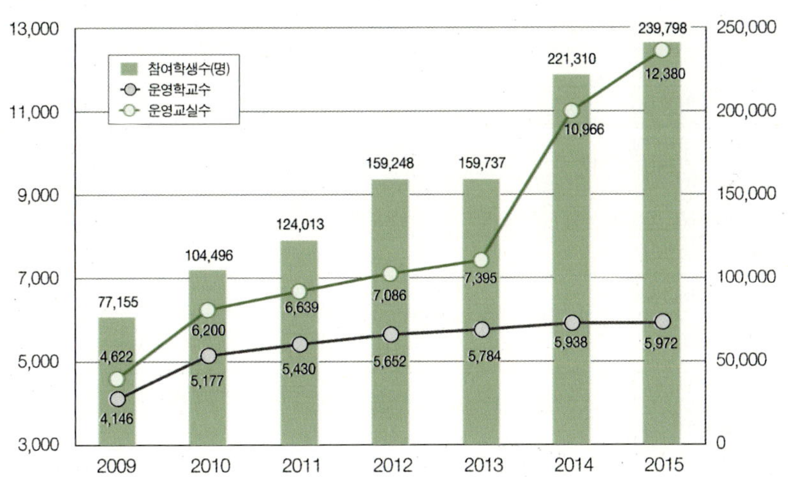

초등돌봄교실은 1~6학년 학생 중 맞벌이·저소득층·한부모 가정의 학생과 같은 방과후 돌봄이 필요한 학생을 대상으로 한다. 무상을 원칙으로 하되, 가정이 어렵지 않은 학생들은 간식비(오후돌봄), 급식비(저녁돌봄)를 부담한다. 생활이 어려운 학생들은 무상으로 참여한다.

초등돌봄은 오후돌봄(방과후~17 : 00, 필요시 여건에 따라 19 : 00까지 연장 운영), 저녁돌봄(17 : 00~20 : 00)으로 운영된다. 오후돌봄에 참여한 학생 중 추가돌봄이 필요한 학생이 저녁돌봄에 참여한다. 여건이 가능한 일부 학교에서는 아침돌봄을 운영하기도 한다. 초등돌봄교실은 학기 중, 토요휴업일, 방학 중에 운영된다.

초등돌봄교실에서는 한 교실당 20명 정도의 학생들이 참여한다. 초등돌봄교실에서는 개인활동(강사 없이 학생이 혼자서 하는 숙제하기, 독서하기 등의 활동)과 단체활동(강사가 체육, 음악, 미술, 요리, 로봇 등 특정한 활동 프로그램을 지도), 급·간식 활동을 한다. 하루에 매일 1개 이상의 창의성 및 인성 함양을 위한 무상 단체활동 프로그램이 운영된다.

오후돌봄에서는 단체활동, 개인활동, 간식활동이 수행된다. 저녁돌봄에서는 주로 개인활동, 급식활동이 수행되는데, 부분적으로 단체활동이 수행되기도 한다. 돌봄교실에서 운영되는 오후 및 저녁 돌봄 프로그램의 예는 다음 〈표 5-3〉과 같다.[1)]

| 표 5-3 | 2014학년도 오후돌봄 및 저녁돌봄교실 운영계획(○○초)

구분	시간	월	화	수	목	금
오후돌봄(3학급)	13 : 00~13 : 30	오후반 등교/출석확인/자유선택활동				
	13 : 30~14 : 00	알림장 확인 및 숙제지도				
	14 : 00~15 : 00	종이접기	창작미술	독서논술	한자	창의인성 DVD
	15 : 00~15 : 30	간식시간				
	15 : 30~16 : 30	독서활동	체육활동	활동지	영어(워드파이)	종이접기
	16 : 30~17 : 00	오후돌봄활동 정리 및 귀가지도				
저녁돌봄(1학급)	17 : 00~18 : 00	자유선택활동(독서 및 교구활동)				
	18 : 00~19 : 00	저녁식사 및 휴식				
	19 : 00~20 : 40	음악(오카리나)	북아트	음악(오카리나)	북아트	체육활동
	20 : 40~20 : 50	교실정리 및 귀가지도				
	20 : 50~21 : 00	귀가(학부모 동행)				

1) 교육부·한국교육개발원(2014). 2014년 학생·학부모 만족도 높은 초등돌봄교실 운영 사례.

오후돌봄에 참여하는 학생들 중에는 학교에서 운영되는 수익자 부담 방과후학교 프로그램에 참여하는 학생들이 많다. 교육비 지원 대상 학생들은 학교가 제공하는 방과후학교 자유수강권(연간 60만 원, 월 5만 원)을 받아서 유료 방과후학교 프로그램에 참여한다. 예를 들면, A 학생은 돌봄교실에 와서 개인활동(숙제, 독서 등)을 하고, 돌봄전담사의 확인을 받은 다음에 방과후학교 프로그램에 참여했다가 돌봄교실에 돌아온다. 이후 돌봄교실에 귀가할 때까지 계속 머무른다. B 학생은 돌봄교실에 와서 개인활동(숙제, 독서 등)을 하고, 돌봄전담사의 확인을 받은 다음에 방과후학교 프로그램에 참여했다가 돌봄교실에 돌아온다. 그리고 간식을 먹은 다음에 다시 방과후학교 프로그램에 참여하였다가 돌봄교실로 돌아온다. 학생들은 돌봄전담사의 확인을 받고 귀가한다. 학생들은 서로 다른 방과후학교 프로그램에 참여하며, 같은 학생이라도 요일에 따라서 방과후학교 프로그램 참여가 다르다.

2014년 현재 오후돌봄교실에 참여하는 학생 중 방과후학교 프로그램에 참여하는 학생 현황을 보면, 1학년 76.0%, 2학년 79.9%, 4학년 86.9%, 6학년 91.7% 등으로 학년이 올라갈수록 참여하는 학생 비율이 높다. 4학년 이상 학생들은 90% 정도가 방과후학교 프로그램에 참여하고 있다. 학년 전체로는 78.4%의 학생들이 방과후학교 프로그램에 참여하고 있다(교육부, 2014). 많은 학생들이 방과후학교 프로그램에 참여하기 때문에 학교에서는 돌봄교실 프로그램 시간표와 방과후학교 프로그램 시간표의 운영시간대(활동시간, 휴식시간)를 일치시켜 학생 활동과 학생 지도에 차질이 없도록 한다.

초등돌봄교실에는 전용교실과 겸용교실의 두 가지 유형의 돌봄교실이 있다. 돌봄전용교실은 돌봄만을 위해 사용되는 교실로서, 돌봄만을 위한 시설이나 설비가 마련되어 있다. 겸용교실은 오전에는 수업을 하고, 오후에는 돌봄교실로 사용되는 교실로서 돌봄을 위한 시설이나 설비가 부분적으로 마련되어 있다. 특별실(음악실, 미술실, 예절실 등), 일반교실 등이 일부 리모델링되어 겸용교실로 사용된다. 2013년까지는 전용교실이 75% 이상을 차지하였으나, 그 이후 점차 겸용교실의 비중이 늘어나고 있다.

돌봄교실(전용, 겸용교실)에는 돌봄전담사가 배치되어 학생 생활지도, 안전 귀가, 급·간식 제공, 개인활동 관리 등의 업무를 수행하고 있다. 보육교사, 초·중등교사, 유치원 교사 등의 자격증을 갖춘 자가 돌봄전담사로서 채용되고 있으며, 농어촌 지역과 같이 특수한 경우에는 학교장이 필요한 자질을 갖춘 자를 채용할 수도 있도록 하고 있다. 돌봄전담사 중에는 주당 15시간 이상 근무하여 무기직으로 전환된 전담사가 있고, 주당 15시간 미만으로 근무하는 시간제 전담사가 있다. 2008년 이후 방과후학교 사업은 교육청 사업으로 되었기 때문에 시도교육청에 따라 돌봄전담사에 대한 정책(채용, 신분, 대우 등)이 다르다.

방과후학교 연계형 돌봄교실은 3~6학년 학생들을 대상으로 하며, 특별히 리모델링하지 않은 일반교실, 특별교실 등을 사용한다. 1~2학년 학생을 위한 초등돌봄교실과 같은 별도의 프로그램, 급・간식 등은 제공되지 않는다. 학교교사, 외부인사가 별도의 비용을 받거나 무상으로 학생들을 관리한다. 학생들은 방과후학교 프로그램에 참여하고, 돌봄교실에서는 자기가 하고 싶은 활동(숙제, 독서 등)을 한다.

학교는 다양하고 질 높은 돌봄프로그램을 운영하거나 업무부담을 경감하기 위해서 지역의 여러 기관이나 자원인사들로부터 교육기부를 받거나 대학, 사회적 협동조합, 지역아동센터 등에 돌봄프로그램의 운영을 위탁하기도 한다.

특히 학교는 학생들이 학교 안과 밖에서 안전하게 생활하고, 안전하게 귀가할 수 있도록 많은 노력을 기울인다.

2. 운영성과

초등학교에서 운영하고 있는 초등돌봄프로그램(초등돌봄교실)은 수요자 만족도가 가장 높으며, 보다 많은 학부모들이 참여를 원하고 있다. 초등돌봄교실 정책사업은 2015년 한국의 모든 정부 부처가 수행한 정부 부처 정책 사업 중, 1등을 차지하였다. 교육부(2015)에서 조사한 결과에 의하면, 참여 학부모의 94.8%가 '만족한다'고 하였다. 김홍원 외(2013)에 의하면, 참여 학부모들은 초등돌봄교실이 학생들의 정서발달, 특기・적성계발, 학업성취, 여성의 사회진출, 양육부담 및 사교육비 경감 등에 많은 도움을 준다고 하였으며, 91.8%의 학부모들이 '만족한다'고 하였다.

탐 구 문 제

1. 초등학생들을 위한 방과후 돌봄이 필요한 이유에 대해 이야기해 봅시다.
2. 학교가 돌봄이라는 사회적 기능을 수행하는 것의 타당성에 대해 이야기해 봅시다.

6장

지역사회와 방과후활동

방과후학교는 학생들의 지적 성장과 인성 및 창의성을 계발하여 학생들이 정규교육과정을 이수하는 데 도움을 주는 목적이 있다. 요즘은 지역사회의 교육 참여가 점점 늘어나고 있으며, 방과후활동과 정규교육과정의 창의적 체험활동에 많이 활용하고 있다. 이러한 지역사회 역할을 학교교육을 질적으로나 양적으로 성장을 도모하고 있으며, 인재를 학교에서만 육성하는 것이 아니라 지역의 인재를 길러내는 데 지역사회 역할 책임감도 필요하다.

1절 _ 지역사회와 방과후활동 개요

2절 _ 지역사회의 방과후활동

3절 _ 주5일수업제 토요방과후프로그램

4절 _ 방과후학교 문제점과 개선방안

교 육 목 표

- 지역아동센터, 청소년방과후아카데미, 유관기관의 방과후활동의 특성을 알 수 있다.
- 방과후학교와 지역사회 방과후활동과의 연계방안을 제시할 수 있다.

1절 지역사회의 방과후활동 개요

지식 정보가 쏟아지고, 사회 변화가 빠르게 변함에 따라 학생들이 배워야 하는 지식도 늘어나고 있고, 맞벌이 가정이 늘어나 가족구성원이 줄어듦에 따라 가정의 역할이 축소되었다. 이로 인해 학교에만 자녀 교육을 맡기기에는 부족하고, 가정교육을 보충할 다양한 교육이 필요하게 되었다. 특히 국가가 부강해지고, 경제적으로 풍요하게 됨에 따라 일률적인 교육보다는 개개인의 성향에 따른 다양한 교육을 원하고 있으며, 교육복지에 대한 관심이 높아지고 있다.

이에 국가에서는 교육에 투자하는 기업에 세금혜택을 주거나, 지자체의 예산에 교육 예산을 포함하게 하고 있으며, 개인이나 협동조합 등에서는 특징적인 교육을 구안하고 학생들이 참여하도록 독려하고 있다. 이런 교육관련 기관으로는 기업에서 운영하는 미술, 음악, 독서, 청소년프로그램, 특수교육 등 교육기부프로그램이 있고, 지자체에서는 사회복지, 장애인복지, 청소년프로그램 등 주민과 학생을 위한 프로그램을 운영하고 있다. 또한 지역이동센터, 상담복지센터, 청소년방과후아카데미, 사회적기업, 체험마을 등 다양한 영역에서 교육프로그램을 운영하고 있다.

본 장에서는 지역사회[1]의 다양한 교육프로그램 중 방과후에 학생들이 참여하고 있는 기관들 중에서 지자체와 연계되고 있는 공공기관, 민간기관, 지역아동센터, 청소년아카데미, 기타 유관기관에 대하여 살펴보고자 한다.

요즘 학생들은 학교에서 정규교육과정을 마친 후, 가정이나 학원에서 부족한 공부를 하거나, 특기를 기르기 위해 많은 시간을 사용하고 있다. 지적인 성장에 치중하고 있는 우리나라의 자녀교육은 다양한 특기와 진로지도보다는 좋은 대학에 입학을 위한 학원교육이 이루어지고 있다. 그러나 경제적으로 여유가 없거나 농어촌에서는 학교교육에 의존하고 있으며, 지역아동센터, 청소년방과후아카데미, 사회적기업, 협동조합 등에 일부 학생들이 참여하고 있다. 그러나 학부모의 지적 수준이 높아짐에 따라 지식

1) 본 장에서 말하는 지역사회란 일정한 지역 안에 성립되어 있는 생활 공동체 중 행정기관인 지자체와 지역 주민 또는 기업에서 자생적으로 만들어 운영하고 있는 기관을 말한다. 이렇게 지역사회의 범위를 지정하는 이유는 방과후활동에만 관련된 내용을 기술하기 위함이다.

교육도 중요하지만 정서, 진로, 특기, 상담교육의 중요성을 인식하게 되어, 도서관교육, 미술관교육, 예술교육, 체험교육 등 다양한 교육프로그램들에 주말과 방학, 방과후 시간을 활용하여 학생들의 참여가 늘고 있다. 지역사회 방과후활동은 학생들의 지적・정서적 성장에 매우 중요한 역할을 수행하고 있으며, 특히 방과후활동은 개성을 존중하고 수요자 중심의 교육활동으로 학교교육에서 채우지 못한 교육을 지원해 주고 있다.

따라서 학교에서는 독단적인 교육을 하기보다는 지역사회의 우수한 교육프로그램과 연계하여 방과후활동의 범위를 넓혀야 하며, 적극적인 네트워크 형성에 노력해야 한다.

적극적인 교육네트워크 형성은 지역사회 내의 인적・물적 자원의 교류를 통해 우수한 강사를 확보하여 효율적으로 배치하고, 지역사회 시설 활용 등 물적 자원을 공유하여 보다 질적으로 효과적인 방과후 프로그램이 운영될 수 있도록 한다면 단위학교와 지역사회의 방과후 프로그램이 한층 활성화될 것이다.

교과수업 외 학생들의 흥미, 취미 및 학교 실정과 지역특성에 알맞은 각종 방과후활동들과 학생들의 학업 스트레스 해소와 창의성・인성 함양 등 건전한 주말 여가문화 조성을 위한 주5일수업제 토요프로그램은 단위학교에서 학교 안과 밖의 다양한 프로그램들로 운영되고 있다. 학교 안 방과후학교와 토요프로그램은 단위학교별 프로그램, 학교 간 연계 프로그램, 교육지원청 및 직속기관 프로그램, 지자체 프로그램, 공공기관 프로그램, 대학주도 프로그램 등 다양한 형태로 운영되고 있으며, 주5일수업제 전면 시행 이후 학생들의 참여율은 꾸준히 증가 추세를 보이고 있다.

학교 안 방과후학교는 학생들의 재능과 흥미를 키우고 학부모들의 사교육비 부담을 경감하고 학생들을 안전하게 돌봄을 지원하는 형태로 꾸준히 진행되어 왔는데, 미래사회에 대비하는 창의적 인재육성을 위한 자기주도 학습력 신장과 창의력을 바탕으로 하는 소질과 적성을 계발할 수 있도록 정규수업 이외에도 다양한 교육경험을 제공할 필요가 있게 되었다. 여러가지 형태의 특화된 학습 활동을 위하여 다양한 지역 내 인적 물적자원들을 연계한 학교와 학생 중심의 맞춤형 교육으로 점진적으로 발전하여 왔지만, 아직도 지자체와 교육청, 유관기관과의 협력 연계가 매우 중요한 시점에 이르렀다. 방과후학교의 경우 전국 거의 모든 학교에서 이루어지고 있으며, 학생들의 참여율은 66.9% 정도로 많은 학생들이 참여하고 있다(2015. 4. 30. 기준, 교육부 2015년 통계자료).

그러나 방과후학교에 대한 사회적 관심 증가뿐만 아니라 학부모들의 사교육비 경감, 학생들의 다양한 재능 개발에 대한 지역사회의 역할이 점차 커지고 사회적 변화에 따른 주5일수업제 도입으로 발생하는 주말 방임 아동들에 대한 돌봄과 지원이 필요함에 따라 학생의 균형적인 발달 지원에 필요한 프로그램의 다양화, 전문화가 학교를 비롯한 지역사회 전체에 요구되고 있다. 그러나 방과후학교 및 토요프로그램 예산 확보, 우수 강사 확보, 현대식 강의실 확보, 다양한 프로그램 개발 등 우수한 인적·물적 자원의 확보가 뒷받침되어야 방과후학교 등의 기능이 제대로 수행되고 만족도도 제고될 것이다.

그림 6-1 방과후학교 참여율

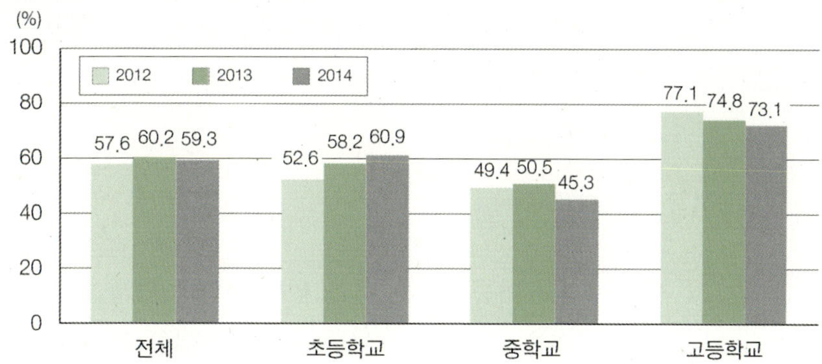

자료 : 통계청(2015). 사교육비 통계자료.

2절 지역사회의 방과후활동

1. 기초지방자치단체

방과후학교 활동에서 필요한 우수 인적·물적 자원들을 지역 내에서 확보하는 일은 매우 중요한 일이다. 학생들이 참여하는 프로그램의 질 측면에서도 중요한 부분으로 인식되고 있으며, 이에 수반되는 예산 지원도 필수적이다. 지방자치단체에서 보유한 각종 시설을 활용하고 다양한 프로그램 강사들을 확보하여 연수, 워크숍, 세미나 등을 통해 자질과 역량을 향상시키는 한편, 지역 내 다양한 기관 시설 및 단체들을 네트워크화하여 초·중·고 학생 개개인을 수준별로 나눠 세부적인 추진방안을 마련하여 진행할 필요가 있다.

2. 박물관, 도서관 등 공공기관

방과후활동을 지원할 수 있는 학교 밖 시설로는 박물관, 도서관, 국민체육센터, 공공체육시설(대학교 체육관), 문화(예술)회관, 복지관, 수목원과 농어촌기술센터 등 공공시설물들이 있다. 이들 기관들은 학생들을 대상으로 하는 자체 프로그램을 활용하여 학생들에게 진로직업교육 및 역사문화, 체육, 악기 연주, 화초 가꾸기 등을 직접 체험하고 진로교육을 받을 수 있도록 협력 사업으로 진행하고 있다.

3. 민간 평생교육기관(단체)

공공기관 외에도 지역 주민과 아동, 청소년들을 위한 다양한 평생교육기관들이 있다. 작은 도서관, 문화원, 자원봉사센터, 숲 해설가 협회 등 법인이나 개인이 설립한 기관이나 단체(시설)들이 있어 강사풀을 활용한 방과후활동을 지원하거나 심리(미술, 음악)치료, 논술지도, 요가나 스포츠댄스, 요리 강습, 악기 연주 등 폭넓은 분야에서 다양한 프로그램을 제공하는 민간 기구들이 산재해 있어 이를 활용한 방과후학교 및 토요프로그램이 진행되기도 한다.

4. 지역아동센터

지역아동센터는 맞벌이 가정과 저소득층의 학생들의 보육을 지원하는 기관으로 전국적으로 사회복지시설정보시스템을 통하여 업무처리를 하고 있으며, 회계투명성 제고 및 정책 기초자료 확보, 운영지원을 받지 않는 지역아동센터의 경우에는 후원금과 자체예산 사용 내역 등을 시설정보시스템에 등록하고 있다. 통합회계관리(예산, 세무, 회계, 인사, 자산 및 급여 등), 통합고객관리(후원자 및 후원금), 시설 유형별 사회복지 서비스 이력 관리 등에 활용하고 있다.

지역아동센터 주요시설로는 사무실, 집단지도실, 식당 및 조리실 등을 갖추고 있으며, 특히 집단지도실은 2개실 이상을 확보하도록 되어 있다. 시설장은 상시 근무하도록 하여 시·군·구에서 수시로 확인하고 있으며, 사회복지사와 식당이 있어 학생들의 식사를 지원하고 있다. 운영기준은 월~금요일을 포함하여 주5일, 1일 8시간 이상을 상시운영하고, 학기 중 및 방학 중·공휴일의 기본 운영시간은 지자체에 보고 후 조정이 가능하다. 지역아동센터의 운영프로그램은 기본프로그램과 특화프로그램으로 구성되었으며, 기본프로그램은 보호, 교육, 문화, 정서지원, 지역사회 영역으로 구성되고, 특화프로그램은 지역사회 특수성 및 주요대상의 특성을 고려한 맞춤형 운영 프로그램을 운영하고 있다.

지역아동센터는 아동의 생존권, 보호권, 발달권, 참여권 보장을 위해 아동권리교육 및 아동권리에 관한 규정을 마련하여야 하며, 아동 자신의 권리를 알고 스스로 행사할 수 있도록 아동권리에 대한 교육을 실시한다. 아동이 직접 참여할 수 있는 다양한 방법을 활용해 연간사업계획서에 반영하여 시행하며, 지자체 및 지역아동센터는 지역 내 돌봄이 필요한 아동을 적극 발굴하고 보호하는 기능을 수행하고 있다. 또한 지역사회 서비스 및 자원체계를 개발하고 연계하여 아동에게 필요한 서비스를 지원할 수 있도록 노력한다. 특별하게 사례관리가 필요한 아동은 드림스타트 또는 지역사회 전문기관에 의뢰하고, 지속적이며 종합적인 서비스 제공을 받을 수 있도록 한다.

지역아동센터를 이용하고자 하는 경우 해당 보호자가 작성한 '방과후 돌봄서비스 제공/변경 신청서'와 기타 증빙서류를 시·군·구에 접수하면 된다. 시·군·구는 돌봄서비스 신청서, 기타 증빙서류, 상담 등을 통해 돌봄서비스를 결정하며, 돌봄서비스 제공기관 이용아동 배치 현황, 이용자 수요, 시설이용 접근성, 아동등록 우선순위 등을 감안하여 돌봄서비스 제공기관을 지정하게 된다. 보호자는 조속한 시일 내 지역아동센터에 돌봄서비스 결정통지서를 온·오프라인으로 지역아동센터에 제출하며, 지역아동센터는 돌봄서비스 이용 결정된 아동에 대해 보호자에게 응급처치동의서 동의를 받고, 시설 정보시스템에 해당 아동을 등록·보고 후 서비스를 진행한다.

5. 청소년방과후아카데미

「청소년기본법」 제48조 2항에 청소년 방과후활동의 지원에 대해 국가와 지방자치단체는 학교의 정규 교육으로 보호할 수 없는 시간 동안 청소년의 전인적 성장 발달을 지원하기 위하여 다양한 교육 및 활동프로그램 등을 제공하는 종합적인 지원 방안을 마련하도록 하고 있다. 시·도지사는 매년 청소년 방과후활동 종합지원계획을 수립·시행하여야 하며, 방과후활동의 수요 및 현황조사, 방과후 교육 및 활동 프로그램의 개발 및 보급, 시설의 확보와 전문인력의 선발과 연수 및 배치, 방과후활동 종합지원사업의 운영 및 평가, 그 밖의 관할 구역의 학교와 청소년의 방과후활동을 지원하는 기관 및 단체 등과의 연계 등에 관한 사항을 「청소년기본법 시행령」에 제시하고 있다. 여성가족부장관과 시·도지사 및 시장·군수·구청장은 청소년의 방과후활동을 지원하는 청소년 방과후활동 종합지원사업을 실시할 수 있으며, 특히, 장애청소년과 다문화가족 청소년 등 별도의 방과후 교육과 활동이 필요한 청소년을 대상으로 방과후활동을 진행할 수 있다. 방과후 사업은 청소년의 역량 개발 지원, 청소년의 기본학습 및 보충학습 지원, 안전하고 건강한 방과후 활동 지원을 위한 급식 제공, 시설 지원과 개별상담, 이를 지원하기 위한 부모 교육과 관련기관 및 단체 등의 개발과 연계, 그 밖에 청소년의 방과후 활동을 위해 필요한 활동을 제시하고 있다. 여성가족부장관과 시·도지사는 청소년 방과후활동을 지원하기 위한 센터를 설치·운영할 수 있으며, 여성가족부장관과 시·도지사는 방과후활동지원센터를 방과후 사업 운영에 관한 전문성이 있는 (비)영리법인 또는 단체 등에 위탁하여 운영토록 할 수 있다. 방과후활동지원센터는 방과후 종합지원계획의 수립 및 시행, 방과후 사업의 운영 관리 및 컨설팅과 평가, 방과후활동의 국내외 지원사례 조사, 업무종사자 교육 및 연수, 방과후 사업의 운영 모형개발, 그 외 방과후 활동을 종합적으로 지원하기 위한 필수사업 등을 하도록 하고 있다.

청소년방과후아카데미의 사업 목표는 기초생활보호대상·한부모·장애 등 방과후 돌봄이 필요한 취약계층 청소년에게 체험활동, 학습지원, 상담 등 종합서비스를 제공하며, 취약계층 청소년이 활동·복지·보호·지도 등 다양한 지원을 통하여 건강한 성장과 스스로 자립할 수 있는 역량 배양, 취약계층 청소년의 사교육비 절감 및 방과후 비행 노출 예방에 있다.

그림 6-2 청소년방과후아카데미 운영체계도

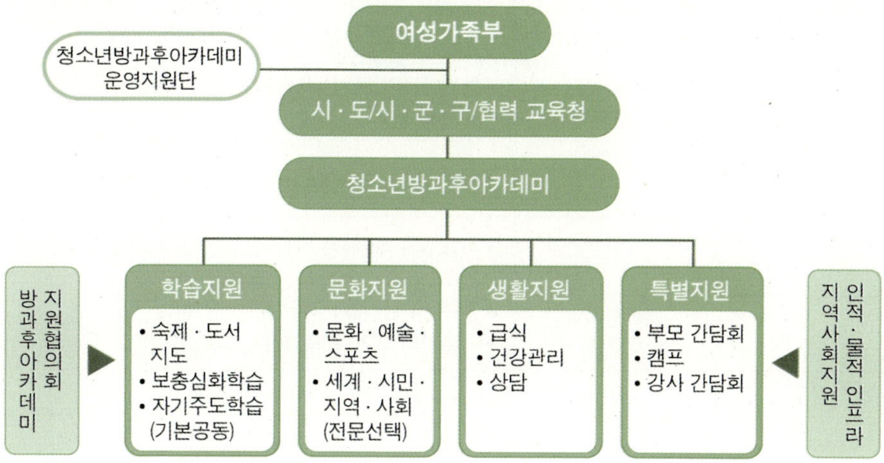

자료: 여성가족부(2015). 청소년방과후아카데미 운영실무자 업무매뉴얼.

추진내용으로는 첫째, 지역사회에서의 청소년 활동·복지·보호체계 역할 수행으로 청소년 성장지원을 가정·학교와 함께 지역사회가 분담하여 수행하고 다양한 지역사회 인적·물적 자원을 연계, 종합서비스를 제공하고 있다. 둘째, 지역사회와 학교 간의 연계 강화로 상호 신뢰를 바탕으로 학교교육 보완 및 방과후 돌봄 사각지대 해소 기능·역할을 위하여 방과후 돌봄 체계와 긴밀한 협력을 유지하고 있으며, 방과후아카데미 지원협의회 구성을 통한 지역사회의 참여를 확대하고 있다. 셋째, 청소년의 요구와 부모의 기대에 부응하는 프로그램 운영으로 성장기 청소년들의 건강한 심신 발달을 지원할 수 있도록 맞춤형 교육과정을 운영하며, 인성, 체험, 교과과정 등 우수하고 다양한 프로그램 개발하고 제공한다.

| 표 6-1 | 청소년방과후아카데미 서비스 내용

서비스 영역	세부내용	
전문체험	주중체험활동과정 (주 5시간)	• 체험 위주의 다양한 창의 인성 프로그램을 운영 (예술분야, 생활과학분야, 직업개발분야, 자원봉사, 리더십개발활동 등) • 주말체험활동과정 운영 시 외부활동 권장
	주말체험활동과정 (월 1회 4시간)	
학습지원	보충학습지원과정 (주 5시간)	• 청소년들의 독서, 자율적인 숙제, 보충학습지도 등의 프로그램 운영
	교과학습과정 (주 5시간)	• 전문 강사진의 주요 교과학습 중심의 학습지원
자기개발	주중자기개발활동과정 (필요시 주 0~5시간)	• 자율·자주적인 청소년 중심 활동(자치활동, 동아리활동 등) • 각 운영기관에서 자유롭게 편성하여 운영하는 과정 • 지역사회 연계 프로그램
	주말자기개발활동과정 (필요시 주 2시간이상)	
특별지원	방학중 청소년 야영·캠프, 초청인사 특별강연, 발표회, 부모교육 등	
생활지원	청소년 건강진단 및 급식, 상담, 메일링서비스 등의 생활 지원	

자료 : 여성가족부(2015). 청소년방과후아카데미 운영실무자 업무매뉴얼.

사업주체는 여성가족부 및 지방자치단체로 여성가족부에서 총괄하고 아카데미 운영 관련은 지자체와 공동지도 감독을 한다. 운영예산은 여성가족부 50%, 지자체 50%이며, 아카데미 운영 평가 및 컨설팅, 운영 모델 개발 등을 수행하고 있다. 시설 설치 요건은 청소년수련관, 청소년문화의집 등 자자체 관할 공공시설 내 설치할 수 있으며, 신규 설치는 지자체가 지역내 수요신청을 제출 받아 현장 확인하고 적합할 경우 지정하여 설치할 수 있다. 대상 학년은 초등 4~6년, 중등 1~2학년으로 지자체별로 지역여건에 맞게 자율적으로 대상 학년을 선택하며, 2015년 신구 아카데미는 중등대상으로 중점운영하고 기존은 초등 대상 아카데미도 중등으로 전환을 권장하고 있다. 대상 인원은 20명 2개반이며, 운영시간은 총 980시수이다. 운영형태는 지역특성에 적합한 운영유형을 선택하며, 지원형(기본지원형, 농어촌형, 특별형)과 혼합형(무료 참가 50%와 유료 참가 50%로 구성)이 있다.

운영 인력으로는 총괄인력으로 운영 책임자 1명, 실무지도자 1개반 1명을 배치하며, 운영책임자는 총괄, 일정관리, 운영지원의 업무를 수행하고, 실무지도사는 보충학습지원과정, 상담 및 생활기록 관리, 문자메시지, 급식지원 등의 업무를 수행한다. 방과후아카데미 상근지도 인력은 기획재정부의 '일자리 지원사업'의 일환으로 배치되어 운영되는 사업이므로「근로기준법」등 직무와 관련된 법규를 준수해야 하며 상근 인력은 직무역량강화를 위해 기본직무연수와 전문역량 강화 직무연수 운영, 자원봉사자와 전문 강사에 대해서도 직무연수를 개발 운영을 한다.

운영 책임자는 청소년지도사 2급 자격증, 청소년지도사 3급 자격증 소지 후 청소년 육성분야 및 방과후지도 분야 2년 이상 경력 소지자이며, 기존 인력 중복업무 금지와 운영 책임자의 교체 시 지자체에 변경 사유서를 제출하여야 한다. 실무지도자는 청소년지도사 3급 이상 자격증 소지자이다. 주요 교과목 강사 선발은 해당 교과 전공자(대졸) 중심으로 채용·배치하며, 전문체험과정은 해당 분야에서 우수 전문 강사를 선발하여 운영한다.

지역사회 자원봉사 인력 발굴 및 연계는 지역 대학교와 연계하여 대학생 자원봉사 인력을 발굴·활용하며 지역 내 기업, 공공기관, 사회단체, 군부대, 경찰 등과 협력하여 자원봉사인력을 발굴·활용한다. 운영시간은 평일 15시부터 21시 까지, 토요일은 09시부터 18시 내에서 5시간 운영하며, 급식을 제공한다.

| 표 6-2 | 방과후아카데미 프로그램 편성

구 분		편성시수
주중 (월~금 25시간)		전문체험활동 5시간 + 학습지원활동 10시간(보충학습 5시간 + 교과학습 5시간) + 자기개발활동 주중 5시간 + 생활지원과정 5시간(급식, 상담 등)
주말(토)	월1회 (주말체험)	전문체험활동 4시간 + 생활지원과정 1시간(급식, 상담 등)
	월3회 (자기개발)	자기개발활동과정 2시간 내외

자료 : 여성가족부(2015). 청소년방과후아카데미 운영실무자 업무매뉴얼.

프로그램 편성은 연간 프로그램의 종합적인 계획과 실행 지침을 작성하며, 당해 연도의 목적, 목표를 고려하여 연간, 월간, 주간, 일간 운영 기준을 구성한다. 참여 청소년의 발달 및 능력 수준, 청소년·부모(보호자)의 눈높이에 맞는 내용과 질이 담보되는 프로그램을 개발·운영하며, 참가자의 특성에 따라 연령별, 여건별, 적응 수준별 등 세부적인 대상별 활동 프로그램을 계획 한다. 학교교육, 가정교육에서 결핍된 요소를 파악하고 보완할 수 있는 내용을 정하고, 체험활동 프로그램, 학습프로그램, 특별 지원 프로그램 등 분야별로 세부적인 편성기준을 마련한다. 청소년의 자발적 참여와 지역사회 참여를 고려하여 프로그램을 편성하여 체험활동 특성의 강화를 위해 청소년들의 문화 감수성을 높일 수 있고, 창의력을 높일 수 있는 프로그램을 편성한다. 운영기관별 특성화된 프로젝트나 프로그램 영역을 개발하여 운영하며, 일반적으로 평소에 접할 수 없는 프로그램도 포함하여 흥미도를 높이도록 한다.

| 표 6-3 | 주말 자기개발활동

프로그램	목 표	내 용
도담도담국가대표 (레포츠활동)	청소년들이 자신들의 신체활동을 통하여 스트레스를 해소하고 자조능력과 건전한 대인관계능력을 형성한다.	청소년들이 자신의 특성과 소질에 따라 원하는 스포츠 활동을 선택하여 청소년들이 자율적으로 즐긴다(탁구, 포켓볼, 농구, 외발자전거 등).
내 꿈을 잡아라 (진로나눔교육)	꿈에 대한 탐색과 진로에 대한 구체적인 계획을 갖고 노력할 수 있도록 한다.	청소년들이 되고 싶은 분야의 전문직업인을 초청하여 꿈에 대한 탐색과 진로에 대한 구체적인 개념을 가질 수 있도록 한다(변호사, 소방관, 수의사, 조종사 등).
도담도담 작은 나눔 (봉사활동)	청소년들이 지역 안에서 긍정적인 청소년상을 확립하고 봉사활동을 통하여 자존감과 공동체 의식을 향상시킨다.	인근 어르신복지센터 할머니들과 어린이집 유아들과의 정기적인 만남을 통해 다양한 활동을 전개한다.
도담도담 국회의사당 (어린이회의)	공동체 의식과 건강한 상호소통능력을 발전시키도록 돕는다.	청소년들에게 주인의식과 책임의식을 갖도록 한 달 동안 도담도담 생활을 함께 반성하고 보다 행복한 공동체 생활을 만들기 위한 다짐, 건의, 실천사항들을 협의한다.

자료 : 여성가족부(2015). 청소년방과후아카데미 운영실무자 업무매뉴얼.

청소년방과후아카데미에서는 주말 체험활동을 실시하고 있으며, 주중에 장소 및 시간, 준비 등 여건상 어려운 프로그램을 중심으로 다양한 주제의 활동으로 편성하고 있다. 주중 정기적인 활동과 달리 주말활동은 4시간 이상 연속적 운영이 가능함을 고려하여 당일 중심의 특별한 테마 프로그램을 개발한다. 주말체험 월1회 운영으로 야외현장체험활동을 중심으로 운영하며 시설 방침과 여건에 따라 전체 토요일 야외현장체험활동으로 운영하기도 한다. 프로그램은 청소년들이 자율적으로 계획하고 운영하도록 하며, 장소 선정 등 기획과정에 참여할 수 있는 기회를 제공하고 있다. 지역사회 연계를 통하여 수련관 등 시설 내에서의 활동보다는 지역사회활동으로 이루어지도록 하고, 지역행사활동 및 자원봉사활동 등 지역사회참여활동을 반영하여 청소년활동범위를 지역사회로 확장하여 주말체험활동 시간 활용으로 청소년들이 타인과 지역사회를 위해 기여하는 기회를 갖도록 한다.

| 표 6-4 | 주말체험활동 사례

프로그램	내 용
특색	• 학교폭력 예방 동영상 제작활동, 농촌체험 및 일손돕기 활동 • 특정분야에 대한 장기적 활동을 통해 청소년 스스로 활동에 대한 의미를 찾을 수 있도록 함
나눔	• 꿈캠-인식개선 캠페인 활동, 환경정화활동, 공연 봉사활동 등 • 청소년이 지역 안에서 할 수 있는 봉사활동을 청소년 스스로 계획하여 진행할 수 있도록 함
스포츠	• 스케이트, 당구, 포켓볼, 승마 등 • 스트레스 해소와 신체를 단련할 수 있는 지역의 스포츠 활동거리를 찾아 경험함
테마	• 공연 관람, 물놀이, 눈썰매 등 • 놀이, 체험활동을 통해 친구들과 교감하며 즐거운 주말시간을 보낼 수 있도록 함

자료 : 여성가족부(2015). 청소년방과후아카데미 운영실무자 업무매뉴얼.

학교교육 보완을 위해 운영하는 학습지원(기본공통)과정 영역에 편성된 보충학습지원(자기주도적학습) 시간의 운영과 학교학습을 중심으로 하는 교과학습과정(주요과목) 프로그램을 체계적으로 관리하고 있다.

보충학습지원은 운영기관에서 학습시간 또는 기타 필요한 활동을 위해 자율적으로 내용을 편성하여 실행할 수 있는 시간이며, 보충학습지원 시간의 운영을 위한 계획서를 문서로 작성하여 월 단위로 시간을 편성하고, 주 단위로 매 시수별 운영일정을 계획한다. 기본적인 학습보충 내용은 학교의 숙제지도 시간으로 운영하고, 주요과목 중 수학이나 영어와 같이 개별지도가 필요한 과목의 경우 이 시간을 활용하여 운영한다. 학교의 중간고사 및 기말고사 등 시험기간에는 시험과목을 편성하여 해당 과목의 문제풀이, 자습지도, 보충학습지도 시간으로 운영한다.

독서활동은 매일 정해진 요일에 책 읽기, 독서카드를 작성하여 필요시 청소년들이 자율적인 활동의 요구를 반영한다.

특별지원 프로그램으로는 방학을 이용한 캠프, 다양한 지역사회 연계를 통해 다양한 지원프로그램 제공, 부모 대상 프로그램을 운영하고 있다. 그리고 개인별 포트폴리오를 작성하여 개별 청소년의 특성에 맞는 내용과 계획 중심으로 관리하고, 청소년 스스로 자신에 대한 분석을 통해 개인의 장점을 발견하고 구체적인 목표를 설정할 수 있는 기회를 제공함으로써 실효성을 강화하고 있다. 참여 청소년들이 참여한 활동프로그램의 목표 설정과 기록 등을 스스로 작성함으로써 프로그램의 성과를 자신의 특성에 맞게 정리하도록 하고 있다.

| 표 6-5 | 포트폴리오 프로그램의 구분 및 운영방향

구 분	운영방향	비 고
기본과정	• 청소년 개인별 분석을 통해 개인별 포트폴리오의 기본적 구성 내용을 프로그램화하여 운영 • 제시한 포트폴리오의 필요성 이해, 작성요령, 구성 및 기본 목차 등을 기초로 운영	• 운영방향: 기존 청소년관리 업무의 일환으로 운영 • 운영주체: PM, SM을 중심으로 운영
심화과정	• 기본과정에서 작성된 개인별 포트폴리오와 전문체험활동 시간을 연계하여 운영 • 청소년들의 욕구를 바탕으로 편성된 전문체험활동 시간을 활용하여 강사가 수립한 계획을 토대로 개인별 목표를 수립하고 활동에 대한 기록을 하는 방식 • 다양한 전문체험활동 시간 중 청소년 욕구를 반영하여 운영	• 운영방향: 기본과정의 포트폴리오 내용과 전문체험활동과의 연계 운영 • 운영시간: 전문체험활동 등과 연계한 시간 활용 • 운영주체: 전문체험강사, 청소년 중심으로 관리 • 대상: 기존 기본과정 프로그램 참여청소년
공통사항	청소년 개인별 역량 개발 또는 자신의 긍정적인 변화를 위한 목표를 가지고 자기주도적인 활동을 실시하고, 이를 체계적으로 기록할 수 있도록 운영	

자료: 여성가족부(2015). 청소년방과후아카데미 운영실무자 업무매뉴얼.

6. 유관기관의 방과후활동

사설 또는 공공 기관에서는 아동의 교육과 돌봄을 위하여 기관의 특성을 살린 다양한 방과후활동 프로그램을 운영하여 기관의 홍보 및 교육기부에 노력하고 있다. 방과후활동에 참여하는 기관으로는 박물관, 미술관, 복지센터, 도서관, 대학평생교육기관,

자활센터, 복지기관, 보육기관, 주민센터, 시청 등이 있으며, 무료프로그램과 유로프로그램을 개설하여 방과후에 아동의 특기·적성교육과 숙제지도, 진로교육, 체험학습을 실시하고 있다. 대기업에는 교육기부를 통하여 방과후 프로그램을 운영하고 있으며, 해마다 참여하는 기업들이 늘고 있고, 프로그램의 질도 점차 향상되어, 자녀를 둔 학부모들에게 큰 도움이 되고 있다. 특히 저소득층과 맞벌이가정을 위한 방과후 아동중심의 프로그램을 운영하여 방과후 가정에서 홀로 지내야 하는 아동들과 부모들에게 교육과 돌봄을 제공 하여, 아동의 생활지도에도 도움을 주고 있다.

보육기관은 「영유아보육법」 제16조에 의거하여 방과후 아동지도를 할 수 있는 기관으로서 초등학교 생활에서 벗어나 자유로운 느낌을 가질 수 있고 지역사회 공공시설 및 마을 공공시설을 활용하고 있다. 어린이집, 가정 보육시설은 가정적인 분위기에서 융통성 있게 개별적으로 돌볼 수 있다는 장점을 지니며, 일정한 장소나 그에 따른 설비를 별도로 하지 않고 담당자가 자기 집을 최대한 활용한다.

1) 도서관에서의 방과후활동

지자체에서 운영하는 도서관을 비롯하여 마을의 작은 도서관에서는 1년 내내 아동을 위한 방과후 프로그램을 운영하고 있으며, 독서교육, 예절교육, 봉사활동 등 프로그램도 매우 다양하다. 도서관 프로그램은 대부분이 무료로 운영되고 있으며, 주말에도 운영되어 부모와 함께하는 프로그램들이 많다. 도서관 프로그램은 공모를 통하여 선정하는 경우가 많으며, 학습보다는 놀이로 생활에 필요한 여러 가지 사회 적응 놀이와 더불어 책과 놀고 다양한 표현을 배우며, 학습스트레스를 해소하여 바른 인성을 기르는 것을 목적으로 하고 있다.

| 표 6-6 | (사)열린사회동대문시민회 부설 도서관 교육프로그램

차시	배우는 내용	시 간	내 용
1	놀이로 배우는 연극	매주 월(16~18시)	몸으로 말하고 표현해요
2	행복한 책 읽기	매주 화(16~18시)	책 읽는 즐거움을 알아가는 시간
3	놀이로 배우는 미술	매주 수(16~18시)	다양한 심상표현을 그림으로 음악으로 또는 몸으로
4	책 놀이터 서당	매주 목(16~18시)	사자소학을 배우고 서예를 익힘으로 글과 글씨로 인간의 도리와 예를 배우는 시간
5	다같이 놀자! 동네 한 바퀴	매주 금(16~18시)	마을 탐방, 운동과 레크리에이션, 전래놀이, 요리

자료: 열린사회동대문시민회 부설 도서관 홈페이지.

2) 지역복지센터의 방과후활동

종합복지관은 학력기 아동의 방과후 보호와 교육서비스를 제일 먼저 제공한 공공기관으로서 사회복지관의 방과후 아동지도 프로그램은 지역사회를 위한 사업의 일환으로 중요한 의미를 지니고 있다. 사회복지관에서 운영되고 있는 방과후 프로그램은 앞으로 더욱 확산될 가능성을 가지고 있으며, 복지관에 따라 프로그램 활동 내용은 다르지만 대체로 방과후의 학습지도와 숙제지도, 생활지도, 자유놀이, 집단놀이 등이 이루어지고 있다.

사회복지관의 방과후 프로그램은 사회복지관이 소재해 있는 지역사회의 성격에 따라 프로그램이 다를 수밖에 없다. 따라서 집단도 적게는 15명에서 40~50명까지 구성되며, 일반적인 프로그램과는 달리 저소득층 취업부모들의 자녀교육 상담과 아동의 적응 문제를 지도하는 역할을 프로그램 목표로 설정해 놓은 곳도 있다. 사회복지관의 방과후 아동지도는 지역사회의 요구에 의해 자기보호 아동이나 생활보호 대상 아동 중 저학년을 주 대상으로 실시되었고, 숙제지도를 가장 많이 하고 있으며, 운영의 어려움으로는 재정부족, 인력부족, 교육교재, 설비부족 등이 있다.

| 표 6-7 | 지역복지센터의 방과후활동

구분	대상 및 시간	프로그램
환원어린이도서관	월~금 09 : 00~18 : 00 토 09 : 00~17 : 00	인터넷 동화나라, 어머니 독서 동아리, 도서관 문화학교, 독서 동아리 특별프로그램(독서여행, 독서캠프, 백일장 등)
방과후교실	1~3학년 초등학생 월~금 방과후~19시 토 방과후~15시	아동보호, 숙제, 학습지도, 영어교실, 과학교실, 예체능활동, 견학, 다양한 정서지원프로그램
아동 · 가족 상담실	월~금 10 : 00~18 : 00	개인상담, 놀이 치료, 미술 치료, 언어치료, 집단상담, 부모 교육 및 가정방문, 심리검사
지역연계사업	• 센터의 개방된 공간을 언제나 이용할 수 있습니다(놀이터, 동물 학습장). • 지역주민을 위한 다양한 문화 공연을 즐길 수 있습니다(영화상영, 인형극, 음악회 등).	

자료 : 환원어린이 도서관 홈페이지.

3) 공부방 방과후활동

주로 종교 단체에서 실시하는 공부방은 저소득층 아동을 대상으로 하여 방과후 아동들의 올바른 인격형성과 민주시민으로서의 자질을 갖출 수 있도록 지도함과 아울러 숙제지도와 원활한 인간관계를 중심으로 정서적 안정을 갖도록 지도하고 문제상황에 부딪히지 않도록 보호하기 위해 1984년부터 시작되었다. 도시에서는 아파트에서 공부방을 개설하여 운영하는 곳이 늘어나고 있으며, 맞벌이가정을 위한 다양한 놀이와 숙제지도, 학습지도를 하고 있다(장보경, 1997).

4) 방과후학교지원센터

방과후학교지원센터의 기능은 지역사회의 인적·물적 자원을 최대한 효율적으로 동원하고 학교 중심의 시간 · 공간적 제한을 벗어나 지역사회와 연계하여 확대 운영될 수 있는 토대를 마련하고, 지역 내 다양한 방과후활동 서비스에 대한 정보를 수요자들에게 적재적소에 제공하며, 지역의 여러 기관 및 단체에서 운영하는 다양하고 특색있는 방과후 활동을 연계하여 맞춤형 활동이 가능하도록 조정하는 데 있다. 지역사회가 참여하는 방법은 우수한 강사, 우수 프로그램 및 다양한 방과후 교육활동 관련 정보를 공유하고 협의체 운영을 통한 다양한 의견을 제시하며, 유사한 사업 아이디어 제안을 하도록 한다. 학생 · 학부모 · 교사 등을 대상으로 매학기 만족도 조사를 통해 방과후학교 질 관리를 하여 만족도 높은 방과후학교 운영이 되도록 노력한다. 더불어 방과후학교 업무담당자의 업무지원을 위한 컨설팅과 찾아가는 업무지원을 위한 연간 계획을 수립하여 학교에서 방과후학교가 체계적으로 운영되도록 하며, 학교의 어려움을 인지하고 지원하도록 한다.

5) 기타

대한민국교육봉사단, 한국장학재단, 군부대 등에서는 청소년 멘토링 프로그램으로 복지 사각지대에 있는 취약환경의 청소년들에게 1 : 1 전인적 돌봄과 맞춤 학습을 지원하고 있다. 이를 통해 정체성과 재능을 발견하고 명확한 꿈과 희망을 가지고 성장하도록 돕고 있다. 부모의 소득격차에 따른 교육격차 심화로 교육 불평등이 야기되고, 돌봄이 필요한 취약환경 아동 · 청소년을 위한 방과후 경제적 어려움으로 학원 등 별도의 교육혜택과 생계의 어려움으로 인한 부모의 경제 활동으로 가정에 홀로 방치된 아동, 가장 근본적인 인생의 목적을 상실한 채 진로설정의 어려움에 처해 있는 아동을 위한 교육지원을 하고 있다. 특이한 점은 대상 학교를 선정하여 방과후 교육과정을 운영해 준다. 방식은 학교현장 선정 시 학교장의 승인을 거쳐 전 교사 대상으로 설명회를 개최하여 교사들의 동의와 이해, 협력을 구한다. 일반적인 방과후학교 종료시간인 5시부터 8시까지 진행하고, 기존의 방과후학교 프로그램 시간과의 중복을 피하고, 저녁시간 취약지역 학생들의 방임을 방지하는 보육의 기능을 수행한다. 학생 · 학부모 · 교사 등을 대상으로 매학기 만족도 조사를 통해 방과후학교 질 관리를 하여 만족도 높은 방과후학교 운영이 되도록 지원에 노력한다.

3절 주5일수업제 토요방과후프로그램

2000년대 초 시범적으로 운영한 주5일수업제는 2005학년도에 전국 초·중·고에서 월 1회 시행되었다. 그리고 2006년 주5일수업제가 격주로 시작된 이후 2011년 시범학교를 지정하여 운영한 후 2012년부터 전면적으로 도입되었다. 주5일수업제는 기업체의 주5일근무제와 연동하여 도입이 검토되었으며, 근로시간 단축 효과를 근로환경 개선과 함께 자녀들과 보내는 시간을 증가시켜 건전하고 바람직한 가족 여가 문화를 정립하는 데 의의가 있다.

주5일수업제는 주말시간을 활용하여 그 동안 쌓인 학업 스트레스 해소와 협동정신 함양, 문화적 체험 확대를 통한 감성 개발의 기회로써 활용하고 학교의 지식교육과 학교 밖 다양한 생활체험을 병행하여 학생들의 심신 단련의 계기를 마련하자는 취지에서 출발되었다. 특히 맞벌이부부, 한부모가정 등 돌봄 취약계층에서 학생들이 홀로 방치되지 않도록 학교와 지역사회의 상호 협조체제 및 역할 분담이 강화되는 추세이다. 그러나 전국적으로 빠른 시간 내에 시행된 토요프로그램의 경우 강좌의 다양성과 우수강사 확보의 부족은 물론 토요일의 안전대책이 수반되어야 하고, 취약계층 학생 중 토요프로그램 비참여 학생 지도와 사교육비 증가의 우려, 지역사회의 연계 협력이 미흡할 경우 효과성이 떨어지고, 학교와 교원의 업무에 부담을 줄 우려가 있어 여러 가지 문제를 안고 있다. (김홍원·양애경·강신천·김수동·정영식·권동택, 2012).

주5일수업제 토요프로그램으로 학생들은 주말에 가족과 함께하는 시간이 증가하고 학교 교육에 대한 부담이 줄고 체험과 문화 활동의 기회가 늘어났으며 학습공간을 학교에서 벗어나 가정과 지역사회로 확대하는 등 학교–가정–지역사회가 연결된 지역 교육공동체를 구축함으로써 학교 교육에서 하기 힘든 문화, 예술, 스포츠와 사회·자연 체험 활동 등 다양한 맞춤형 활동기회를 학생들에게 제공하는 데 그 목적이 있음을 주목해야 할 것이다. 2009년 개정 교육과정에서 "학교가 지역사회의 유관기관과 적극적으로 연계·협력해서 교과, 창의적 체험활동을 내실 있게 운영할 수 있도록 지원하며, 관내 학교가 활용 가능한 '지역 자원목록'을 작성하여 제공하는 등 구체적인 지원

방안을 마련한다."고 명시되어 있다(이미숙 외, 2012).

전면적인 주5일수업제의 자율 도입은 학생들에게 스스로 배우고 생각하는 힘을 기르는 한편 타인을 이해하고 배려하는 성품과 인격을 갖게 하는 과정이며 국가-사회-가정이 상호 유기적인 협력 체계 속에서 함께 추진해야 할 과제로서 더욱 힘 써 나갈 필요가 있다. 학생들의 체력과 인성, 창의성을 갖춘 미래 인재 육성, 사교육비 경감, 교육복지와 교육격차 해소 그리고 지역사회속의 학교를 실현할 수 있는 매우 중요한 정책이기 때문에 안정된 기반 속에 지속적으로 실시되어야 할 것으로 본다.

4절 방과후학교 문제점과 개선방안

1. 문제점

방과후학교 활성화와 주5일수업제 도입으로 토요프로그램을 운영해야 하는 학교의 입장에서 볼 때, 지역의 인적·물적 자원을 어떻게 연계하여 학생들에게 효과적인 방과후 또는 주말 활동을 지원해 주느냐 하는 과제가 있다. 이는 교육청과 지자체의 협력체계가 얼마나 원활하게 잘 이루어지는지, 상호 역할 분담이나 예산 지원이 얼마나 잘 이루어지는지에 큰 비중이 있다고 보아진다.

중앙부처가 교육부와 행정자치부로 나뉘어져 행정 전달체계가 다르고 교육 분야에 대한 이해와 지자체의 입장에서 보는 시각 차이가 아직 남아 있어 협의체를 구성하여 운영하는 데 많은 어려움이 있고 실질적인 협력체제가 되기에 시간적으로 더 필요한 지역도 있다. 또한, 지역사회를 대상으로 하는 다양한 행사, 프로그램, 교육, 세미나 등에 대한 정보가 서로 연동되지 않아 같은 대상을 두고 서로 다른 사업을 하게 되는 수요자 부족 및 예산 낭비를 초래하는 경우도 종종 발생한다.

사전 계획 수립단계에서 교육청과 지자체 간의 협력방안이 구체화되지 못하고 시기가 맞지 않아 효과적인 지원을 못하는 경우도 있으며, 돌봄교실과 지역아동센터의 역할이 중첩됨에도 중앙부처가 상이하여 대상 아동이나 청소년이 중복되어 이 또한 예산 낭비 요소가 발생하는 일도 있다. 이외에도 학교 밖 체험활동에 따른 이동수단 지원 여건 곤란, 학생들의 안전문제, 학교 및 여타교육시설의 노후화 등 개선해야 할 여러 가지 문제점이 있겠지만 기관 간의 협력으로 나타나는 효과들을 학생들이 체험할 수 있도록 여건을 조성하는 부분이 무엇보다 시급하다고 하겠다.

2. 개선방안

방과후학교와 주5일수업제 토요프로그램의 활성화를 위한 교육청과 단위학교, 지자체와 (공공)유관기관 및 민간시설 등의 협력체계를 어떻게 하면 더욱 공고히 하고 상호 정보 교환은 원활하게 해서 아이들에게 양질의 프로그램을 제공해야 한다. 대체 방안으로 방과후학교에 대한 지원 사업 예산을 지자체에서 적절히 제공하고 지자체가 관리하는 관공서, 체육관, 공원, 운동장, 문화회관, 복지단체, 미술관, 문화재, 예술단체, 박물관, 기업체 등의 물적・인적 자원을 교육문화로 열어두며, 지역 주민 전체가 주도하는 방안을 강구하고 직업의 다양화, 재능 놀이 공간, 청소년 수련시설, 청소년 야간 공부방, 특기・적성 활성화와 연계된 인적・물적 자원을 시스템화하는 작업도 필요하다.

교육청에서는 관내 학교가 가능한 지역 자원목록을 제공하고 연간운영계획 수립에 지자체 자원들이 포함되어 운영될 수 있도록 다양한 프로그램 정보와 강사풀을 제공한다. 지자체와 교육청이 실질적인 지역교육협의체를 구성하여 정기회의 개최, 안건 심사, 교육경비 지원, 친환경 농산물 급식지원 등 다양한 지원사업을 상호 협의하고 의사결정을 할 수 있도록 한다. 또한 단위학교별 연간운영계획에 따라 방과후학교와 주5일수업제 토요프로그램을 적절히 지원할 수 있는 방안을 논의하여 예산 낭비 요소를 사전에 차단하고 다수의 학생들이 참여할 수 있는 기회를 제공하는 데 집중해야 할 것으로 본다.

방과후학교 등에 필요한 정보제공을 위한 매뉴얼 제작하여 창의적 체험활동에 필요한 시설(기관)이용의 수월성도 제고하며 원활하고 신속한 업무처리를 위한 지자체 담당부서의 창구 단일화도 모색할 필요가 있겠다.

탐 구 문 제

1. 지역사회의 방과후활동이 어떤 것들이 있으며, 주변에서 볼 수 있는 지역사회 방과후활동을 알아봅시다.
2. 방과후학교 프로그램 연계 방법을 찾아보고 지역사회와 방과후 프로그램의 특징을 알아봅시다.

7장

선진 외국의 방과후활동 운영 사례 탐색

최근에는 선진 외국도 Education + Care 중심의 방과후 돌봄 프로그램에 많은 관심을 쏟고 있다. 특히 미국, 독일, 스웨덴, 영국, 일본 등 해외 선진국들은 방과후 교육활동의 중심을 보육에 두고, '놀면서 배운다'는 구호 아래 교육법에 근거하여 안정적으로 실시될 수 있도록 지원하고 있다. 미국 연방정부의 21세기 지역사회 학습센터(21st CCLC : 21 Century Community Learning Center), 독일의 온종일학교, 스웨덴의 공공보육제도인 레저타임센터, 영국의 방과후활동 일본의 방과후 아동 클럽과 아동교실 등이 그 예이다. 따라서 이들 선진 외국의 방과후활동 운영사례를 탐색하여 우리나라 방과후학교 정책에 주는 다각적인 의미와 시사점을 얻고자 한다.

1절 _ 미국의 지역사회학습센터 방과후활동

2절 _ 독일의 온종일학교 방과후활동

3절 _ 스웨덴의 레저타임센터 방과후활동

4절 _ 영국의 방과후활동

5절 _ 일본의 방과후클럽과 부활동

6절 _ 우리나라 방과후학교에 주는 시사점

교 육 목 표

- 선진 외국의 방과후활동 추진배경과 주요내용 대해서 이해한다.
- 선진 외국의 방과후활동 지원 체계에 대해서 이해한다.
- 선진 외국의 방과후활동과 우리나라 방과후학교를 비교 분석하여 개선 방안을 찾을 수 있다.

1995. 5. 31. 교육개혁의 일환으로 시작한 특기·적성교육활동이 2006년 방과후학교로 바뀌면서 사교육비 경감이라는 목표가 추가되어 교과활동이 주를 이루게 되었다. 아동들의 보육을 위해 돌봄교실이 추가되는 등 많은 변화를 겪으면서 양과 질에서 괄목할 만한 성과를 거두어 왔다. 그러나 그 동안 방과후학교의 운영을 위한 법적 장치가 마련되지 않음에 따라 정책을 입안하는 정부나 지역 교육감에 따라 많은 영향을 받아 학교현장은 업무 처리에 일관성이 없어 어려움을 겪어 왔다.

따라서 요즈음 아동 보육정책의 일환으로 방과후활동과 돌봄교실 운영에 많은 관심을 쏟고 있는 선진 외국의 운영 사례를 살펴보는 것은 우리나라 방과후학교 운영방법을 개선하는 데 커다란 도움이 있을 것으로 생각된다. 이 중에서도 미국, 독일, 스웨덴, 영국, 일본 등은 방과후 보육 정책에 많은 관심을 갖고 '놀면서 배운다'는 구호 아래 교육법에 근거하여 안정적으로 실시하도록 지원하고 있어 우리에게 좋은 사례가 된다고 본다. 이들 나라들의 주요 방과후활동 사례를 살펴보면 미국 연방정부의 21세기 지역사회학습센터(21st CCLC), 독일의 온종일학교, 스웨덴의 레저타임센터, 일본의 방과후 아동 클럽과 아동 교실 등이 있다.

이러한 사례들은 각 나라의 교육체제, 즉 방과후활동 운영을 교육청이 관리하는가? 또는 지자체가 관리하는가?, 방과후활동 관련법, 방과후활동 및 돌봄교실의 사회적 배경 등이 다르기 때문에 우리나라에 직접 적용하기에는 한계가 있다. 하지만 선진 외국의 제도를 분석해 봄으로써 우리나라 방과후학교와 돌봄교실에 대한 제도나 정책의 개선 방안을 모색하는 데 많은 시사점을 얻을 수 있다고 본다.

따라서 본 장에서는 미국, 독일, 스웨덴, 영국, 일본에서 운영하고 있는 방과후활동과 돌봄교실 운영현황, 그리고 방과후활동 지원체계와 관련법, 방과후활동, 운영사례와 시사점 등을 사례 중심으로 살펴보고자 한다.

1절 미국의 지역사회학습센터 방과후활동

1. 미국의 방과후활동 운영실태

1) 추진배경

미국에서의 '방과후활동(After school)'은 학교 일과시간 외에 아동청소년을 대상으로 학습과 신체발달을 촉진시키는 것을 목표로 고안된 활동 기회를 제공하는 안전하고 구조화된 프로그램을 의미한다. 미국에서 방과후활동에 대해 사회적 관심이 높아진 것은 1980년대부터 십대임신, 약물중독, 폭력 등에 노출된 아동청소년의 증가, 아동청소년들의 읽고 쓰는 능력이나 수학의 기본적 계산력 등의 기초학력 감소 등이 사회적인 문제로 등장하면서부터이다. 특히 아동청소년들의 학교 수업이 종료되는 오후 3시~6시 사이에 청소년 범죄 발생 비율이 가장 높다는 분석에 따라 이 시간대에 아동청소년들을 대상으로 하는 방과후활동 프로그램을 집중적으로 제공함으로써 아동청소년들이 위험한 행동에 참여하는 기회를 줄이자는 방안으로 제시되면서 급속히 확산되었다.

2) 미국의 방과후활동 근거법

1998년 캘리포니아 주 의회는 '방과후활동 학습과 안전한 이웃 협력 프로라 불리는 포괄적인 방과후활동에 관한 법률을 통과시켰고, 2002년 1월에 승인된 2001 NCLB법(No Child Left Behind Act of 2001)은 캘리포니아 주 교육부가 캘리포니아의 21세기 지역사회 학습센터(21st CCLC : 21st Century Community Learning Centers) 프로그램을 관리하도록 규정하고 있다. 이 법에 의해 연방 정부에서 5년 동안 예산을 지원하며, 이 예산은 방과후활동 프로그램 개설과 확대 그리고 기초수급대상 환경의 학생들의 교과보충심화 학습 기회를 제공하는 서비스에 사용되며 관리는 주정부가 한다.

3) 방과후활동 주요내용

방과후활동 운영 목적은 학력격차 해소를 위한 보충수업, 체육·클럽활동 등을 통한 교육기회 확대이며, 방과후활동 운영시간은 정규교육과정이 끝난 오후 2시~6시 전후로 학부모가 자녀를 데리러 올 때까지 안전하게 머무를 수 있는 공간 제공이 일차적 목적이다. 주요 프로그램은 방과후에 학부모들 대신하여 학생들의 학업능력 향상, 숙제 돕기, 책 읽기, 특기·적성교육, 학습의 보충심화 등이며, 이들 프로그램의 관리는 아동보육센터가 담당한다. 구체적으로 살펴보면 읽기, 수학, 과학 등 기초과목 교육, 약물과 폭력예방 교육, 상담 아동청소년 중심으로 각종 클럽활동, 숙제지도, 컴퓨터지도, 언어교육, 직업준비 훈련, 성인교육, 레크리에이션과 운동 프로그램, 그리고 미취학 아동을 위한 탁아 프로그램 등이 있다. 특히 미국의 방과후활동은 다문화 아동청소년들을 위한 방과후학교를 운영하여 학교생활에 잘 적응할 수 있도록 하고 있으며, 대체적으로 수요자중심으로 이루어지고 교육과 스포츠 분야, 특기·적성프로그램 분야 등을 통해 방과후활동을 활성화하고 더 나아가 학부모초청 파티 등을 열어 지역 사회와 소통하는 역할까지도 아우르고 있다.

2. 미국의 방과후활동 지원체계

21세기 지역사회학습센터(21st CCLC : 21st Century Community Learning Centers)는 클린턴 정부가 가정, 학교, 사회가 협력하여 지역사회의 교육에 참여할 수 있도록 유도하고 학교를 개방하여 기초교육을 강화하려는 목적으로 만든 대표적인 지원체제라 수 있다. 학교와 지역 사회 기관에서 주로 실시하며, 초·중등학교, 대학, 연구소 등의 공적·사적 기관과 사회단체, 지역사회 클럽 등으로부터 지원을 받아 프로그램이 운영되고 있다. 프로그램의 목적은 연방 법령에 기술된 대로 지역사회에 학습 성과 개선, 정규 교육 프로그램 내용을 강화하고 보충하는 교과보충학습 서비스, 아동청소년 관련 약물과 학교폭력예방교육, 기술교육, 생활상담 및 특기·적성 및 예체능 문화예술활동 등의 내용에 주안점을 두는 방과후활동 제공하고 있다. 프로그램 운영을 위한 인적 자원은 자원봉사자, 지역 사회인사, 대학생 멘토, 교사, 학부모에 이르기까지 매우 다양하며, 물적 자원은 대학 기부금, 시설 대여비, 등록비이며 연방정부와 주 보조금, 지역자체 기금 등을 통해 다양하게 지원되고 있다. 따라서 21세기 지역사회학습센터는 아동청소년 방과후활동에 있어서의 정책과 제도적 지원, 그리고 각 주별로 실시되는 아동청소년 방과후활동에 대한 구체적인 지원 등을 집대성한 하나의 지원체재라고 할 수 있다. 또한 21세기 지역사회학습센터의 다양한 아동청소년 방과후 프로그램 지원은 교육부뿐만 아니라 보건복지부, 농업부, 노동부, 청소년비행예방국 등이 함께 참여하는 가운데 시행되고 있다. 따라서 연방교육부의 방과후 보육프로그램 육성 프로젝트 중의 하나로 시작된 21세기 지역사회학습센터는 단순한 제도를 넘어 아동청소년 방과후 교육활동에 대한 지원을 담당하는 국가의 행정체제로서 정착하게 되었다.

3. 미국의 방과후활동 운영사례

미국의 방과후활동은 매우 다양하게 이루어지고 있다. 본 장에서는 미국의 Shepherd Elementary School 사례를 중심으로 제시하고자 한다.

| 표 7-1 | 방과후활동 운영 프로그램

아카데미(교과교육) 컴퓨터 및 체스클럽 등 예술활동(댄스, 드라마 등) 스포츠(수영, 야구, 축구 등) 지역사회 서비스(봉사활동) 야외체험–음악, 박물관, 극장 등

Shepherd Elementary School은 워싱턴 주에 위치한 공립학교로 총 435명(유치원 7세과정, 초등학교 1~5학년과정)의 학생들이 재학하고 있다. 가정수준은 중상위계층이 주로 이용한다. 오전 7시 30분~8시 20분까지 아침 방과후활동을 운영하고, 오후 3시~6시 30분까지 오후 방과후활동을 운영하며 120명 정도의 학생이 참여하고 있다. 이 학교는 수요자가 비용을 일부 부담하여 다음과 같은 프로그램을 운영하고 있다.

다음은 캘리포니아 주의 초등학교 방과후활동 일과표이다.

| 표 7-2 | 방과후활동 운영시간표

시 간	활 동
1 : 40~2 : 00	입실 및 자유 시간
2 : 00~2 : 15	간식시간
2 : 15~3 : 15	첫 번째 활동 : 숙제하기 및 독서
3 : 15~4 : 05	순환활동 1
4 : 05~5 : 40	순환활동 2~3
5 : 40~6 : 00	청소 및 퇴실

미국 방과후활동의 주요 특징은 학교와 지역사회가 유기적으로 연계하여 인적·물적 인프라를 적극 활용한다는 점이다. 또한 미국의 돌봄교실 및 방과후활동은 수요자 부담을 원칙으로 하여 참여와 소속감을 주고 수요자의 만족도와 학교선택권을 강조하는 것을 주요 특징으로 들 수 있다.

4. 미국의 방과후활동 시사점

미국의 방과후활동은 주마다 지역마다 매우 다르게 운영되고 있으며 우리에게 주는 시사점을 제시하면 다음과 같다.

첫째, 학교와 지역사회가 협력하여 다양한 방과후 교육을 실시하고 있다.

둘째, 방과후활동에 정규교육과정 교사는 참여하지 않고 외부강사, 주정부, 지역의 봉사단체, 민간단체, 그리고 자발적으로 조직된 방과후 관련 기관 등에 의해 운영되고 있다.

셋째, 지역사회와 연계를 통한 방과후활동을 운영함으로 인해 유관기관이나 민간단체가 적극 참여하고 이에 비례하여 학교 업무부담은 크지 않다.

넷째, 돌봄교실의 참여비용이 많든, 적든 수익자 부담을 원칙으로 한다. 수익자 부담에 있어서도 가정의 소득수준, 참여시간수, 참여자녀수들을 고려하여 참가비를 다르게 한다.

다섯째, 방과후활동에 대한 법적 근거가 구축되어 있어 안정적으로 제도적 지원을 하고 있으며 지원 한계와 범위도 명료하다.

여섯째, 방과후활동으로 운영되는 프로그램의 80% 이상이 다문화 학생을 위한 프로그램을 운영하여 이주민 자녀들이 일상생활에 어려움이 없도록 돕고 있다.

2절 독일의 온종일학교 방과후활동

1. 독일의 방과후활동 운영실태

1) 추진배경

독일의 방과후활동은 학교 안의 활동과 학교 밖의 활동으로 나뉘며, 아동청소년의 방과후활동은 전일제 학교를 제외하고 대부분 학교 밖의 아동 및 청소년 지원기관에서 이루어진다. 그 동안 독일의 정규학교로 정착되어 있는 반일제 학교는 세계에서 찾아보기 힘든 독일만의 학교모형으로 인식되어 왔으나, 2000년대 이후 반일제학교의 입지는 점차 흔들리고 있다. 그 원인은 미디어, 학부모, 각종 단체, 정치권에서 전일제 학교로의 확대에 대한 요구가 거세지고 있으며, 초·중등 학교교육개혁논의에서도 '온종일학교'가 주요 안건으로 등장하고 있기 때문이다. 이에 따라 연방정부는 2007년까지 전일제학교 확대 프로그램을 실행하였고, 각 주는 지역특성에 맞는 '온종일학교' 모형을 개발하기 위하 많은 노력을 기울이고 있다.

독일의 '온종일학교'의 온종일프로그램 제공은 독일교육 정책의 패러다임 전환이라고 언급될 만큼 중요하게 인식되고 있다. 이것은 새로운 형태의 학교가 변화하는 사회에서 대두된 아동 및 청소년 보호의 문제를 해결할 대안으로 인식하고 있다는 증거이며, 이의 실현을 위하여 학교와 지역사회가 친밀한 협조 관계를 강화해가고 있다.

독일의 온종일학교(Ganztagsschule)는 오전수업으로 운영되는 독일의 전통적 학교와 다르게 오후에 교과를 비롯한 다양한 교육과정을 제공하는 프로그램을 운영하고 있다. 온종일 학교를 독일의 교육과 관련된 주요 사항을 논의하는 16개 연방주 교육문화장관으로 구성된 교육문화장관회의는 2003년 초등학교와 중등학교 1단계(5~10학년,

10~16세)에서 오전 수업을 넘어서 1주일에 최소 3일 이상 하루 종일 교육과정을 제공하고 매일 16~17시까지 최소 7시간의 수업을 제공하는 학교로 정의하였다(강구섭 · 양애경, 2013).

2) 독일의 방과후활동 근거법

독일은 학교 방과후활동 운영 근거를 각 주의 학교법에서 규정하고 있다. 헤센 주의 학교법(Hessisches Schulgesetz in der Fassung won 14. Juni, 2005) 제15조(보살핌과 전일제공, 온종일학교)에 의거한 온종일학교의 방침에 의하면 온종일학교는 1주일에 일반적으로 07 : 30~17 : 00까지 다양한 돌봄을 제공하는 학교이다.

2. 독일의 방과후활동 지원체계

독일의 아동 및 청소년 방과후활동 지원체계는 연방차원, 주차원, 지역차원의 협조체제하에서 이루어지며, 연방차원, 주차원, 지역차원의 공립아동 및 청소년지원단체와 사립 아동 및 청소년지원단체 간의 협조적인 파트너관계에서 이루어진다. 이와 같이 독일의 방과후활동의 특징은 각각의 위치에서 교육기관들이 유기적으로 연계한다는 점이다. 연방차원의 방과후활동 담당부처는 가정노인여성청소년부(BMFSFJ)로서 연방에 청소년 후견회를 두고 있다. 가정노인여성청소년부는 주로 청소년정책을 담당하고 있으며, 청소년지원단체들의 청소년 지원프로그램을 촉진하는 업무는 주의 청소년국이 담당하고 있다.

독일의 초등학생을 위한 돌봄은 학교와 호르트에서 수행되는데 학교의 경우 정규교육과정의 형태로 진행되는 '온종일학교'와 일반학교에서 제공되는 돌봄 프로그램이 있다. '호르트'는 전통적으로 학교 밖에서 방과후활동 서비스를 제공하는 기관이며, 학교 안에서 들어와서 서비스를 제공하기도 한다. 프랑크푸르트 리네 초등학교의 경우 학교 안에 지역사회 보육기관인 호르트가 들어와서 학생들을 보호, 교육하고 있다.

3. 독일의 방과후활동 운영사례

독일의 방과후활동은 매우 다양하며, 독일에서의 초등학생을 위한 방과후 돌봄은 학교와 호르트에서 수행된다. 이에 온종일학교와 호르트 사례를 중심으로 알아보고자 한다.

1) 온종일학교

독일의 온종일학교는 외국 배경학생, 저소득계층 등 교육소외계층에게 다양한 교육 기회를 제공하고 평등, 통합, 양극화 해소, 교육의 질 향상, 사회적 학습차이 극복, 학교와 사회교육의 결합 등 여러 가지 목적과 방향을 가지고 추진되었다. 독일의 온종일학교는 학생의 의무적 참여를 원칙으로 하고 있으며, 온종일학교의 종류, 프로그램, 참가비용은 다음과 같다.

〈유형별 종류〉

– 완전온종일학교: 최소 3일 이상 학교의 전체 학생이 참여하여 온종일 수업 실시
– 부분온종일학교: 특정 학년 혹은 학급 등 학생의 일부가 일주일에 3일 프로그램에 참여
– 개방형 온종일학교: 학생이 학교의 전일제 프로그램에 자율적으로 참여

※ 프로그램 운영: 대부분 오전에는 교과학습, 오후에는 다양한 특기·적성교육, 프로젝트, 선택학습 프로그램 등이 운영된다.

〈돌봄 프로그램 참여 비용〉

– 주요시간(오후 1시~4시)은 무상이고 그 외는 실시 시간에 따라 유상으로 운영되고 있다. 돌봄은 오후 6시까지 운영되며, 참여비용은 가정의 실소득, 가족의 수, 형제자매의 수에 따라 100%, 75%, 50%, 30% 20%로 나뉘기도 한다.
– 급식비용의 경우도 위와 같이 가정의 소득수준과 여러 여건을 감안하여 수요자부담원칙으로 하며 일부 비용을 수요자가 부담하고 있다. 간식과 관련해서는 특별한 규정은 없으며 학생 각자의 필요에 따라 준비해오는 것이 일반적이다.

| 표 7-3 | 온종일학교 프로그램 시간표

	공통프로그램	학년별 프로그램
1 학년	교과 보충– 지역사회 활용 (박물관, 식물관) –지역기관연계프로그램	휴식, 자유놀이
2 학년		동아리
3 학년		노작
4 학년		프로젝트

자료 : Christine Preiss (2011) 참조.

2) 호르트(Hort)

호르트(hort)는 독일의 학교 안과 밖에 위치해 있는 청소년 보육/교육기관이다. 정규학교의 교육 시간 전후에 6~12세 아동의 보육 및 교육 기능을 담당하는데, 지역에 따라서는 14세 청소년까지 담당하기도 한다. 호르트는 저소득 계층의 자녀 보육을 지원하기 위한 목적으로 도입되어 이후 취학아동을 위한 보육기관으로서 발전하였다. 호르트는 형태 측면에서 몇 가지 유형으로 분류되는데 학교호르트(Schulhort)는 학교 내에 위치하면서 학교의 각종 시설을 활용하고 학교와 협력하는 방식으로 보육 및 교육기능을 수행하며, 아동호르트(Kinderhort)는 학교 밖에 공간을 두고 있는 형태를 취하고 있다.

일부 호르트의 경우는 지역의 유치원과 밀접한 관계를 맺고 같은 건물에서 유치원과 함께 위치해 운영되기도 한다. 호르트의 범위 및 시간은 연방마다 상이하나 일반적으로 오전 7시부터 저녁 5시까지 운영되며, 방학 중에도 다양한 방학프로그램을 제공하여 학생들이 교육적으로 유익한 시간을 보낼 수 있도록 하고 있다.

호르트의 주요 특징은 지자체에 운영 책임이 있기 때문에 지역마다 참여시간, 소득, 자녀 수 등의 요인을 고려하여 참여비를 다르게 책정하고 있다. 우리나라의 경우는 학교 밖에서 방과후활동이나 돌봄을 제공하는 기관으로는 보건복지부의 지역아동센터, 여성가족부의 청소년방과후아카데미 등이 있다. 이들 기관들은 대부분 무상으로 방과후활동, 돌봄을 제공하고 있는 점이 우리나라와 독일의 호르트와 다른 점이라 할 수 있다. 호르트의 운영방식을 구체적으로 제시하면 다음과 같다

〈호르트(hort) 운영방식〉

- 운영주체: 지자체
- 운영대상: 6~12세 아동
- 교육내용: 아동의 보육 및 교육 담당
- 장 소: 학교 안과 학교 밖
- 운영시간: 오전 7시~오후 5시(지역에 따라 6시까지 운영)
- 비 용: 참여 비용 일부 수요자부담(가정 소득 수준에 따라 차등 부담)

4. 독일의 방과후활동 시사점

독일의 방과후활동은 주마다 지역마다 다르게 운영되고 있다. 독일의 방과후활동이 우리에게 주는 시사점을 제시하면 다음과 같다.

첫째, 독일은 학교 안과 밖의 기관 연계 및 협력을 통해 교육에 대한 필요 충족과 만족도를 높여주고 있다. 독일은 방과후활동을 지원할 수 있는 지역사회 비영리 단체나 시설이 풍부하며 학교 안이나 학교 밖 방과후활동에 인적·물적 자원을 적극 지원하고 있다. 우리나라의 경우 방과후학교를 지원할 수 있는 공신력 있는 대학주도 방과후학교 사회적기업, 언론기관 교육기부 등 지역사회의 유관기관을 육성할 수 있는 정책을 강구하여 이들이 학교 안과 학교 밖에서 방과후활동에 적극 참여하고 지원할 수 있는 방안을 강구한다.

둘째, 방과후활동에서 특기·적성 교육활동이 강화되어 있다. 온종일학교나 호르트의 경우, 숙제지도 외에도 많은 프로그램이 예체능 및 특기·적성프로그램으로 구성되어 있다. 학생이 학교생활에 흥미와 자신감을 갖고 행복함을 느끼도록 하는 것이 무엇보다 중요하다. 꿈과 끼를 살리는 특기·적성 교육활동 및 프로그램 차별화를 확대할 수 있는 정책방안이 절실히 필요하다.

셋째, 효율적인 방과후활동을 위해 비영리기업에 위탁하여 운영하기도 한다. 지자체가 인력과 재정지원을 하고 학교는 시설을 제공해 준다. 그러면서 학교장과 방과후학교 프로그램 운영 책임자가 상호협력을 하고 있다. 즉 방과후에 학교시설을 이용해서 독립적인 방식의 방과후 교육을 운영하고 있는 사례가 있다. 예를 들어 대학주도 방과후학교 사회적기업이나 공신력 있는 비영리기관에 실제로 전체 위탁운영이 이루어지고 있는 사례들을 찾아볼 수 있다. 독일에서는 학교가 장소를 제공하면, 호르트가 학교에 들어와서 방과후 돌봄교실을 거의 독립적으로 운영하는 사례가 있다. 이러한 운영방식으로 학교는 업무부담을 덜고 호르트는 자기의 역할을 충실히 수행하는 계기가 되고 있다. 우리나라에서도 이러한 방안을 적극 모색해 볼 필요가 있다.

3절 스웨덴의 레저타임센터 방과후활동

1. 스웨덴의 방과후활동 운영실태

1) 추진배경

스웨덴에서는 여성들의 사회적 활동이 활발하게 이루어지기 시작한 1880년대부터 방과후활동이 도입되었다. 스웨덴의 방과후활동과 돌봄운영현황을 살펴 보면[1] 학교에서는 취학 전 1년(6세, 예비학교)~초등학교 3학년 학생을 대상으로 돌봄을 실시하고, 초등학교 4~6학년 학생은 지역사회에서 돌봄을 제공한다. 2012년을 기준으로 6~12세 아동의 56%가 방과후 돌봄에 참여하고 있는데, 취학 전~초등학교 3학년의 학생들이 대부분을 차지하고 있다(참여 학생 83%). 또한 초등학교 저학년 학생의 83~84%가 방과후활동에 참여하고 있다. 중앙집권체제의 우리나라와는 달리 스웨덴은 교육이 지자체의 관할하에 이루어지고 있다. 스웨덴의 방과후활동은 2개의 유형으로 구분되어 운영하고 있으며, 이를 구체적으로 제시하면 다음과 같다.

① 레저타임센터(학교 내)

−운영대상: 취학 전 1년~초등학교 3학년 학생

1) 황선준(2013). 스웨덴의 방과후활동 및 시사점. 2013 한국방과후학교학회 춘계학술대회자료집. 교육부 · 한국교육개발원(2−8) 국제화사업결과보고서.

-장소: 정규수업을 마치고 부모가 귀가할 때까지 학교 안에서 돌봄 제공

② 개방형레저타임센터(지역사회 센터)

-운영대상: 초등학교 4~6학년 학생

-운영방법: 지자체가 자율적으로 제공하는 지역사회 방과후활동 프로그램을 기관이나 시설에 비용을 지불하고 참여

2) 스웨덴의 방과후활동 근거법

스웨덴은 1998년 이후 취학 전 학급, 초등교육, 그리고 레저타임센터를 위한 국가교육과정이 제공되었으며, 국립교육청에서는 학생들이 자율적으로 지자체가 운영하는 지역사회의 여러 방과후활동 프로그램을 제공하는 기관이나 시설에 비용을 지불하고 방과후활동에 참여하도록 방과후학교의 질에 관한 일반지침을 마련하여 제시하고 있다. 스웨덴은 1세부터 9세까지 아동의 교육과 보호를 국가가 책임을 지는데, 최근의 방과후활동 정책방향은 다음과 같다.

첫째, 학교법(School Act)에 '초기 유아교육 및 보호'(ECEC: Early Childhood Education & Care)에 관한 규정을 포함하고 있다.

둘째, 공동의 목적에 대한 이해 제고, 교원의 리더십과 전문성 향상에 노력하고 있다.

셋째, 교원 확충 및 학급 크기를 조절하고 있다,

넷째, 다문화 사회 및 평등성과 관련된 교육적 문제해결을 도모하고 있다.

다섯째, 학부모의 참여를 제고하고 체계적인 질 평가 체제를 확립하고 있다.

위와 같이 스웨덴의 방과후활동은 교육법에 근거한 방과후활동(Care + Education)이 이루어지고 있다. 국가 책임하에 이루어지고 있는 스웨덴의 방과후 교육시스템은 지자체가 중심이 되는 협력 모델이다. 특히 레저타임센터는 공원 안에 위치하여 자연과 함께 다양한 문화체험을 할 수 있는 기회를 제공하는 등 지역사회와 동반 관계를 이루며 방과후 서비스 지원이 이루어지고 있다.

방과후활동의 법적근거가 되는 스웨덴 교육법의 주요 내용은 유아학교의 역할, 방과후활동의 목표, 교육의 질 수준, 종사자들의 교육 정도, 유치원 입학조건, 교과과정,

초등교육과정과의 연계 등이 명시되어 있다. 교육청은 교육법에 의해 교육지침서를 발간하며 학교 감사기능(6년 주기)을 가진다. 교육법은 반드시 준수해야 하며 지침은 권장사항으로 규정하고 있다. 그러나 교육의 자율성 부여 이후 국가는 최소한의 목표만 제시하고 있으며 대신 질적 관리를 중요시하고 있다. 교육법에 의거 시행되고 있는 스웨덴 방과후활동의 특징은 '공교육에서의 돌봄(Public Child Care)'으로 규정하고 있으며 1~12세까지 돌봄활동을 국가가 책임지고 있다는 점이다. 또한 방과후활동 주무부서가 1998년 사회국에서 교육부로 이관되었으며 단순한 보육(돌봄)이 아니라 호기심, 창조력을 신장하는 활동을 제공하는 데 역점을 두고 있으며, 우리나라와는 다르게 교과교육은 실시하지 않는다.

① 공교육에서의 돌봄(Public Child Care)

- 1~12세까지 국가가 책임
- 1~5세 : 프리스쿨(입학 전)
- 6~12세 : 학령기

② 돌봄의 형태

- 유아학교 : 가장 많은 비중을 차지함(1~5세)
- 가정돌봄 : 엄마가 직장을 다니는 다른 부모의 자녀와 함께 돌봄(1~5세)
- 6~12세 : 방과후활동, 부모가 돌보는 것, 레저타임센터 활동

스웨덴의 방과후활동은 지방자치단체 주관으로 어린이아트센터, 청소년센터, 지역사회 커뮤니티를 중심으로 미취학 아동부터 고등학교 과정까지 체험중심의 방과후활동과 전문 업체의 위탁 프로그램, 학부모회 운영 등 다양한 채널을 활용한 방과후활동이 이루어지고 있다. 스웨덴에서는 방과후활동을 통하여 학교교육을 보완하고 흥미있는 여가활동을 제공하며 학생들의 사회적 능력함양과 자율성, 독립성을 증진하기 위하여 학교와 방과후활동이 통합 운영되고 있다.

2. 스웨덴의 방과후활동 지원체계

스웨덴은 우리나라와 다르게 국가 수준에서 분리된 교육청을 두고 교육지침을 설정하며, 실질적 운영은 지역구청(지자체)에서 지역적 특성을 고려하여 직접 운영한다. 스웨덴의 방과후활동은 아동 스스로의 자율성을 키우고 일상생활을 스스로 관리하는 능력을 키우는 데 그 목적을 두고 있다. 방과후활동의 지원은 레저타임센터에서 하는데 주요내용을 살펴보면 방과후 교육 시 일반학교와 방과후활동 책임자가 동일하며 1개 프로그램 참여 인원은 30명이 기준이며 3명의 교사(레저타임교사, 보육교사, 부모)가 지도한다.

1) 레저타임센터

(1) 유형

① 레저타임센터(학교 내)
–취학 전 1년~초등학교 3학년 학생

② 개방형레저타임센터(지역사회센터)
–초등학교 4~6학년 학생

레저타임센터교사(방과후활동 교사)는 학교와 방과후활동 양쪽에서 근무하며 정규직으로 채용한다(지자체 관리). 레저타임센터에서는 정규교육과정을 보충하거나 심화하는 다양한 활동을 제공하나 정규교육과정 내용은 직접 지도하지는 않으며, 탐구, 실험, 예체능과 같은 인성, 창의성, 사고력 등을 키워 주기 위한 활동을 주로 한다. 1960년 2000명으로 시작한 레제타임센터는 급속도로 확대 성장하여 2006년 이후에는 330,000명으로 늘어났고 비율은 6~9세 아동이 74%, 10~11세 아동이 10%를 차지하였다.

교육법에 제시된 취학 아동 보육은 12세까지의 아동을 위해 학교교육을 보충하는 것으로 레크리에이션과 아동의 발달을 돕기 위한 것이다. 보육은 레저타임센터, 개방레저타임센터, 가정 어린이집 세 가지 형태로 운영되고 있으며, 방과후활동에 참여하는 교사의 유형은 유아학교교사, 레저타임센터교사, 보육사, 가정보육사로 네 가지로 나눌 수 있다. 유아학교교사와 레저타임센터교사는 교육학, 발달심리학, 가족사회학, 창작활동 등에 초점을 맞춘 3년간의 대학교육을 받아야 하고, 보육사는 고등교육을 받아야 하며, 가정보육사는 지방 정부에서 실시하는 교육과정을 수료해야 한다. 이러한 원칙하에서 시행되고 있는 스웨덴의 아동보육은 부모와 상호 협조적이어서 많은 부모들의 호응을 받고 있으며 성공적으로 발전하고 있다.

(2) 운영현황

스웨덴의 방과후활동을 실시하는 시설, 대상자 연령, 참여 비율은 다음과 같다.

| 표 7-4 | 스웨덴 방과후활동 시설, 대상 연령, 참여율

시 설	연 령	비 율(%)
레저타임센터	6~7	83
	8	80
	9	68
개방레저타임센터	10	23
	11~12	11

레제타임센터(leisure-time center)는 6~9세의 등록된 아동에게 교육활동을 제공하며 개방레저타임센터(open leisure-time center)는 10~12세의 아동들을 위한 활동을 제공한다. 레저타임센터는 아동들이 등록을 하여 공식적으로 다니고, 개방레저타임센터는 등록을 하지 않고 아동들이 자유롭게 다닌다.

레저타임센터 외에 가정에서도 방과후에 아동들을 보호하며(Family Child Care), 아동보육사(childminder)가 교육과 보육활동을 제공한다. 그러나 교육의 질 때문에 참여하는 학생들이 적어, 6~12세의 아동 중 1% 정도가 참여한다. 아동보육사는 사적으로 아동들을 지도할 수 있는 허락을 지역구로부터 얻고 아동들을 지도하는 사람이다.

(3) 레저타임센터 지도교사

레저타임 지도교사(pedagogues teacher)는 대학에서 3 1/2년의 과정을 이수한 교사로서 정규직이다. 이들은 6~9세의 아동들을 지도하며, 방과후활동 지도교사 중 58%를 차지하고 있다. 보육교사(childminder)는 대학에서 1년 동안의 과정을 이수한 교사로 취학 전 학급에서 1~5세의 아동들을 지도하며 정규직으로 방과후활동 지도교사 중 40%를 차지한다. 학교에서 정규 학교교사와 방과후활동 지도교사는 서로 토의하여 방과후활동 프로그램을 결정하며 학교현장에서는 레저타임센터교사가 정규수업을 지도하는 경우도 있으며, 정규 학교교사가 방과후활동을 지도하는 경우도 있다.

3. 스웨덴의 방과후활동 운영사례

스웨덴에서 방과후활동을 실시하는 시설로 레저타임센터(leisure-time center)가 운영되고 있으며 6~9세의 등록된 아동에게 교육활동을 제공한다. 개방레저타임센터(open leisure-time center)는 10~12세의 아동들을 위한 활동을 제공하며 아동들이 등록을 하여 공식적으로 다니나 개방레저타임센터는 등록을 하지 않고 자유롭게 다닌다. 그러나 10세 이상의 아동들은 부모의 보호 없이도 스스로 활동할 수 있기 때문에 국가에서 비용을 지불하며 제공하는 방과후활동 교육 대상이 되지 않는다. 따라서 지역구에서는 10~12세의 학생들을 위해 센터에 음악, 체육, 연극, 당구 등을 위한 다양한 시설을 마련해 놓고, 아동들은 이곳에서 자유롭게 개인 또는 단체로 취미나 여가생활을 한다. 시설별 참여 내용을 살펴보면 〈표 7-5〉와 같다.

| 표 7-5 | 스웨덴 방과후활동 시설별 참여 내용

취학학교	예 비	정규학교	정규학교
1~5세	6세	1, 2, 3학년	4, 5학년
	본학교	학교에서 방과후활동	• 학교에서 방과후활동 미제공 • 지역 시설에서 개인적으로 방과후활동에 참여

이 학교의 교장은 취학 전 학급을 운영하는 4개의 시설도 관리·운영하고 있다. 이 학교에서는 6세~초등학교 3학년까지의 학생 중 200명이 레저타임센터에 참여하고 있는데, 이 학교의 수업시간 및 방과후활동 시간은 〈표 7-6〉과 같다.

| 표 7-6 | 스웨덴 정규수업 및 방과후활동 시간

연 령	수업시간	방과후활동 시간
6세	3시간 실습	이후 방과후활동을 6시까지 수행
1학년	1시경 수업종료	
2학년	2시경 수업종료	
3학년	2시 30분경 또는 3시에 수업 종료	

다음으로 청소년 레저타임센터가 활성화되어 운영되고 있다. 대상은 방과후활동에 참여하는 4~6학년에 해당하는 10세~12세의 학생들이다. 평일에는 오후 1시~6시까지 열려 있으며 휴가기간이나 방학 중에는 오전 8시~오후 6시까지 열려 있다. 그리고 평일에는 간식을 제공하고 방학이나 휴가기간에는 점심과 간식을 제공하고 있다.

청소년 레저타임센터의 여가 선용국에서는 지자체와 함께하는 방과후활동-청소년 레저타임센터를 운영하고 자연과 함께 하는 다양한 문화체험을 할 수 있는 기회를 제공하고 있다. 청소년레저타임센터는 10세~12세 아동이 이용하며, 등록은 학기별, 또는 분기별 수강료 10만 원(간식비, 재료비 등) 내외이며 1달에 1회 등록할 수 있다. 레저타임센터교사는 지자체에서 관리하며, 교육공무원으로 직접 임용 및 채용이 이루어진다.

| 표 7-7 | 개방레저타임센터

구 분	내 용
대상연령	10세~12세 아동
대상학년	4~6학년
운영시간	오후 1시~6시
운영장소	학교 밖 공원 내(청소년센터 - 별도 건물)
등록시기	분기별 또는 매월 등록

4. 스웨덴의 방과후활동 시사점

스웨덴의 방과후활동이 우리에게 주는 시사점을 제시하면 다음과 같다.

첫째, 정규교육과정 운영에 방과후활동 교사가 보조 교사로 참여하고 업무가 분리되어 교사의 업무경감이 이루지고 있는 것을 들 수 있다. 방과후교사는 비정규직이 아닌 정규직으로서 오전에 정규수업 시 보조교사로 활동하고 오후는 방과후 수업을 전담한다. 우리나라의 경우 오전 정규과정 교사가 오후 방과후학교 수업도 병행하여 업무부담이 큰데 비해 스웨덴은 방과후활동시 전담교사가 있어서 오전 정규교사의 업무부담이 비교적 덜하면서 교육적 효과를 높일 수 있었다.

둘째, 특기·적성교육이 중요시되는 방과후활동을 한다는 점이다. 방과후활동에서 교과학습보다 특기·적성 학습이 중요시 된다. 이는 학생들이 건전한 심신을 가지고 행복하게 살도록 하기 위해서이다.

셋째, 법적 기반에 근거한 방과후활동을 들 수 있다. 스웨덴의 경우 방과후활동은 법적 근거를 가지고 있기 때문에 지속적으로 안정적인 지원을 얻을 수 있다. 우리나라의 방과후학교도 하루빨리 법적 근거를 마련하여야 한다.

넷째, 방과후활동을 담당하는 레저타임센터교사는 시청에서 관리하며, 교육공무원으로 직접 임용 및 채용이 이루어진다. 즉, 지자체에서 정규직으로 채용하며 교사들에게 새로운 역량을 길러주는 현직 연수와 교사 교육을 실시하는 것이 돋보인다.

다섯째, 지자체 및 지역사회가 연계 협력하여 이루어지는 방과후활동의 활성화를 들 수 있다. 스웨덴은 지역사회에 학생들이 갈 수 있는 많은 방과후활동 시설과 프로그램이 있다. 지자체는 풍부한 인적·물적 기반을 가지고 있기 때문에 방과후활동을 하는 데 많은 지원을 하고 있다. 우리나라에서도 지자체들이 지원을 많이 하고 있지만 아직은 미흡하며 지자체의 보다 많은 협력을 얻는 방안을 모색해야 한다. 우리도 지역사회에 보다 다양한 방과후활동 시설, 프로그램을 만들어서 학생들이 학교 안, 학교 밖에서 의미 있고 건전한 시간을 보내도록 해야 한다. 특히 지역사회와 연계하여 다양한 인적·물적 기반을 확보하여 방과후활동을 활성화할 필요가 있다.

4절 영국의 방과후활동

1. 영국의 방과후활동 운영실태[2)]

1) 추진배경

영국의 방과후학교(extended school) 개념은 아동, 그들의 가족, 지역사회의 요구를 만족시키기 위하여 정규 학교교육 시간 이외의 시간에도 다양한 서비스와 활동을 제공하는 것을 의미한다. 서비스와 활동에는 아동 보육, 성인교육, 부모 지원 프로그램, 지역 사회 기반 건강 및 사회 보장 서비스 등이 포함된다(Department of Education and skills, 2005). Andrews 등은 학교 기능의 강화가 추진된 배경을 다음과 같은 세 가지로 설명하고 있다(이종재 외, 1998; KEDI, 2014).

첫째, 2차 세계대전을 전후하여 영국 사회에 범죄가 만연하게 되면서, 정규수업 후에도 학교가 학생을 보호하고 교육해야 할 필요성이 증가하였다.

둘째, 문화적으로 결핍되고 물질적으로 가난한 학생들에게 교육기회의 보상을 해 주어야 할 필요성이 제기되었다.

셋째, 국가공통교육과정을 적용한 이후 국가 교육과정에 미달된 학생들에게 새로운 성취감을 맛보도록 하는 정책이 필요하게 되었다.

따라서 영국의 방과후학교는 학생을 보호하고, 소외계층 학생들에게 교육기회를 보상해 주고, 학업 성취도가 낮은 학생들에게 새로운 성취감을 부여하는 정책으로서 방과후에 학교가 교육활동을 제공하고 있다.

2) 영국의 방과후활동 근거법

Every Child Matters와 Extended School (Access to opportunities and services for all) 등의 방과후학교 프로그램은 '아동법 2004'의 법률적 근거에 의해 제공된다. '왜 학

2) 김홍원 · 양애경 · 채명숙(2014). 영국방과후학교 사례탐방 국외연수보고서. KEDI.

습 지원인가?'라는 제목으로 이루어진 법령 제1장에는 법령의 제정 이유가 10개 조문으로 구성되어 있다. '주요 기관'이라는 제목으로 이루어진 법령 제2장에는 학습지원 담당기관에 대한 행정체제와 역할 등이 29개 조문에 걸쳐 기술되었다. '성취 결과'라는 제목으로 이루어진 법령 제3장에는 성취에 대한 다양한 정의와 보다 많은 기회의 제공에 대해 문밖교육과 초등학교와 중학교 연계 간 사례 등을 예로써 학습지원 결과를 상정하고 있다. 국가는 학습지원을 위한 복권 발행이나 관련 기관들의 연결망 구축을 지원하기도 한다(변종임 · 조순옥 · 김인숙, 2010).

2. 영국의 방과후활동 지원체계

1) 방과후활동 목표

영국의 방과후 교육 담당자는 교사와 교직원, 전공 분야 지역사회 인사들로 구성되어 있으며, 방과후활동을 운영하는 기본목적은 ① 건강, ② 안전, ③ 즐기기와 성취, ④ 긍정적 기여하기, ⑤ 경제적 복지성취 등의 목표를 추구하고 있다. 이것은 정부의 아동대책의 기본 방침(ECM : Every Child Matters)으로서 5가지 목표는 모든 아동이 건강할 것, 안전할 것, 즐기면서 자기 능력을 키울 것, 사회에 공헌할 수 있을 것, 경제적으로 안정되어 있을 것이다. Ofsted에서 모든 방과후활동에 대해 질관리를 위한 엄격한 평가(방문평가 포함)를 하고 있다. 학교, 지역사회 영리기관 등 모든 기관이 평가의 대상이 되고 있다.

2) 다양한 운영방식

잉글랜드에서는 방과후학교(Extended school) 프로그램을 학교 안과 학교 주변에 제공하는 핵심서비스로 본다. 방과후학교 프로그램은 학생의 자발적 참여, 정규수업 이외에 진행, 성취 수준을 높이는 것을 목표로 운영되고 있다. 운영은 지역사회와의 연계를 통하여 이루어지고 있으며, '아동법 2004'의 법률적 틀에 의하여 학생들에게 제공되고 있다.

웨일즈에서는 방과후학교(Extended School)를 지역사회중심학교(Community Focused

School) 프로그램이라는 이름으로 사용하고 있으며, 아동의 7대 권리에 기여하는 것으로 보고 있다. 스코틀랜드에서는 지역사회학교(Community School) 프로그램으로 정규수업시간 이외에 지역사회 내외에서 하는 활동 개발과 보급을 지칭하는 용어로 사용한다.

북아일랜드에서는 학교 밖 시간 학습(Out of School Hours Learning)이라고 사용하고 있다. ContinYou는 지역사회기관 및 단체, 대학과 연계하여 공동 프로그램을 개발하여 운영하기도 하며, 기부금 조성, 담당자 연수, 자문서비스 등을 지원한다.

영국의 방과후학교는 ① 학습지원(Study support), ② 방과후학교 통합지원 서비스(Full Service Extended School Initiative)를 들 수 있다. 학습지원 프로그램은 1998년 교육기술부에 의해 시작되었고 아동과 젊은 사람들에게 흥미 있고 창의적인 학습기회 참여를 제공하여, 풍부하게 확장된 학습을 할 수 있도록 한다. 학습지원은 '수업시간 외에 배우는 것(out of school hours learning)'으로 표현되고 있으며, 아동에게 체험을 풍부하게 해 주기 위한 다양한 활동이 포함된 개념이다. 아동들은 수공예, 응급구조 강습, 춤, 드라마, 자원봉사 활동, 기업에서의 직장체험 등의 활동을 한다.

방과후학교 통합 지원 서비스는 특성화된 방과후학교프로그램으로 기존에 실시하던 학업 보충 프로그램과 보육프로그램 이외의 건강관리서비스, 아동보육, 성인교육, 부모 지원 프로그램, 지역사회연계, 건강 및 사회보장 서비스(Department of Education and skills, 2005)를 의미한다(변종임 · 조순옥 · 김인숙, 2010 재인용).

3. 영국의 방과후활동 운영사례

1) 방과후활동프로그램

방과후활동 프로그램으로는 축구, 탁구, 농구, 배드민턴 등을 비롯하여 럭비, 테니스, 하키, 소프트 볼, 댄스, 휘트니스 클럽, Gymnastics(체조), Cricket(크리켓), Athletics(운동 경기), Trampolining(체조종목 중의 하나) 등의 스포츠 활동이 진행되고 이외에도 에코 액션 그룹(Eco-Action Group)이 운영되고 있었는데 환경보호를 목표로 학교 운동장 청결유지, 쓰레기 줄이기, 에코여행 떠나기, 재활용하기 등의 다양한 활동을 하고 있다.

2) 방과후활동 운영의 실제

영국 학생들에게 방과후활동은 일상생활이다. 초등학교에서부터 방과후활동으로 취미, 특기, 적성, 봉사 등의 매우 다양한 활동과 체험학습을 한다. 이들에게 방과후활동은 일반수업 시간 이외의 모든 학습활동으로 정의되며, 참여는 자발적으로 선택되고 있다. 교사들은 방과후 프로그램을 통하여 학생들에게 동기를 부여하고 자부심을 가지고 새로운 우정을 확립하는 것을 목표로 하고 있다. 초·중등학교의 각종 방과후 클럽, 여행과 활동은 학생들에게 자신의 학습을 연장하고 성과를 올릴 수 있는 기회를 제공하고 있다. 영국에서는 아동복지정책 변화의 핵심에 '방과후활동'을 두고 있다. 여기서 방과후활동이란 수업 외 학교활동으로 그 범위가 확대되며, 또한 두 역할이 단순한 학생의 클럽활동의 수준이 아닌 24시간 365일 학교개방 체제 구축을 그 궁극적인 목적으로 삼고 있다. 아동의 복지와 관련된 의료, 경찰, 사회보장기구의 업무를 담당하는 실무진들은 제각각의 상부 부처를 가지고 독립적으로 움직이고 있지만 그 중에서 가정 비중이 큰 사회보장기구가 지방정부 내에 있고, 그 외 분야의 실무자들도 이 사회보장기구를 중심으로 움직이고 있다.

영국의 방과후활동과 돌봄은 외부기간(영리, 비영리기관)에서 다양하게 운영되고 있으며 외부기관에서 강사, 프로그램 등을 관리하고 운영한다. 수요자 참여시간, 소득에 따라 수강료를 수익자 부담으로 납부한다. 영국의 한 초등학교(Ellingham Primary School)에서 수행하는 돌봄교실에서 참여하는 학생이 내는 비용은 다음과 같다.

| 표 7-8 | 돌봄교실 수강료 비용

아침돌봄	오후돌봄	휴일돌봄
오전 7：45~수업 전	방과후~저녁 6시	오전 9시~저녁 6시
£5.5(1일)	£13(1일) / £60(5일-1주)	£22(1일) / £11(반일) • 반일：오전 9시~오후 1시/오후 2시~6시 • 형제가 함께 참여할 경우, 10% 할인

자료：김홍원·양애경·채명숙(2014). 영국방과후학교 사례탐방 국외연수보고서. KEDI

1 파운드당 1,730원으로 환산할 경우, 방과후~저녁 6시(약간의 간식제공, 저녁식사 제공하지 않음)까지 하는 오후돌봄은 주 5일 참여할 경우, 하루에 12파운드(한화로 약

20,760원), 한 주에 48파운드(약 103,800원), 한 달에 192파운드(약 415,200원)의 비용을 지불한다. 주 5일 참여하지 않을 경우에는 하루에 13파운드(약 22,490원)를 지불한다.

휴일돌봄은 오전 9시~저녁 6시까지 이루어지는데, 하루 종일 참여할 경우와 오전 반나절(4시간), 오후 반나절(4시간) 참여할 경우, 참가비용이 다르다. 하루 종일 참여할 경우, 하루에 22파운드(약 38,060원)를 지불한다. 휴일돌봄의 경우, 돌봄교실에서는 약간의 간식과 음료를 제공한다. 점심은 가정에서 준비해온다.

영국의 한 초등학교의 방과후학교는 AfterSchool Club, BreakFast Club, Holliday Club의 세 가지 형태로 운영되는데, 이 활동을 구체적으로 살펴보면 다음과 같다.

① AfterSchool Club : 학교수업이 오후 3시 15분경 끝나면 3시 30분경부터 방과후학교가 시작되며 1시간 정도는 무료로 운영된다. 강사는 모두 외부강사로 프로그램은 풋볼, 체스, 화살쏘기 등의 놀이와 스포츠 중심으로 구성되어 있다.

② BreakFast Club : 학교수업 전인 7시 30분부터 시작하여 8시 55분까지 운영되며 아침 돌봄과 식사가 제공된다. 방과후학교 프로그램은 운영되지 않으며 학생들이 하고 싶은 놀이 중심으로 구성된다.

③ Holliday Club : 주말에 여행 중심으로 운영하는 방과후활동으로 체험 중심의 수학여행을 하는 클럽형태이다.

4. 영국의 방과후활동 시사점

영국의 방과후활동 운영주체는 외부 회사 또는 기관으로 이들이 학교시설을 빌려 운영하는 형태가 대부분이고, 강사는 거의 외부강사로 구성되며, 학교는 시설을 빌려 줄 뿐 운영에 직접 관여하지 않는다. 방과후학교 예산은, 일부 프로그램은 국가지원을 통해 무료로 운영하며, 일부는 수익자 부담, 즉 학생이 부담한다. 영국의 방과후활동이 우리에게 주는 시사점은 다음과 같다.

첫째, 영국의 방과후활동은 매우 다양한 형태로 이루어지고 있다.

둘째, 위탁운영이 매우 활성화되어 있다. 방과후학교나 돌봄을 외부 기관에서 많이 운영하고 있으며, 특히 외부 기관은 방과후활동을 전문으로 하는 영리 기관이 많다. 유관기관에서 강사, 프로그램 등을 관리하고 운영하며, 돌봄을 받는 전담학생들은 수강료를 지불하지만 저소득층은 지자체 등에서 지원을 받는다.

셋째, 학교의 업무부담은 거의 없으며 학교는 시설만 빌려주고 직접 관여하지 않는다. 초등 돌봄을 무상으로 하는 우리나라와는 운영체제와 방식이 매우 다르지만, 민간 자원을 효율적으로 활용하여 학교의 업무부담을 경감하는 방안을 모색할 필요성이 있음을 시사한다. 영국의 방과후활동은 매우 다양하며 다각적으로 운영되고 있다. 또한 무엇을 배우던지 학생들이 그것을 재미있어 해야 한다는 것에 지향점을 두고 있다.

5절 일본의 방과후클럽과 부활동

1. 일본의 방과후활동 운영실태

1) 추진배경

일본의 방과후활동 역사는 '열쇠아동'에 대한 대책으로 국가 차원의 정책이 아닌 일하는 부모들을 위한 자발적 주민운동이 펼쳐졌던 1948년으로 거슬러 올라간다. 이후 1960년대를 기점으로 후생성이 아동복지법에 따라 아동관 설치 · 운영을 법제화하면서 아동을 위한 보육이 국가사업의 일환으로 전개되기 시작하면서 구체화되었다(김재인 · 이향란, 2004; 김수동 · 양애경, 2014). 일본의 초등학교 방과후활동에는 문부과학성(교육부)이 주관하는 방과후교실과 후생복지성(보건복지부)에 주관하는 방과후아동클럽이 있고, 중 · 고등학교에서는 방과후 부활동이 이루어지고 있다.

2001년 이후 청소년 범죄와 비행 증가, 방과후 아동들이 안전하게 보낼 수 있는 장소 확보의 필요성, 맞벌이 부모의 증가와 방과후 나홀로 아동 청소년 문제, 청소년 범죄와 비행을 줄이는 장기적인 대안과 다양한 삶의 체험과 기회 확대 및 다른 아동과 지지하는 성인과의 소통문제, 소득 양극화와 교육격차에 대한 대응 등을 위해 방과후 종합대책을 필요로 하게 되었다. 이러한 과제는 일본만의 문제가 아니라 우리나라 등 전 세계적으로 종합적인 방과후 정책이 왜 필요한지에 대해 시사점을 주고 있다. 특히 일본은 교육을 지자체가 관할하고 있으며, 학교는 방과후 아동교실 사업의 시행에 관해 직접적인 책임을 지지는 않는다. 초등학생을 위한 방과후활동과 돌봄은 문부과학성(교육부)에서 관리하는 '방과후 아동교실'과 후생노동성의(보건복지부) '방과후아동 건전육성 사업'이 있다. 문부과학성에서 실시하는 방과후 아동교실은 초등학교 전학년(1학년~6학년)이 대상이 된다. 전국의 초등학교는 방과후나 주말에 빈 교실 등을 활용하여 학생들에게 안전한 활동 거점을 제공하고 지역주민의 참여를 유도하며, 지역주민과 학생이 함께 학습이나 스포츠·문화 활동을 가능하도록 하여 지역사회 안에서 건강하게 성장할 수 있는 환경 만들기를 추진하고 있다.

'방과후 아동교실' 사업에 참여하는 학생들이 대부분 같은 학교에 다니는 학생들이므로 아이들이 최상의 보호와 교육을 받을 수 있도록 학교가 '방과후 아동교실' 사업 담당자들과 협력하고자 하는 노력이 요구된다.

2) 일본의 방과후활동 근거법

1960년대 들어서면서 후생성이 아동복지법에 아동관 설치·운영을 법제화하면서 아동을 위한 보육이 국가사업의 일환으로 전개되었다. 일본의 방과후활동 관련 근거법은 교육기본법 제13조(2006년 개정)와 아동복지법 제6조이며 교육법에 의한 방과후활동 운영현황은 다음과 같다.

① 문부과학성 주관「방과후교실」6세~12세
–근거법: 교육기본법 제14조 및 아동복지법 제6조

② 후생복지성 주관「방과후아동클럽」6세~10세
–근거법: 아동복지법 제6조

③ 방과후 부활동 13~17세(중·고등학교 학생)

2. 일본의 방과후활동 지원체계

앞에서와 같이 일본의 방과후활동은 크게 3가지로 나누어볼 수 있는데 운영주체에 따라 문부과학성(우리나라 교육부)이 운영하는 방과후교실과 방과후아동클럽이 있고 학교에서 운영하는 방과후 부활동이다. 방과후교실과 방과후아동클럽은 초등학생을 대상으로는 하고 방과후 부활동은 중·고등학교 학생을 대상으로 운영되고 있다.

① 문부과학성 주관 「방과후교실」

– 근거법: 교육기본법 제14조 및 아동복지법 제6조
– 대상: 6~12세
– 운영장소: 지역사회의 초등학교 내의 빈 교실을 이용
(학교는 사업운영에 책임을 지지 않는 것을 원칙)
– 교육내용: 각 지방자체단체의 교육위원회에 의해 결정하고 위임 운영

② 후생복지성 주관 「방과후아동클럽」

– 근거법: 「아동복지법」 제6조
– 대상: 6~10세
– 운영장소: 지역사회의 초등학교 내 교실 및 아동관 등 사회자원 활용
(학교는 사업운영 책임을 지지 않는 것을 원칙)
– 교육내용: 본 사업의 실시는 지역에서의 방과후아동의 상황을 정확하게 파악하는 것과 동시에 본 사업을 실시하는 다른 사람과의 상호 연계, 지역의 실정에 대응하는 적극적인 지원을 실시하도록 노력해야 함

③ 방과후 부활동

– 대상: 13~17세(중·고등학교 학생)
– 운영장소: 중·고등학교 내 또는 지역사회 기관
– 운영내용: 방과후 부활동은 학교에서 실시하는 동아리 활동 형태로 운영되고, 자문교사는 학교 내외 자원봉사자로 이루어짐
– 운영방식: 학생의 흥미와 요구를 반영하는 자발적인 방식으로 운영됨. 소수의 학생들이 요구하더라도 학교 내부 또는 외부 전문가와 연계 운영. 지역사회에서 학교와 가정을 교육적으로 연계하여 운영함(김수동·양애경, 2013)

3. 일본과 우리나라의 방과후활동 운영사례 비교

구 분	한 국	일 본	일본이 한국에 주는 시사점
명칭	• 방과후 돌봄교실	• 방과후 아동교실	–2000년대 초부터 초등 보육 대상이 저학년에서 고학년으로 확대 –초등 보육을 후생복지성 위주에서 문부과학성도 참여함(초등 보육에 교육의 개념도 적극 포함됨)
추진배경	• 교육격차 심화 • 사교육비 증가 • 저출산, 고령화사회 • 한부모가정, 빈곤가정, 다문화 가정 및 맞벌이 부부 증가	• 청소년 범죄와 비행 증가 • 방과후 아동보호 필요 • 어른들과 소통할 수 있는 보다 많은 기회 제공 • 경제적 · 교육적 양극화 해소 필요	–어른과의 소통기회를 확대하기 위하여 지역사회의 교육력을 적극 활용할 필요가 있음
법과 제도	• 법적 근거가 없음 • 교육과학기술부고시 〈제2009-41호〉에 근거하여 운영	• 교육기본법 제13조 (2006년 개정) • 아동복지법 제6조	–시행령 수준의 간단한 언급이 아니라, 법적인 근거 마련이 필요 ※ 해마다 교육부고시에 의거 시행
목표	• 기본 목표: 학교교육 기능 보완 및 확대 • 세부 목표 ① 사교육비 경감 ② 돌봄기능 확대 ③ 교육격차 해소 ④ 지역사회학교 실현	• 지역사회에서 다른 아동, 어른과의 교류를 통한 학습 기회 제공 • 교육프로그램 제공 • 방과후 아동보호	–자원봉사자 등 지역의 교육력 적극 활용 –아동에 대한 교육과 보호기능 확대
책무성과 효과	• 국가 중심 추진에서 국가와 지방 역할 분담 • 교육과 복지의 조화 • 방과후학교에서 교과, 특기 · 적성교육, 돌봄교실 운영으로 양극화 해소	• 국가와 지방 역할 분담 • 복지와 교육 모두 포함 • 초등 방과후활동은 대부분 보육 활동이며 일부 체험학습, 체육 스포츠 활동 등의 인성교육 포함	–교과교육보다는 체험학습이나 특기 · 적성교육을 통한 건강과 기본 생활습관 및 인성교육을 강화
운영주체	• 학교(장) 중심	• 지자체의 교육위원회 중심	–학교의 부담을 덜어주고, 지역사회중심으로 돌봄교실을 운영

구 분	한 국	일 본	일본이 한국에 주는 시사점
교육장소	• 학교의 교실 활용 – 일반교실, 특별실 등 이용	• 학교내 유휴교실 또는 빈 교실 • 지역사회 아동관, 탁아소나 아파트의 집회실 등의 지역사회자원도 활용	– 학교의 교실을 활용하지만 여유가 없을 때는 지역사회의 시설과 공간을 적극 활용
지도강사	• 현직교원 • 외부강사	• 현직교원은 관여하지 않음 • 자원봉사자 또는 지도원(훈련, 양성)	– 자원봉사자나 지도원, 코디네이터 및 안전관리원 등을 활용
지도강사 자격	• 일반적인 자격 기준은 없고 각 지역에 따라 아래의 기준을 일부 활용함 – 초·중등 교사 자격 – 유치원과 보육교사 2급자격(보육강사 경우) – 사회복지사, 학부모 등	• 지도자 교육을 위한 지역별 훈련 프로그램 있음(특별한 자격증이 필요하지 않음)	– 지도자 교육을 위한 내실 있는 지역별 교육 프로그램을 마련 운영 – 학생교육에 합당한 자격기준을 마련
재원	• 국고 • 지자체 예산 • 수익자부담 • 저소득층 무료	• 국고 • 지자체 예산 • 무료	– 국가나 지자체의 예산이 허락하는 범위에서 무료로 운영
프로그램	• 교과교육활동 • 특기·적성교육활동 • 보육과 양육 활동	• 경험 기회와 학습 제공 프로그램 • 특기·적성 활동 및 체육, 스포츠 활동 • 지역사회 교육능력 프로그램	– 교과보다는 기본생활 습관을 형성 – 체육과 특기·적성 활동을 통한 건강과 인성을 함양 – 지원봉사자나 시설 등 지역의 교육력을 적극 활용

자료: 김수동·양애경(2014). 한국과 일본의 방과후학교(초등돌봄)와 시사점. 일부 발췌.

4. 일본의 방과후활동 시사점

일본의 초등학교 방과후활동이 우리나라에 주는 시사점을 살펴보면 다음과 같다. 첫째, 방과후아동클럽과 방과후교실의 주요핵심이 보육만 있는 것이 아니고 특기·적성 개발 교육도 포함하고 있다. 또한 방과후 부진아 지도도 함께 실시한다. 일본은 국가와 지방의 역할 분담과 협조가 잘 이루어지고 있으며 가급적 보육을 원하는 모든 학생이 보육을 받을 수 있도록 노력하고 있다. 또한 복지 중심에서 교육도 일부 역할을 하고 있다.

둘째, 일본의 방과후활동은 법적 근거를 갖고 행·재정 지원을 받으며 지자체가 직영 또는 민간기관이 위탁을 받아 운영한다.

셋째, 일본은 학교나 현직교사가 방과후학교에 관여하지 않으며 외부 자원봉사자를 많이 활용한다.

넷째, 방과후학교의 수업료는 무료이고 후생노동성의 방과후 클럽은 일부 유료이다. 국고와 지방자치단체의 예산이 각각 1/3씩 투입되어 운영되고 있다.

다섯째, 방과후활동의 운영주체는 지자체이며 학교는 교실과 장소를 제공하며 교사는 참여하지 않는다. 즉, 지역사회의 교육위원회 등이 중심이 되고 있다. 일본의 교육제도는 지자체 안에 교육청이 종속되어 있고 일본의 학교 정교사는 방과후활동에 관여하지 않는다.

6절 우리나라 방과후학교에 주는 시사점

앞에서 살펴본 미국, 독일, 스웨덴, 영국, 일본의 방과후활동 운영 사례를 통하여 방과후학교와 돌봄교실 운영에 던져 주는 시사점은 다음과 같다.

첫째, 미국, 독일, 스웨덴, 영국, 일본은 지역사회 및 유관기관의 연계가 활발하다. 지역사회 연계를 통해 인적·물적 기반을 적극 활용하여 방과후활동 운영의 효율화를 극대화하고 있다. 지역사회 연계를 통한 물적·인적 기반을 구축하여 다양한 분야의 전문 인력 확보가 어려운 농어촌지역 등에서 사교육 기능을 대체할 수 있는 방과후학교 운영 방안을 모색할 필요가 있다. 특히 우리나라의 경우 지역사회에서 운영하는 방과후학교를 잘 활용하면 학교와 지역사회 그리고 가정을 교육적으로 연계하는 좋은 프로그램으로 활용될 수 있다.

둘째, 미국, 독일, 스웨덴, 영국, 일본의 방과후활동은 주로 특기·적성 활동으로 이루어진다. 교과학습보다 특기·적성 활동 위주인 방과후활동에 학생들이 즐겁게 참여하고 만족도도 매우 높다. 특히 지역사회와 유관기관이 서로 연계-협력하여 지역 자원을 적극 활용하고 있고, 스웨덴, 독일은 학생의 흥미와 요구를 반영하는 자발적인 방식으로 운영하는 특징이 있다. 따라서 우리나라도 특기·적성프로그램 운영을 통한 특기 개발과 인성교육의 강화에 중점을 두는 방과후학교를 운영할 필요가 있다.

셋째, 미국, 독일, 스웨덴, 영국, 일본의 방과후활동은 공급자 중심이 아닌 수요자 중심으로 운영되고 있다. 특히 지역사회에 있는 다양한 기관이나 단체, 시설 및 장소 등 인적·물적 자원에 관한 정보를 확보하고 활용 방안을 모색하여 프로그램을 다양화하는데 많은 노력을 하고 있다. 프로그램의 다양화는 방과후학교에 대한 수요자의 참여도와 만족도, 선택권을 높이는 가장 중요한 요인이다.

넷째, 미국, 독일, 스웨덴, 영국, 일본의 사례처럼 보다 효율적 운영을 위해 '운영주체의 다각화'가 필요하다. 즉 지자체, 지역사회, 회사(민간업체), 사회적 기업 및 교육기부 등과 협약을 체결하여 운영하는 운영주체의 다각화가 적극적으로 필요하다. 이를 위하여 방과후학교지원센터를 중심으로 지자체, 대학, 기업, 지역사회 기관들과 협약을 맺어 지역사회의 다양하고 풍부한 인적·물적 자원을 효율적으로 활용하는 방안을 강구해야 한다. 특히 외국은 돌봄교실을 위탁 운영할 때 개인이 운영하는 회사 형태의 사설기관이지만 지방자치(의회)에서 운영비를 지원하고 있다. 이는 정부가 아동의 보육과 지역사회 주민의 복지를 위하여 학교시설이나 기타 여건 등의 현실적 어려움으로 인하여 돌봄교실을 확대하지 못하고 희망학생들을 수용해야 할 때 좋은 대안이 될 수 있을 것으로 본다.

다섯째, 일본의 경우, 학교 직영이 아닌 외부 기관 또는 업체가 학교의 시설을 이용해서 방과후 클럽을 운영하고 있다. 방과후학교와 돌봄교실의 대부분은 현직교원이 아닌 외부 지도강사를 고용한 위탁업체가 운영하고 있어 학교의 업무부담이 없다. 지역사회 시설 활용 및 학교의 운영에 따른 문제점 해소를 위한 대안 마련에 의미 있는 자료를 제공해 준다고 본다.

여섯째, 질제고를 위한 방과후학교 프로그램의 다양화와 다각적인 방과후 서비스 지원체계이다. 독일 헤센주 사례와 미국의 21세기 지역사회학습센터는 프로그램의 대상, 시간 등을 달리하여 상호 협력하여 프로그램을 운영하고 있다. 우리나라에서도 부처 간 벽을 허물고 교육부-보건복지부-여성가족부, 범부처 간 통합지원 시범운영 기관을 선정하여 방과후돌봄서비스를 운영해야 한다. 즉 부처 간 주력사업인 방과후 초등돌봄교실(교육부), 지역아동센터(보건복지부), 청소년방과후아카데미(여성가족부), 기타 지역사회의 보육 프로그램들과 연계 협력하여 질 제고 및 프로그램의 다양화 그리고 다각적인 방과후활동 서비스 지원체계를 모색하는 데 도움을 준다.

일곱째, 다문화 학생들을 대상으로 하는 프로그램을 다양하게 운영하고 있다. 다문화 아동청소년을 대상으로 다양한 프로그램을 운영하는 것은 다문화사회로 접어드는 우리나라에서 본 받아야 할 사례라고 본다.

종합해 보면, 앞으로 우리나라의 방과후학교와 돌봄교실은 외국의 선진사례에서 찾아볼 수 있듯이 많은 사람이 자원봉사자로 참여하는 사회적 분위기 조성이 요구된다. 물론 우리나라도 교육기부에 대한 사회적 인식이 변화되고 나눔과 배려의 물결이 한참 싹을 틔우고 있기는 하나 앞선 선진국의 사례는 우리에게 타산지석이 될 수 있는 적절한 사례라고 본다. 특히 독일의 지자체중심의 호르트는 특성화 프로그램인 공동작업과 개방화 작업을 통해 아동 간, 교사 간, 아동-교사 간, 기관-학부모 간, 기관-지역사회 간의 다양한 동반 관계가 이루어지고 있음을 알 수 있는데, 이러한 사례는 교육에 대한 관심이 높고 학부모의 교육 수준이 높은 우리나라의 방과후학교 새로운 모델을 만드는 데 도움이 될 것으로 본다. 특히 우리의 경우 방과후학교 프로그램이 지나친 교과프로그램을 위주로 운영하는 경우가 많은데 앞으로는 법적 체제를 정비하고 건전한 심신과 전인적 성장을 도모하는 다양하고 흥미 있는 프로그램을 운영하여 참여의 지속성과 높은 만족도를 유지하는 것이 대단히 중요하다는 것을 시사하고 있다.

탐 구 문 제

1. 우리나라 방과후학교와 외국의 방과후활동을 비교하여 장단점 및 시사점을 찾아 토론해 봅시다.

2부

방과후학교 운영의 실제

8장 _ 방과후학교 운영지원 체제

9장 _ 방과후학교 프로그램 운영의 실제

10장 _ 초등돌봄교실 운영 관리의 실제

11장 _ 방과후학교지원센터와 지역사회 연계

12장 _ 방과후학교 민간위탁 운영

13장 _ 질 제고를 위한 방과후학교 내실화 방안

8장 방과후학교 운영지원체제

방과후학교는 현재 전국 모든 초·중등학교에서 시행 중이며 전체 학생의 70%가량이 참여하는 수준으로 확대되었다. 확대된 방과후학교를 체계적으로 지원하기 위해 교육부, 시·도·교육청, 교육지원청, 단위학교, 한국교육개발원, 지자체, 방과후학교지원센터 등이 유기적으로 협력하고 지원체제를 구축하고 있다. 본 장에서는 이들의 역할을 살펴보고 방과후학교 지원체제에 대한 이해를 도모하고자 하였다.

1절 _ 방과후학교 운영지원체제

2절 _ 방과후학교 재정

3절 _ 방과후학교 운영 가이드라인

교 육 목 표

- 방과후학교 운영지원체제에 대해 이해한다.
- 방과후학교의 재정을 이해한다.

1절 방과후학교 운영지원체제

방과후학교는 "학생과 학부모의 요구와 선택을 반영하여, 수익자 부담 또는 재정 지원으로 이루어지는 정규수업 이외의 교육 및 돌봄 활동으로, 학교 계획에 따라 일정한 기간 동안 지속적으로 운영하는 학교교육활동"을 의미한다(한국교육개발원, 2016). 현재 전국 모든 초·중등학교에서 교과프로그램, 특기·적성프로그램이 운영 중이며, 초등학교에서는 교과프로그램과 특기·적성프로그램 이외에도 초등돌봄교실이 운영되고 있다.

방과후학교 운영을 효율적으로 지원하기 위해 [그림 8-1]과 같이 교육부, 시도교육청, 교육지원청, 단위학교, 한국교육개발원, 지자체, 방과후학교지원센터 등이 유기적으로 협력하고 각자의 역할을 수행하고 있다.

그림 8-1 방과후학교 운영지원체제

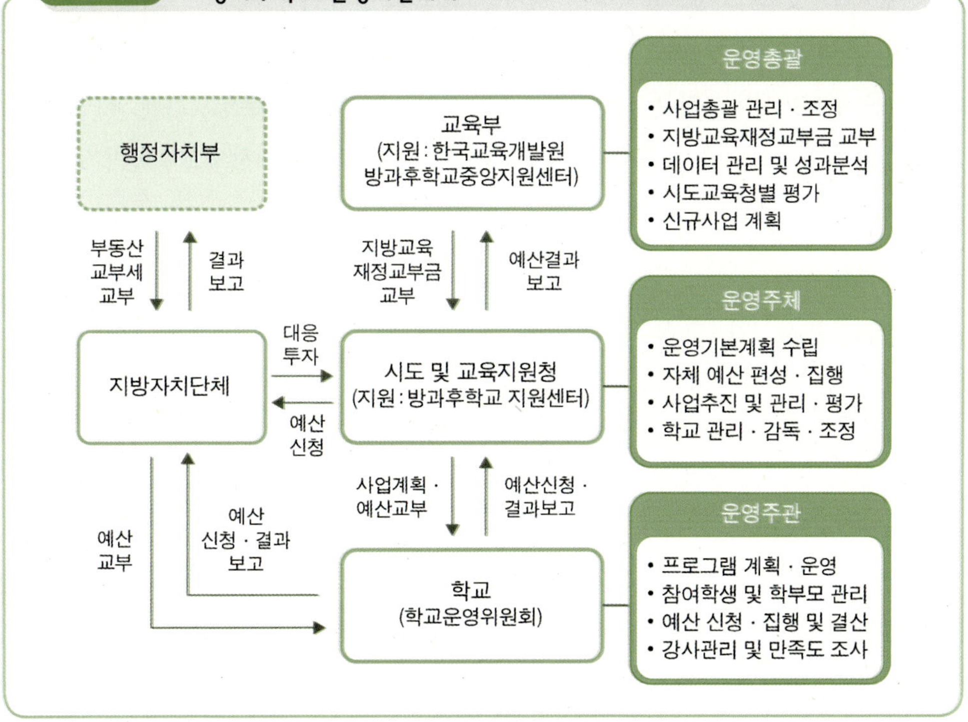

1. 교육부

교육부는 사업총괄 관리 · 조정, 지방교육재정교부금 교부, 데이터 관리 및 성과분석, 시도교육청별 평가, 신규사업 계획 수립 등 세부적인 역할을 담당하고 있는데, 세부적인 역할을 살펴보면 다음과 같다.

첫째, 방과후학교 정책에 관한 전반적인 관리와 조정 역할을 담당한다. 방과후학교 운영에 대한 전반적인 방향을 조율하는 '방과후학교 운영 가이드라인' 개정 작업을 시도교육청과 한국교육개발원과 공동으로 진행하고 있다. 이외에도 시도교육청 담당자 워크숍, 시도교육청 협의회 개최 등을 통해 조정 역할을 수행하고 있다.

둘째, 교육부는 방과후학교 운영을 위한 핵심적인 예산인 지방교육재정교부금 편성 시 방과후학교 사업지원비, 자유수강권 지원사업비, 초등돌봄교실 지원사업비 등 방과후학교 사업 예산이 반영될 수 있도록 지원하고 있다.

셋째, 매년 4월에 전국 초 · 중등학교를 대상으로 방과후학교 운영현황 및 만족도 조사를 실시한다. 조사결과는 방과후학교 운영 성과를 평가하고 지속적으로 관리하는 데 사용하고 있으며, 시도교육청별 평가 자료로도 활용된다.

넷째, 특별교부금 예산을 활용하여 신규 사업을 기획하고 시범학교를 지정하여 운영하기도 한다. 시범사업은 시범운영 기간 동안 한시적으로 운영되는데, 사업기간이 종료되면 시범사업도 종료되지만 성과가 우수한 사업의 경우 시도교육청의 일반사업으로 전환되어 지속적으로 운영되기도 한다.

2. 시도교육청 및 교육지원청

시도교육청에서는 운영기본계획 수립, 자체 예산 편성 · 집행, 사업추진 및 관리 · 평가, 학교 관리 · 감독 · 조정 등의 역할을 수행하고 있는데, 세부적인 역할을 살펴보면 다음과 같다.

첫째, 2008년 학교자율화 조치 이후 방과후학교가 시도교육청으로 이양되었기 때문에 시도교육청에서는 시도의 여건을 반영하여 시도수준의 방과후학교 운영기본계획을 수립하고 방과후학교를 운영하고 있다. 시도교육청 방과후학교 운영계획은 17개

시도교육청과 교육부, 한국교육개발원이 공동으로 제작한 '방과후학교 운영 가이드라인'을 참조하여 시도의 여건 맞게 수립하고 있다.

둘째, 방과후학교 예산은 학부모가 부담하는 수익자부담경비와 교부금 및 자체 예산 등으로 구성되어 있다. 이 가운데 「지방교육재정교부금법」에 의해 배정되는 방과후학교 사업지원비, 자유수강권 지원사업비, 초등돌봄교실 지원비에 대해 예산을 편성하고 집행하며 예산사용에 대해 감독한다.

셋째, 시도교육청은 시도교육청에서 수립한 방과후학교 운영계획에 따라 사업을 추진하고 사업 진행 상황을 관리하고 평가한다. 이를 위해 방과후학교지원센터와 협력하기도 한다.

3. 단위학교

방과후학교 프로그램은 단위학교를 통해 운영된다. 따라서 단위학교는 방과후학교 운영에 있어 핵심이라 할 수 있다. 단위학교는 프로그램 계획 및 운영, 참여 학생 및 학부모 관리, 예산 신청·집행 및 결산, 강사관리 및 만족도 조사 등 다양한 활동을 수행하고 있는데, 세부적인 역할을 살펴보면 다음과 같다.

첫째, 단위학교 수준에서 프로그램을 계획하고 운영한다. 프로그램 계획을 수립할 때에는 학생, 학부모의 의견을 수렴하며 전기의 프로그램 운영 결과 등을 반영하여 방과후학교 프로그램 운영 계획을 수립한다.

둘째, 참여 학생의 출결관리 및 학생 변화, 성과 등에 대해 관리하고 학부모에게 프로그램 운영 과정과 결과에 대해 알린다. 알리는 방법은 가정통신문 발송, SNS, 온라인 카페 개설 등 다양한 방법을 활용하고 있다.

셋째, 예산 신청, 집행, 결산업무를 담당하고 있다. 방과후학교 예산은 수익자 부담, 정부지원금 등으로 운영된다. 따라서 단위학교에서는 수강료 등 수익자 부담 경비를 징수하고 이를 집행, 결산하는 업무를 담당하며 프로그램 운영에 필요한 정부지원금을 시도교육청에 신청하고 집행한다. 방과후학교 관련 회계는 초·중등교육법에 근거하여 학교회계를 통해 처리하고 있다.

넷째, 강사를 선발하고 프로그램 만족도 등을 조사한다. 강사 선발은 학교 홈페이지 등에 모집 공고하고 선발하는 방법을 취하나, 위탁운영방식을 취하기도 한다. 프로그램 만족도는 프로그램 진행 과정 또는 운영 결과에 대한 만족도 등을 조사하며 그 결과를 그대로 활용(피드백)하여 프로그램의 개선이 이루어지도록 하고 있다.

4. 지방자치단체

지방자치단체는 농어촌 방과후학교 지원사업과 각종 지원 사업 등을 통해 방과후학교 사업에 직 간접적으로 참여하고 있다. 지방자치단체는 부동산교부세 등을 재원으로 하여 시도교육청 또는 단위학교에 예산을 지원하기도 하며, 방과후학교 프로그램을 직접 운영하기도 한다. 일부 지역에서는 보다 체계적인 운영지원을 위해 지자체 내에 교육 담당 부서를 설치하거나 방과후학교지원센터를 설치 · 운영하기도 한다.

5. 방과후학교지원센터

방과후학교지원센터는 방과후학교 업무를 지원하며 지역사회자원과의 네트워크를 구축하는 역할을 수행하고 있다. 구체적인 활동을 예시하면 다음과 같다.

- 우수 민간기관, 우수강사 및 프로그램 풀 구축
- 지역사회 연계 사업 : 유관기관과의 네트워크를 구축하여 단위학교가 지역 내 방과후학교 인프라 공유, 교육 기부 유치
- 정보제공 : 방과후학교지원센터 홈페이지에 위탁 업체에 관한 정보, 강사 및 프로그램에 대한 정보 등 제공
- 방과후학교 업무 관련자 연수
- 단위학교의 방과후학교 운영 관련 자료 보급 지원

'2016 방과후학교 운영 가이드라인'에서는 방과후학교의 효율적 운영을 지원하기 위해 교육청은 다양한 형태의 방과후학교지원센터를 별도 조직으로 설치 · 운영할 수 있도록 하고 있다. 방과후학교지원센터 형태는 교육청 단위, 교육지원청 단위, 지자체 공동, 공익재단 등의 운영이 가능하며, 지자체 공동 운영을 권장하고 있다.

2절 방과후학교 재정

방과후학교 예산은 수익자부담금, 교육부의 일반회계, 시도교육청이 편성한 방과후학교 사업비, 지방교육재정특별교부금, 지방교부세 및 시군 대응투자금으로 구성되어 있다. 이 중에서도 가장 큰 비중을 차지하는 재원은 수익자부담금이며 다음으로는 교육부가 시도교육청에 교부하는 지방재정보통교부금을 중심으로 편성되는 시도교육청 예산이 큰 규모를 차지하고 있다.

지방교육재정교부금은 지방자치단체가 교육기관 및 교육행정기관 및 그 소속 기관을 설치·경영하는 데 필요한 재원의 전부 또는 일부를 국가가 교부하여 교육의 균형 있는 발전을 도모하는 것을 목적으로 하고 있다. 지방교육재정보통교부금은 「지방교육재정교부금법 시행규칙」에 따라 시도교육청이 한 해 동안 초중등교육과정을 운영하는 데 소요되는 예상 지출액(기준재정수요액)과 시도교육청이 자체적으로 확보 가능한 수입액(기준재정수입액) 간의 차이만큼을 충당하기 위해 교육과학기술부가 시도교육청에 지원하는 교부금을 의미한다. 지방교육재정교부금 구조를 도식하면 [그림 8-2]과 같다.

그림 8-2 지방교육재정교부금 산출 구조

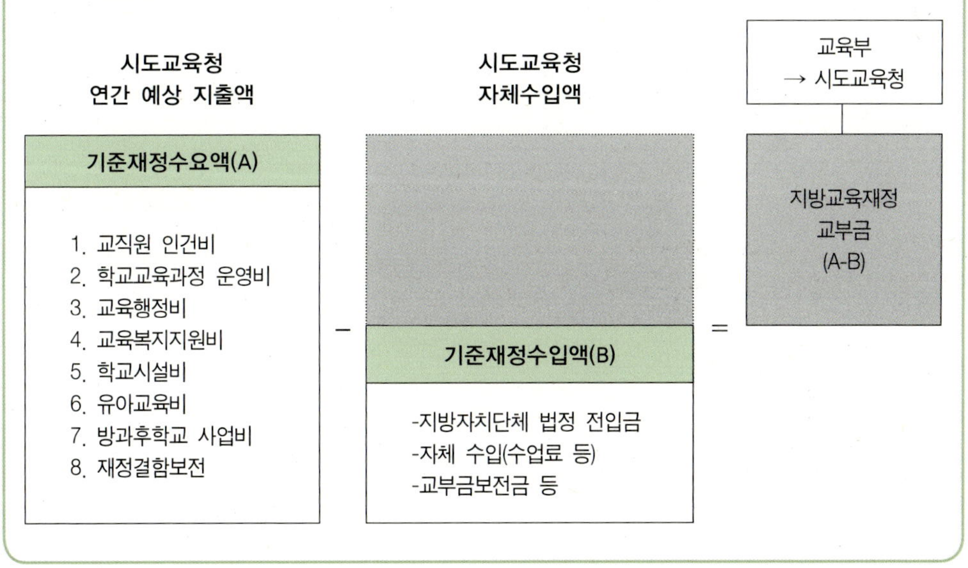

기준재정수요액은 지방교육 및 그 행정운영에 관한 재정 수요를 「지방교육재정교부금법」 제6조에서 정하는 방법에 따라 산정한 것으로 측정항목 및 측정단위는 「지방교육재정교부금법 시행령」으로 정하고, 단위비용은 시행령이 정하는 기준의 범위 안에서 물가변동 등을 감안하여 교육부령으로 정하도록 되어 있다. 방과후학교사업은 「지방교육재정교부금법 시행령」에 기준재정수요액 산정의 한 항목으로 포함되어 있다. 2016년 지방교육재정 교부금을 예로 들면 〈표 8-1〉과 같다.

| 표 8-1 | 2016년 지방교육재정 교부금 예시

(단위 : 억 원)

구 분		2016년 예정교부	2015년 확정교부
기준 재정 수요 (A)	교직원인건비	345,757	337,780
	학교·교육과정운영비	77,391	75,430
	교육행정비	7,361	7,774
	교육복지지원비	12,462	12,981
	학교시설비	30,506	40,634
	유아교육비	43,212	42,268
	방과후학교사업비[1)]	7,403	4,059
	재정결함보전	11,597	7,677
	자체노력수요	4,148	3,629
	세종시 보정	0	302
	감사결과	0	△8
	배정유보	1,100	0
	소 계	540,937	532,526
기준 재정 수입 (B)	지방교육세전입금	57,385	55,876
	시도세전입금	21,932	19,408
	담배소비세전입금	5,792	5,015
	수업료 및 입학금	16,259	16,789
	학교용지부담금	683	1,982
	교부금 보전금	7,867	7,705
	소 계	109,918	106,775
교부할 금액(C = A − B)		431,019	425,751

방과후학교는 수익자 부담금과 정부지원금으로 운영된다. 2013~2014년의 초·중등학교 방과후학교 예산 운영현황은 〈표 8-2〉와 같다. 방과후학교 운영비(방과후학교 운영 단위사업 결산액)는 2014년 2조 638억 원이며, 이 중 정부지원금은 7,492억 원, 수익자 부담금은 1조 3,145억 원으로 수익자 부담 비율이 63.7% 수준이다. 초등학교에서 정부지원금이 높은 이유는 저학년의 경우 초등돌봄교실과 연계하고 고학년의 경우 영어, 예체능, 컴퓨터 등 특기·적성 및 다양한 교육프로그램을 운영하고 있기 때문이다. 중학교의 경우에는 정부지원금이 상대적으로 적은데, 방과후학교 프로그램 참여시간이 상대적으로 짧고 제공되는 프로그램 수가 적기 때문이다.

| 표 8-2 | 초중고 방과후학교 예산 운영현황

구 분		방과후학교 운영비(A)	부담주체별				수익자 부담비율
			외부지원			수익자 부담	
			소계	지방자치단체지원금	교육비 특별회계		
초	2014년	1,405,792	535,610	67,734	467,876	870,182	61.90%
	2013년	1,316,731	466,748	60,101	406,647	849,982	64.55%
중	2014년	167,935	88,479	29,510	58,969	79,456	47.31%
	2013년	210,621	118,262	24,623	93,639	92,359	43.85%
고	2014년	466,653	124,016	47,059	76,957	342,637	73.42%
	2013년	506,473	138,353	43,601	94,752	368,120	72.68%
특수학교	2014년	23,433	1,155	444	711	22,278	95.07%
	2013년	22,851	462	195	267	22,389	97.98%
전체	2014년	2,063,813	749,260	144,747	604,513	1,314,553	63.70%
	2013년	2,056,676	723,825	128,520	595,305	1,332,850	64.81%

자료 : 한국교육개발원(2015). 2015 공립학교회계분석 종합보고서, 한국교육개발원(2015). 2015 사립학교 교비회계분석 종합보고서 재구성.

1) 2016년 방과후학교사업비 기준재정수요는 7,403억 원이다. 방과후학교 지원이 2,008억 원, 방과후학교 자유수강권 2,884억 원, 초등돌봄교실 2,511억 원으로 구성되어 있다.

3절 방과후학교 운영 가이드라인

'방과후학교 운영 가이드라인'은 방과후학교의 운영방향과 세부지침을 수록한 것으로 17개 시도교육청, 교육부, 한국교육개발원이 제작하여 보급하고 있다.

방과후학교는 1995년 "5 · 31 교육개혁(안)"에서 특기 · 적성교육이란 명칭으로 출발하였으며, 2008년까지 교육부에서 주도하여 운영하였다. 2008년 이전에는 교육부의 방과후학교 운영계획에 따라 방과후학교가 운영되었으나, 2008년 학교자율화 조치 이후 교육부의 방과후학교 운영계획은 폐지되고 시도교육청으로 방과후학교 사업이 이양되면서 교육청과 단위학교의 자율에 의해 방과후학교가 운영되기 시작하였다. 하지만 방과후학교의 지방 이양에 따른 운영상의 혼란 등이 예견되면서 현장 중심의 정책개발, 시도교육청별 현안 과제 논의 및 정보 공유를 위해 교육청과 교육부와의 협력 필요성은 더욱 커졌다. 이러한 이유에서 2010년에 교육부 담당자, 시도교육청 담당자, 한국교육개발원 담당자가 참여하는 방과후학교 시도교육청 담당자 협의회가 만들어지게 되었으며, 방과후학교 시도교육청 담당자 협의회를 통해 '방과후학교 운영 가이드라인'이 만들어지게 되었다.

현재 '방과후학교 운영 가이드라인'은 17개 시도교육청, 교육부, 한국교육개발원이 공동 제작한 가이드라인과 시도교육청에서 시도교육청의 여건을 반영하여 개발한 가이드라인 두 가지 종류가 있다. 따라서 두 가지 가이드라인 가운데 어떤 것을 우선적용 해야 하는지의 문제가 발생한다. 17개 시도교육청, 교육부, 한국교육개발원이 공동 제작한 운영 가이드라인 서문에 의하면 '시도교육청이 수정 · 보완한 가이드라인 및 방과후학교 운영계획이 17개 시도교육청, 교육부, 한국교육개발원이 공동 제작한 가이드라인보다 우선된다'고 안내하고 있기 때문에 시도교육청에서 개발된 가이드라인이 우선 적용된다.

17개 시도교육청, 교육부, 한국교육개발원이 공동 제작한 가이드라인은 Ⅰ. 총론, Ⅱ. 방과후학교 운영, Ⅲ. 방과후학교 운영지원, Ⅳ. 회계 관리, Ⅴ. 평가 및 환류로 구성되어 있다. 세부적인 내용은 구성 내용은 〈표 8-3〉과 같다.

| 표 8-3 | 방과후학교 운영 가이드라인 구성 내용

목 차	구성내용
Ⅰ. 총론	방과후학교의 개념, 비전, 목표체계, 전략, 운영근거, 편성운영 원칙, 정보공개에 관한 사항, 단위학교 지도·점검 등
Ⅱ. 방과후학교 운영	1. 프로그램 운영: 프로그램의 개설 및 운영방법, 수요조사 및 정보공개 방법, 방과후학교 운영 방침, 운영대상, 운영시간, 교재, 활동 내용관리, 학생 관리 및 안전지도, 프로그램 질 관리, 학교운영위원회 운영 등 2. 개인위탁: 강사 선정 및 계약 체결, 개인위탁 계약 해지, 강사활용, 원어민 강사 등 3. 업체위탁: 위탁절차, 업체 선정, 위탁업체 선정의 투명성 강화, 계약체결 금지 사항, 위탁업체와의 계약 등
Ⅲ. 방과후학교 운영 지원	교원 업무 지원(교직원 인센티브, 전담보직교사 임명, 보조인력 활용, 나이스방과후학교개편시스템), 연수 및 홍보(교직원 연수, 홍보), 방과후학교지원센터(목적, 설치, 역할) 등
Ⅳ. 회계 관리	회계원칙, 수강료의 개념과 징수방식, 강사료 책정방법, 수용비, 정산, 방과후학교 자유수강권 운영, 예산 교부 등
Ⅴ. 평가 및 환류	평가 및 환류, 컨설팅 및 모니터링, 만족도 조사, 만족도 조사결과 공개 등

자료: 교육부·교육개발원·17개시도교육청(2016). 방과후학교 운영 가이드라인. 「부록」 참조. 전면내용 수록됨

탐 구 문 제

1. 방과후학교의 재정은 어떻게 운영되고 있는지 말해 봅시다.
2. 방과후학교 운영 가이드라인의 성격과 기능에 대해 말해 봅시다.

9장

교과 · 특기적성프로그램 운영의 실제

방과후학교는 수요자의 요구와 시대에 부응하는 프로그램을 운영해야 만족도를 높이고 방과후학교를 활성화시킬 수 있다. 방과후학교 운영 가이드라인에 의하면 '단위학교는 학생과 학부모의 요구를 반영하여, 특기 · 적성, 교과, 돌봄 등 다양한 프로그램을 개설 · 운영할 수 있다'라고 명시하고 있다. 이에 근거하여 방과후학교 프로그램을 크게 교과프로그램과 특기 · 적성프로그램으로 나누고, 프로그램의 운영방식과 운영절차 및 담당자의 역할을 알아본 후 방과후학교 운영사례와 수업사례를 예시로 제시하여 프로그램 운영에 도움을 주고자 한다.

1절 _ 방과후학교 운영방식

2절 _ 방과후학교 운영절차 및 담당자의 역할

3절 _ 방과후학교 운영사례

4절 _ 방과후학교 실제 수업 설계

교 육 목 표

- 방과후학교 교과프로그램과 특기·적성프로그램의 운영방법을 이해한다.
- 방과후학교 운영방식과 운영절차 및 담당자의 역할을 이해한다.
- 방과후학교 운영사례와 실제 수업사례를 살펴본다.

1절 방과후학교 운영방식

2016 방과후학교 운영 가이드라인에 의하면 단위학교는 학생과 학부모의 요구를 반영하여 특기 · 적성, 교과, 돌봄 등 다양한 프로그램을 개설 · 운영할 수 있도록 하고 있다. 방과후학교 프로그램은 학생들의 자발적인 참여를 원칙으로 하며 단위학교는 지역과 여건을 고려하여 특색 있고 경쟁력 있는 프로그램을 개설 · 운영해야 한다. 따라서 본 장에서는 교과, 특기 · 적성프로그램을 중심으로 운영방식과 운영절차 및 담당자의 역할을 알아보고 운영사례와 수업사례를 살펴보고자 한다.

1. 방과후학교 운영방침

초 · 중등학교에서는 방과후학교를 수요자 중심으로 운영하고 있다. 초등학교에서는 교과와 특기 · 적성프로그램 등 다양하게 운영하고 있으며, 중등학교에서는 입시의 영향으로 교과중심의 프로그램이 주로 운영되고 있다. 방과후학교프로그램을 선정할 때에는 학생과 학부모의 사전 희망조사를 통하여 학교운영위원회 심의를 거치게 되며, 프로그램의 수준과 인원, 방법 등도 수요자의 요구를 반영하고 있다. 단위학교에서는 프로그램 운영 시 프로그램의 선택권을 확대하기 위하여 학교 안팎의 다양한 인적 자원을 활용하여야 하며, 인근학교나 지역사회 기관, 단체와 연계하는 것이 바람직하다. 즉 공급자의 편의보다는 수요자의 필요를 먼저 생각해서 프로그램 시간을 융통성 있고, 탄력적으로 운영하는 것이 필요하다.

프로그램 계획 시에는 수요자의 수준과 흥미 등에 따라 학생 개개인의 능력을 고려하고 우수 강사를 확보할 수 있도록 해야 하며, 내용은 학기별로 작성하되, 방학기간 동안은 특별프로그램을 계획하는 것도 프로그램의 다양화 측면에서 의미가 있다.

방과후학교 운영계획은 방과후학교 운영의 투명성과 효율성, 전문성을 제고하기 위하여 학교운영위원회 심의(자문)를 거쳐 「방과후학교운영계획」을 수립해야 한다. 운영주체는 학교운영위원회의 심의를 거쳐 시도교육청마다 차이는 있으나 프로그램의 일부 또는 전체를 외부 영리·비영리 기관이나 단체에 위탁 운영하고 있다. 운영시간은 수요자의 요구와 필요, 학교의 여건을 고려하여 학교가 자율적으로 결정하여 운영한다. 방과후학교는 학생과 학부모의 요구를 바탕으로 방과후, 주말, 방학, 토요휴업일, 자율휴업일 등을 이용하여 프로그램을 편성·운영한다. 수강료는 수익자 부담을 원칙으로 하되, 저소득층 가정 등 소외계층에 대해서는 방과후학교 수강료의 일부 또는 전부를 지원하여 혜택을 볼 수 있도록 한다. 또한 방과후학교는 해당학교 희망학생을 대상으로 하되 소규모학교와 희망자가 적은 부서는 타교학생, 방과후학교의 질에 영향을 미치는 강사관리, 프로그램 관리를 철저히 하고, 관계자 연수, 모니터링, 컨설팅 성과 평가 및 환류 등을 통해 방과후학교에 대한 신뢰도와 만족도를 높여야 한다. 또 교육수요자들이 방과후학교 운영에 대하여 충분하게 이해 할 수 있도록 방과후학교 운영계획, 지도강사, 방과후학교에서의 학생의 성취와 진보 등에 관한 정보를 구체적으로 그리고 지속적으로 제공하도록 한다. 지금까지 설명한 내용을 알기 쉽게 표로 제시하면 다음과 같다.

| 표 9-1 | 방과후학교 운영방식과 내용

구 분	방과후학교	추진방향
운영주체	학교장, 대학, 영리/비영리법인(단체) 등에 운영주체의 개방성 확대	운영주체의 개방화
지도강사	현직 교원, 전문가, 학원 강사, 지역사회인사 등으로 다양화	지도강사의 다양화
교육대상	타교 학생이나 지역사회 성인까지 점진적 확대 (평생교육 프로그램 제공)	교육대상의 다양화
교육장소	인근 학교 및 지역사회의 다양한 시설 활용 극대화	교육장소의 다양화
프로그램	수요자 중심, 학생 개개인의 선택권 중시	프로그램의 수요자 중심 개설 및 선택
교육비	수익자 부담 원칙이나 소외계층 집중지원, 교육의 형평성 구현	교육격차 해소
실시시간	일과 전과 후, 토요휴업일, 방학 중에 실시될 수 있음. 돌봄과 보호의 기능 수행	실시시간의 자율화

자료 : 2016년 방과후학교 운영 매뉴얼(교육부, 한국교육개발원, 17개 시도교육청).

방과후학교를 운영할 때는 운영 가이드라인에 제시된 운영방침에 따라야 하는데,

그 내용은 다음과 같다(2016 방과후학교 운영 가이드라인, 교육부 · 한국교육개발원 · 17개 시도교육청).

① 단위학교는 지역과 학교의 여건을 고려하여, 특색 있고 경쟁력 있는 다양한 프로그램을 개설한다.

② 운영계획서는 운영기간을 단위로 하여, 강사 · 프로그램 · 수준별로 작성한다.

③ 단위학교 또는 교육(지원)청에서는 방과후학교 프로그램을 담당할 역량이 있다고 인정되는 현직교원, 외부강사, 자원봉사자 등 지역사회의 우수한 인적 자원을 방과후학교 강사로 활용한다.

④ 학습 취약계층을 위한 맞춤형 프로그램을 개설하고, 학습된 무기력 극복을 위한 심리 · 학습 · 진로 · 진학 상담 등을 병행하여 효과성을 제고한다.

⑤ 패키지 프로그램 운영은 학생과 학부모의 요구를 철저히 반영하고, 학생의 선택기회를 제한하지 않는 범위에서 운영한다.

⑥ 방과후학교 프로그램은 학생들의 자발적인 참여를 원칙으로 하며, 강제 참여를 금지한다.

⑦ 교육청은 단위학교에서 방과후학교에 학생들이 강제로 참여하지 않도록 관리 · 감독을 철저히 하여야 하며, 강제 참여의 유형은 다음과 같다.

- 프로그램을 신청하지 않은 학생에게 불이익을 주어 강제참여를 유도하는 경우
- 방과후학교 운영 시간에 정규교육과정에서 계획된 수업을 진행하는 경우
- 프로그램 교재의 지문, 문제 등을 교내 시험 등에 직접 인용하여 학생 평가에 영향을 주는 경우 등

⑧ 단위학교는 방과후학교를 각종 재원지원 사업과 연계하여 효율적으로 운영한다.

2. 방과후학교프로그램 운영현황

방과후학교 운영현황(교육부, 2015)을 살펴보면, 전국에 있는 11,686교(99.9%)의 학교에서 4,469천 명(71.2%)의 학생들이 한 개 이상의 방과후학교 프로그램에 참여하고 있다.

| 표 9-2 | 방과후학교 참여율 및 과년도 운영현황

구 분	초	중	고	계	과년도 현황			
					2013	2012	2011	2010
운영학교수(교)	6,148	3,218	2,320	11,686	11,397	11,361	11,307	11,226
비율(%)	99.9	100.0	99.9	99.9	99.9	99.9	99.9	99.9
참여 학생수(천 명)	1,992	1,109	1,368	4,469	4,678	4,840	4,559	4,573
비율(%)	73.1	64.6	74.7	71.2	72.2	71.9	65.2	63.3

자료: 방과후학교 운영 통계자료(교육부, 2015).

현재 학교에서는 프로그램은 약 55만여 개의 프로그램이 운영되고 있는데, '교과프로그램이 54,7%', '특기 · 적성프로그램이 45.3%'를 차지하고 있고 전체 프로그램의 수는 매년 증가하여 프로그램의 다양화가 이루어지고는 있어 학생들의 '꿈과 끼'를 살려주는 특기 · 적성프로그램으로 교육 추세가 변화하고 있다는 점에서 시사하는 바가 매우 크다고 볼 수 있다.

초 · 중 · 고등학교에서는 방과후에 다양한 교과 및 특기 · 적성프로그램이 운영되고 있다. 학교에서 운영되는 방과후학교 프로그램은 475,690개이며, 이 중 교과프로그램은 53.6%, 특기 · 적성프로그램은 46.4%를 차지하고 있다. 다만 아쉬운 것은 학교급이 올라갈수록 교과프로그램이 차지하는 비중이 높다(초등학교 27%, 중학교 61%, 고등학교 87%).

| 표 9-3 | 학교급별 교과 및 특기 · 적성프로그램 운영현황(2015년)

구 분		초	중	고	계
교과	수(개)	62,763	53,756	138,600	255,079
	비율(%)	27.3	61.1	87.7	53.6
특기 · 적성	수(개)	167,015	34,161	19,435	220,611
	비율(%)	72.7	38.9	123	46.4
계	수(개)	229,738	87,917	158,035	475,690

내용별 프로그램은 내용별 프로그램 현황을 보면, 영어 프로그램이 가장 높은 비율(14.6%)을 차지하고 있으며, 이어서 수학(14.1%), 미술(12.0%), 국어(9.4%), 과학

(9.0%), 사회(6.5%) 순으로 나타났다. 국 · 영 · 수 · 사 · 과 주지 교과프로그램이 가장 높은 비율을 차지하고 있으며, 비교과프로그램에서는 미술(12.9%)이 가장 높게 나타났다(교육부 통계자료, 2015).

방과후학교 프로그램별 교 · 강사 현황은 292,698명으로 현직 교원 56%, 외부강사 44%로 나타났다. 이는 2010년 현직교사 대 외부강사의 비율이 대략 7 : 3 비율에서 2014년 현직교사 대 외부강사의 비율이 5.6 : 4.4 비율을 나타난 것은 교원의 업무부담 경감차원에서 매우 고무적인 일이다.

| 표 9-4 | 방과후학교 프로그램별 강사현황

구 분		초	중	고	계	과년도 현황			
						2013	2012	2011	2010
교과 프로그램 (A)	현직 교원수(명)	16,137	34,577	61,917	112,631	119,678	127,484	150,956	154,309
	D(D/F)	(41.6)	(85.6)	(97.1)	(78.8)	(79.3)	(77.0)	(83.5)	(87.8)
	외부 강사수(명)	22,622	5,796	1,852	30,270	31,300	38,149	29,906	21,423
	E(E/F)	(58.4)	(14.4)	(2.9)	(21.2)	(20.7)	(23.0)	(16.5)	(12.2)
	소계	38,759	40,373	63,769	142,901	150,978	165,633	180,862	175,732
	F(A/C)	(28.9)	(54.5)	(75.6)	(48.8)	(49.8)	(54.7)	(61.4)	(63.9)
특기 · 적성 프로그램 (B)	현직 교원수(명)	17,633	18,086	15,410	51,129	53,502	43,854	38,368	30,522
	G(G/I)	(18.5)	(53.6)	(74.7)	(34.1)	(35.1)	(31.9)	(33.7)	(30.8)
	외부 강사수(명)	77,776	15,671	5,221	98,668	98,950	93,573	75,382	68,588
	H(H/I)	(81.5)	(46.4)	(25.3)	(65.9)	(64.9)	(68.1)	(66.3)	(69.2)
	소계	95,409	33,757	20,631	149,797	152,452	137,427	113,750	99,110
	I(B/C)	(71.1)	(45.5)	(24.4)	(51.2)	(50.2)	(45.3)	(38.6)	(36.1)
전체 프로그램 (C)	현직 교원수(명)	33,770	52,663	77,327	163,760	173,180	171,338	189,324	184,831
	J(J/C)	(25.2)	(71.0)	(91.6)	(55.9)	(57.1)	(56.5)	(64.3)	(67.2)
	외부 강사수(명)	100,398	21,467	7,073	128,938	130,250	131,722	105,288	90,011
	K(K/C)	(74.8)	(29.0)	(8.4)	(44.1)	(42.9)	(43.5)	(35.7)	(32.8)
	총계(C)	134,168	74,130	84,400	292,698	303,430	303,060	294,612	274,842

자료 : 교육부(2015). 방과후학교 운영 통계자료.

2절 방과후학교 운영절차 및 담당자의 역할

1. 방과후학교 프로그램 운영절차

단위학교에서는 방과후학교 운영의 효율성과 전문성을 제고하기 위해 연간, 학기별 또는 분기별, 월별 방과후학교 운영 절차 및 일정을 수립하여 추진하는데 이를 표로 제시하면 다음과 같다.

| 표 9-5 | 방과후학교 운영절차 및 주요내용

단 계	업 무 내 용
준비	• 방과후학교 소위원회 조직 – 관리자, 부장교사, 학교운영위원, 학부모 등
	• 학교 및 지역사회 여건 및 실태 분석 – 생활수준/시설/인적자원 등의 여건 파악 – 학교, 교원, 학생 및 학부모 등의 실태 분석
계획	• 방과후학교 추진 계획안 작성 – 목적, 방침, 추진일정, 운영방법 등
	• 프로그램 수요 조사 및 의견 수렴 – 가정통신, 홈페이지, 학부모회 등 홍보 – 교원, 학부모 등 의견 수렴
심의	• 프로그램 개설 및 관리방안 마련 – 단일, 패키지, 공동, 교·사대 위탁 프로그램 등 – 프로그램 선정 절차, 강사채용, 강사 위촉
	• 방과후학교 세부 운영 계획 심의 – 세부 운영 및 관리방안 등 포함된 계획 심의
	• 프로그램 확정 및 강사 채용 공고 – 개설 프로그램 수강신청, 강사 채용 관리 방안 심의 및 공고
	• 강사 채용 관리 및 위촉 – 개설 프로그램별 강사채용 관리 및 계약관리
운영	• 프로그램별 세부 교육활동 운영계획 수립 – 개설 프로그램별 주요 교육활동 계획, 시간, 시설/학생 관리, 평가 등 • 프로그램별 교육활동 전개 – 교육활동 전개/회계 관리/관리교사 선정/학교시설 관리
평가	• 프로그램 및 강사 만족도 조사(연 2회) – 프로그램/강사 평가(학부모·학생 만족도)
	• 운영 평가 결과 반영(연 2회) – 프로그램 운영 평가 결과 차기 계획 반영

자료 : 교육부·한국교육개발원·17개 시도교육청(2016). 방과후학교 운영 가이드라인.

2. 담당자의 역할

1) 방과후학교 운영 관리위원회 조직

학교마다 방과후학교 운영 · 관리를 전담할 방과후학교 운영 관리위원회를 구성하여 운영과정에 필요한 제반 사항을 협의하며, 구체적인 추진 방안을 마련하여 방과후학교 운영에 대한 효율성과 전문성을 높이고 있다. 추천 대상은 관리자, 부장교사, 담당교사, 교사, 행정실장, 학교운영위원, 학부모, 지역사회 인사 등이며, 주요 역할은 방과후학교 운영에 필요한 주요 계획 수립, 수요 조사, 운영방법, 운영 프로그램, 강사 채용, 수강료 및 강사비 책정 등 각종 방과후학교 운영 및 관리에 대해 협의한다.

2) 학교와 지역사회 여건 및 실태 분석

학교 및 지역사회의 인적 · 물적 여건과 실태 분석을 통해 해당학교의 방과후학교 운영에 대한 강점과 약점을 파악하여 원활한 운영을 위한 바탕을 마련한다. 분석 대상과 방법은 교원, 학부모, 지역사회 설문, 면담, 방문 조사 등을 이용하고, 주요내용은 학부모 생활수준, 지역사회의 시설, 인적자원 등의 여건 파악, 학생과 학부모의 교육적 요구와 수요, 교원의 교육활동 참여 정도 등의 실태를 파악하고 분석한다.

3) 방과후학교 운영 프로그램 수요 조사

학생 및 학부모를 대상으로 방과후학교 프로그램 수요를 파악하고, 교육공동체 구성원에게 방과후학교 운영의 필요성을 홍보하여 이해도 및 의식 변화를 유도한다. 또한 학교 대내외의 각종 의견수렴 활동을 통해 다양한 정보를 수집하고, 이를 바탕으로 최적의 프로그램이 개설될 수 있도록 한다. 수요조사는 가정통신문, 학교홈페이지, 학부모회를 통한 조사, 학부모 및 교원 연수, 학교 대내외 인사들을 대상으로 한 의견수렴 등이며 그 내용은 다음과 같다.

〈조사 내용〉

- 학생 : 학생들의 요구 조사(희망 프로그램, 건의 사항 등)
- 학부모 : 가정 실태 및 학부모 요구 조사(맞벌이, 결손, 저소득층 가정, 사교

육 현황, 희망프로그램, 요구사항 등)

- 교사 : 참여 프로그램 및 의식도 조사(프로그램 개설 여부, 방과후학교 필요성 홍보, 학교시설, 학생 관리 및 업무 협조 등)

4) 프로그램 개설 및 관리 방안 마련

각종 수요 조사를 통하여 얻은 결과를 바탕으로 프로그램을 기획하고, 프로그램 개설 및 운영과 관련된 각종 운영 관리 방안을 협의하여 방과후학교 세부 운영 계획에 반영한다.

〈주요내용〉

- 프로그램 개설 : 단일 프로그램, 패키지 프로그램, 공동 운영 프로그램, 대학 및 위탁기관, 민간참여 프로그램 등 다양한 프로그램 개설 방안 마련
- 운영 관리 : 프로그램 개설 절차, 강사료 및 수강료 책정, 회계 관리 및 처리, 강사채용 관리, 관리교사 선정, 학생 및 시설관리 방안, 대학 및 민간참여 위탁 교육 협정서 체결 방안 등 검토 및 협의
- 검토 · 협의 조직 : 방과후학교 운영 관리위원회

5) 방과후학교 세부 운영 계획 심의

프로그램 개설 및 운영 관리 방안이 포함된 구체적인 방과후학교 세부 운영 계획을 수립하여 학교운영위원회의 심의를 받는다. 심의내용은 개설 프로그램의 적합성, 강사료 및 수강료의 적정성, 회계 관리 방식의 합법성, 강사채용 관리 방식의 투명성 및 객관성, 기타 운영에 필요한 관리 방안 등이다.

6) 프로그램 확정 및 강사 모집 공고

학교운영위원회 심의를 거쳐 개설된 개별 프로그램에 대한 수강신청 및 등록 과정을 통해 최종 개설 프로그램을 확정하고, 프로그램별 강사 모집 관리 방안(자격 기준 등)에 따라 우수 강사를 확보한다.

〈방법〉

- 프로그램 확정 방법: 수강생 모집 안내서 및 신청서 배부, 프로그램 및 수강료 징수 방법 안내문 제공(학교), 프로그램 수강 신청서 및 학부모 수강 동의서 제출(학생), 대학 및 민간참여 위탁교육 협정서 체결(위탁운영 시)
- 강사 모집 공고 방법: 홈페이지, 가정통신문, 강사 인력풀 섭외 등

7) 강사 채용 관리 및 위촉

강사 채용 관리 규정에 따라 프로그램별 지도 강사를 위촉하여 강사 채용 관리에 대한 객관성과 투명성을 높인다. 강사는 방과후학교 운영 관리위원회의 서류심사와 채용심의를 거쳐 학교장이 임용한다. 심사 절차는 서류 심사 및 면접, 수업 시연 평가 등으로 이루어진다. 강사채용계약서에는 강의시간, 강사비, 복무 및 해임 사항 등을 명시한다.

〈강사자격〉

- 일반 지도강사: 현직교원, 교원자격증 소지자, 해당분야 전공자, 해당분야 자격증 소지자 등 해당 분야 지도 가능한 자
- 원어민 강사: 회화 지도가 가능한 E-2 자격 소지자 등
- 돌봄전담사: 유·초·중등학교 교원자격증 소지자, 보육교사 2급 이상 자격증 소지자 등

8) 프로그램별 교육활동 운영 계획 수립

지도 강사별로 교육수요자의 요구, 학교 및 지역사회의 특성을 고려하여 상세 교육활동 계획을 수립하여 교육의 효과를 높여야 한다. 방과후학교 운영 관리위원회에서는 강사별 교육활동 내용, 시간, 평가 등의 지도계획, 출석부, 안내장 등 기타 교육활동 관련 자료를 검토한다.

9) 프로그램별 교육활동 전개

프로그램별 교육활동을 원활하게 전개할 수 있도록 제반 운영 관리 지원 체제를 정

비하고 프로그램별로 교육활동 운영 계획에 따라 자율적으로 운영하되, 모니터링 활동을 강화하여 교육활동의 질과 효과를 높인다.

10) 프로그램 및 강사 만족도 평가

수강 학생 또는 학부모를 대상으로 개별 프로그램 및 강사에 대한 만족도를 평가하여 개별 프로그램 및 강사의 질을 제고하는 자료로 활용한다. 만족도 평가자료는 방과후학교 활동 참여율 및 참여도 변화, 학생 및 학부모에 대한 설문조사, 학생 및 학부모 상담 등이고 평가는 2회 이상 실시한다.

11) 모니터링 및 운영 평가 결과 반영

자체 평가 시에는 만족도 평가, 공개수업 참관 등 방과후학교 활동 과정 전반에 대해 모니터링을 실시한다.

〈학교 자체 평가〉

- 운영 조직 평가: 방과후학교 운영 관리위원회 운영 등
- 강사 자질 평가: 강사의 자질, 지도내용, 지도방법 및 기술 등
- 프로그램 운영 평가: 운영 계획의 적정성, 내용의 적절성 등
- 예산 운영 평가: 수강료 및 강사료 책정, 관리비 집행의 적정성과 투명성
- 교육 환경 개선 평가: 시설 및 교구 확보, 교육 환경 조성 등

12) 프로그램별 교육활동 전개

방과후학교 운영 관리위원회는 회계에 대해 검토, 심의한다.

〈회계 관리〉

수강료 징수 및 강사비 지급(학교회계 편입 처리)

- 수강료: 강사비, 운영비 등 제반 경비 포함
- 징수 방법: 월별 또는 분기별, 스쿨뱅킹, 지로 등
- 강사비 지급: 계약서에 의거 월별 강사 개인별 계좌 입금
- 강사비 지급 처리 담당: 학교회계출납원

- 운영비 : 학교운영위원회 심의를 거쳐 필요하다고 인정되는 공동경비, 운영경비 등(수익자부담 원칙에 따른 최소 관리 경비)
- 중도 포기자 수강료 환불 절차 : 환불요구 → 담당교사 확인 → 기안 및 결재 → 행정실 확인 후 환불(별도 처리 규정 마련)
- 저소득층 자녀 지원 : 기초생활수급대상자, 한부모 가정 자녀, 다문화 가정 자녀, 실직자, 극빈자 자녀 등 지원이 필요한 학생(학교장)

〈학교 회계 관리 기준〉

- 수익자 부담경비(관), 방과후학교 활동(목)으로 회계 처리
- 퇴직금 지급 강사 채용 지양(근로기준법 제25조, 주당 15시간 이상)
- 강사비 지급 원칙 : 교육활동이 종료된 후 월단위로 지급

3절 방과후학교 운영사례

1. 교과프로그램

방과후학교의 목표 중 하나는 사교육 수요를 학교 안으로 흡수하여 사교육비를 경감하는 것이다. 학생들은 학교 밖에서 다양한 종류의 사교육을 받기 때문에 이를 흡수하기 위해서는 방과후학교도 프로그램의 다양성과 질을 높여 경쟁력을 길러야 한다.

수요자와 지역 · 학교의 여건을 반영하되 학생 개개인의 선택권을 보장하기 위해 교과프로그램 운영 시 수준별 심화 · 보충 학습을 운영하며, 교과 진도 나가기 등 방과후학교 정상화를 저해하는 프로그램 운영을 금지해야 한다. 특히 자기주도적 학습력 신장, 인성 · 창의성 · 특기계발 프로그램 등을 위한 특색 있고 다양한 프로그램 개설하고, 패키지 프로그램 운영은 수요자의 요구를 바탕으로 하여 학생의 선택권을 제한하지 않는 범위에서 편성 · 운영해야 한다.

특히 프로그램을 학급별로 구분, 전체 학생들이 의무적으로 수강하도록 하는 보충

학습을 금지하고 학습지, 문제풀이 위주의 프로그램 운영과 지나친 고액의 수강료를 납부해야 하는 유명 강사 초청 및 특강 편성을 지양해야 한다. 다양하고 수준 높은 프로그램 개설·운영을 위하여 수요자 맞춤형 프로그램 개발, 경쟁력 있는 특화 프로그램 운영, 우수 프로그램 검증 체계 마련을 위해 교육청과 지자체, 지역사회 유관기관이 적극 지원해야 한다.

프로그램 운영 시간은 정규 수업 이외의 시간에 운영할 수 있으며 프로그램에 따라서는 저녁시간, 주말, 공휴일, 재량휴업일, 방학 중에도 운영 가능하다. 단, 학생의 건강이나 학교교육과정의 정상적인 운영을 저해하지 않도록 너무 이르거나 늦은 시간까지 운영하지 않도록 한다.

방과후학교 운영사례에 대한 최근 연구동향을 살펴보면 다음과 같다.

한국교육개발원 연구보고서에 따르면, 학생들의 방과후학교 수업 흥미도를 조사하기 위해 '방과후학교 수업은 재미있는가'라는 질문에 전체적인 만족도는 5점 기준 평균 3.7점(100점 환산기준 약 75점)으로 나타나 비교적 높은 응답률을 보였다. 또한 '방과후학교 교과프로그램을 통해 성적이 향상되었는가'라는 질문에는 5점 기준 평균 3.57점(100점 환산기준 약 72점)으로 나타났다. 방과후학교 참여 프로그램에 대하여 조사한 결과, 전체 응답자 중 37.4%가 '영어'에 참여한다고 답하여 가장 높게 나타났으며, 수학 35%, 국어 28.%. 과학, 22%, 예능(미술, 음악, 무용) 18% 순으로 나타났다. 학교급별로는 초등학교 학생은 38.6%로 컴퓨터가 가장 높게 나타났으며, 중학교학생은 영어가 43.1%, 고등학교는 수학이 68.2%로 가장 높게 나타났다. 지역별로는 대도시와 중·소도시는 영어가, 농어촌 학생들은 수학이 가장 높게 나타났다(김홍원·양애경·정영식·이성원, 2013).

방과후학교 운영에 도움을 주고자 Steve Musson(서영숙·이향란 외 역, 2002; 서영숙 외 재인용, 2012) 학교교육 구성과 운영 원리 살펴보면 다음과 같다.

Tyler는 교육목표를 설정할 때는 학습자의 특성, 사회의 요구, 교과에 대한 분석을 기초로 해야 하며 교육목표는 다시 철학과 학습심리에 의해 재조명 되어야 한다고 설명하고 있다. 철학은 여러 목표 중 우선순위를 결정하거나 일관성을 갖는 데 도움이 되며, 학습이론은 어떤 방법으로 수업을 전개하는 것이 효과적인지 알려주는 역할을 한다. 즉 학습자의 특성, 사회의 요구, 교과에 대한 분석을 기초로 설정된 목표를 철학과 심리학이라는 체(screen)를 통해 걸려 교육목표를 설정해야 한다.

설정된 교육목표를 달성하기 위해 내용이 선정되어야 하는데 이를 위한 교육구성 운영원리와 방과후학교 적용점을 제시하면 다음과 같다.

첫째, 목표를 성취할 수 있는 내용이어야 한다. 학습지도가 가능하려면 목표가 학생이 성취할 수 있는 것인지, 프로그램 진행은 어떻게 전개하는 것인지 우선적으로 점검되어야 한다. 목표는 프로그램을 계획하고 실행하는데 있어서 나침판과 같은 역할을 한다. 따라서 학생이 스스로 제공된 학습환경에서 학습에 책임감을 가질 수 있는 프로그램을 설계해야 한다. 즉, 지도강사는 목표를 중심으로 학생들의 자발적인 참여를 유도할 수 있도록 설계하고 학생들은 제고된 학습 환경에서 스스로 학습목표를 세우고 책임감 있게 배우고 활용할 수 있도록 진행하야 한다.

둘째, 프로그램 참여 학생의 능력, 흥미, 수준 적합성이 고려되어야 한다. 방과후학교에 참여하는 수요자는 초등학교 저학년부터 중 · 고등학교 학생까지 아주 다양한 연령이 참여한다, 따라서 학생들의 능력, 흥미, 수준이 다를 수 있으며, 개인차가 있으므로 같은 프로그램을 해도 차별적으로 프로그램이 운영되어야 한다.

셋째, 다양한 프로그램의 통합교육–일목적 다경험, 다목적 일경험적인 내용에 대한 고려가 있어야 한다. 프로그램을 설계하고 진행할 때 지도강사는 전체적인 학습이 통합된 형태로 언제 이루어지는가를 염두에 둘 필요가 있다. 학생들의 정답과 오답을 판별해 내는 능력에 초점을 맞추면 아동들의 흥미를 유발할 수 없기 때문에 다양한 가치를 추구할 수 있도록 학생들을 지도해야 한다. 지도강사는 언제 어떻게 학생들에게 어떠한 양과 질의 학습이 이루어졌는가를 확인할 수 있는 프로그램 설계가 필요하다.

마지막으로 지역사회 인적 · 물적 인프라 구축과 활용이다. 학습의 장을 학교에서 가정과 지역사회로 확대하고 학교–가정–지역사회 연계의 공동체를 구축해야 한다. 학교교육에서 실시하기 어려운 문화, 예술, 스포츠 활동을 비롯한 사회, 자연체험 등 다양한 활동의 기회를 학생들에게 제공하기 위해 지역사회 인적 · 물적 자원의 효율적인 활용을 위한 협력체제가 필요하다. 따라서 방과후학교 유관기관과 단체와의 협의체 구성과 활성화를 위해 지역사회 주요 인적 · 물적 인프라 구축을 통한 지속적인 협력체제 구축에 노력해야 한다.

2. 특기 · 적성프로그램

특기 · 적성교육활동이란 방과후 다양하고 선택적인 교육활동으로, 교육 수요자의 요구와 학생 개개인의 특기 · 적성, 수준을 고려하며, 학교와 학부모 및 지역사회의 인적 · 물적 자원을 최대한 활용한 교육활동을 의미한다(김수동 외, 2000).

특기 · 적성교육은 지난 1995년의 5 · 31교육개혁에서 제안된 '특기 · 적성교육활동'이라는 명칭으로 학교현장에 도입된 제도이다. 5 · 31교육개혁안의 골자는 교육공급자 중심의 교육체제에서 교육수요자 중심으로 교육의 방향을 전환하고 학생들의 다양한 개성을 존중하고 인성 및 창의성을 최대한 신장시키는 새로운 교육체제를 갖추어 모든 학생들의 잠재능력을 최대한 계발하는 데 그 목표를 두고 있다(교육개혁위원회, 1995; 허경철 외, 1998). 즉, 특기 · 적성교육은 '개인의 다양성이 발휘될 수 있는 교육적 기회를 제공함으로써 학생들의 인성 및 창의성을 함양하기 위한 프로그램'이다.

이상의 취지와 목적으로 도입된 '특기 · 적성교육활동'은 교육부에 의하여 1996년 2월 '방과후교육활동 활성화 방안'이란 구체적인 사업으로 일선학교에 시달되어 전국적으로 실시되었다.

특기 · 적성교육의 효과를 위한 최근 연구동향을 살펴보면 다음과 같다(김홍원 · 양애경 · 정영식 · 이성원, 2013).

한국교육개발원 연구보고서에 따르면, 방과후학교 참여 희망 프로그램을 조사하기 위해 '방과후학교에서 가장 참여하고 싶은 프로그램은 무엇인가(2개 선택)'라는 질문에 제1순위가 "취미" 관련 프로그램이라고 응답자의 약 40%가 응답하여 가장 높은 응답률을 보였다. 2순위로는 약 30%가 예체능, 체험활동이라고 응답하였고 다음으로 수학, 영어 등 교과프로그램은 약 15% 순으로 응답률을 보였다. 또한 '방과후학교 특기 · 적성프로그램이 소질 계발에 도움이 되었는가'라는 질문에 대한 만족도는 5점 만점 기준 평균 3.85점(100점 환산기준 77점)으로 나타나 비교적 높은 만족도를 보였다(김홍원 외, 2013). 따라서 방과후학교의 특기 · 적성프로그램은 학생 수요자 만족도를 높이는데 매우 효과적이며 학생들의 "꿈과 끼"를 살리는 중요한 디딤돌이 되고 있음을 알 수 있다.

'학생들의 인성 함양과 창의성 계발을 위한 다양하고 전문적인 프로그램을 도입하여 학생과 학부모들의 교육적 욕구를 충족시켜주는 기회를 삼아야 한다. 따라서 그동안 학교에서 제공하지 못한 다양한 형태의 프로그램을 개설하여 지속적인 교육이 이루어져야 한다(조지연, 2007). 교육의 장소는 방과후에도 도서실, 운동장, 강당, 음악실, 미술실 등의 특별실을 잘 활용해야 할 필요가 있다. 특히 정규교육과정에서 충족시키기 어려운 학생의 특기 · 적성과 소질 계발 등을 위한 프로그램을 학습자의 수요를 바탕으로 학생 개개인의 수준에 맞는 프로그램을 선택할 수 있도록 다양한 프로그램을 개설하여 운영한다. 동일 프로그램은 요일별로 겹치지 않게 배정하고 연계성과 연속성 및 패키지로 운영하여 수강생의 편의를 도모할 수 있도록 배려해야 한다. 그리고 시간표 작성 시에는 학부모나 학생들 요구를 반영하도록 한다. 방과후학교 프로그램의 여러 유형 중에 학생들과 학부모에게 만족감을 주는 프로그램은 특기 · 적성프로그램이다. 주간프로그램으로는 학생들의 취미생활과 사회 · 정서적인 안정을 위한 특별활동 프로그램으로 표현마당, 구연동화, 종이접기, NIE, 연극, 영화교실, 요리활동, 글쓰기, 독서, 컴퓨터, 놀이, 체육활동, 그림그리기 등으로 다양하게 이루어진다.

3. 교과 · 특기적성프로그램 운영사례(경기 ○○○ 학교 예시자료)

〈프로그램 운영〉

연간 운영계획에 근거하여 운영되는 프로그램은 기본적으로 교과프로그램과 특기 · 적성프로그램으로 구분되며 세부적으로는 수준별 특기 · 적성프로그램, 토요 특기 · 적성프로그램, 지역사회연계 프로그램, 기타 토요방과후 프로그램 등 다양하게 운영하게 된다.

1) 교과프로그램

교육과정 내 국어, 수학, 과학 등 교과 내용과 관련하여 심화 · 보충 · 수준별 맞춤형식으로 운영된다. 다만 「공교육정상화 촉진 및 선행교육 규제에 관한 특별법」(공교육정상화법) 개정안[1]에 의거, 2019년 2월까지 한시적으로 고등학교의 경우 방학 중 방과후학교 과정에서 한 학기 이내 선행학습은 허가하고 있으며, 읍 · 면지역에 소재한 농어촌 지역과 대통령령으로 정한 도시 저소득층 밀집지역의 중 · 고등학교에서는 학

1) 2016.5.19. '공교육정상화 촉진 및 선행교육 규제에 관한 특별법' 개정안 국회통과 내용에 근거

기 중에도 방과후학교에서 한 학기 이내 과정의 선행교육 프로그램을 운영할 수 있다.

2) 특기 · 적성프로그램

특기 · 적성프로그램은 사교육 대체 효과가 있도록 주 5일 연속으로 프로그램을 편성하게 된다. 피아노, 미술, 체육 등 개인별 맞춤형식의 개인레슨 방법 등으로 실시하게 되며, 기능을 요하는 경우 레벨테스트 등을 통해 맞춤형 프로그램으로 편성하여 운영해야 한다.

3) 토요 특기 · 적성 및 지역연계 프로그램

토요프로그램의 경우 수요조사 결과에 의거 학교 내, 또는 지역사회와 연계한 지정 장소에서 운영한다. 지자체에 따라서는 생활체육회나 체험학습센터, 대학교 등에서 운영하는 프로그램에 참여하게 되며, 이 경우 지자체로부터 예산 지원을 받거나 무료로 수강할 수도 있어 특기 · 적성 및 진로직업체험과도 연계하여 참여의 폭을 더욱 넓힐 수 있는 계기가 된다.

4) 기타 프로그램

교육기부에 의한 방과후학교 프로그램도 다양하게 운영되고 있다. 학교 실정에 따라 그 종류는 매우 다양하게 운영되고 있으며 일반적으로 자원봉사의 형태로 운영되는데 이 경우 재료 구입비의 경우에 수익자 부담으로 운영한다.

어머니 독서회, 책읽어주기, 독후감 및 역할극, 구연동화, 비즈공예, 한자교실, 서예교실 등 매우 다양한 영역에서 펼쳐지고 있다. 방학 시기의 경우에는 외부 단체 및 대학 등과 연계한 방과후 특별 캠프 형태로도 운영되고 있다.

예시자료 1 교과 · 특기적성프로그램 운영(예시)

| 표 9-6 | 교과 · 특기적성프로그램 운영 일정표

구분	대상	부서명	텀수	요일	장소	운영시간	모집인원	강사	채용			비고
									공고	본교교사	외부지원	
교과프로그램	1–2	수학 실력 다지기	9	월, 금	디딤돌 교실	13: 10~13: 50	10	○○○	○			학력향상지원비
	3–4					14: 00~14: 40	10					
	5–6					14: 50~15: 30	10					
	1–2	영어회화1	.	월, 목	어학실	14: 00~14: 40	돌봄학생	원어민 교사		○		
	3		.	월, 목		14: 50~15: 30	돌봄학생					
	4–6	토요 수학 교실	30회	토	4학년 교실	09: 00~10: 30	15	○○○		○		학력향상지원비
특기·적성프로그램	4–6	방송댄스	4	월	강당	14: 40~16: 20	15	○○○	○			
	1–2	레고	39회	화	돌봄교실	13: 50~14: 40	돌봄학생	○○○	○			돌봄교실운영비
	3					14: 40~15: 30						
	1–6	플룻	5	화	방과후 지원실	14: 40~16: 20	12	○○○	○			겨울방학 1텀 포함
	1–2	그리기	4	수	과학실	14: 10~15: 00	20	○○○	○			
	3–6					15: 00~15: 50	2					
지역연계	전교생	티볼 및 뉴스포츠	.	토	강당 (생활체육)	09: 00~11: 00	20	생활체육회 강사			○	협회지원 토요스포츠데이

예시자료 2 돌봄교실의 교과 · 특기적성프로그램

1) 시간 운영 계획(예시자료)

| 표 9-7 | 교과 · 특기적성프로그램 운영 주간계획안

구 분	담 당	활동	월요일	화요일	수요일	목요일	금요일
12 : 00~13 : 00	○○○ (돌봄전담사)	자유 활동	모이기	모이기	모이기	모이기	모이기
13 : 00~13 : 30	○○○ (돌봄전담사)	선택 활동	과제물 지도	과제물 지도	과제물 지도	과제물 지도	과제물 지도
13 : 30~14 : 30	돌봄전담사 본교교원 외부강사	단체 활동	영어회화 (원어민)	레고 (외부강사)	종이접기 (보육전담사)	영어회화 (원어민)	NIE (보육전담사)
14 : 30~15 : 00	돌봄전담사	단체	간식 시간				
15 : 00~16 : 00	○○○ (교사)	단체 활동	교과 학습지도(수학)				
16 : 00~16 : 50	○○○ (돌봄전담사)	선택 활동	전래놀이	구연동화	미술활동	요가스트레칭	독서 (도서관)
16 : 50~17 : 30	○○○ (돌봄전담사)	정리 및 하교	정리, 하교	정리, 하교	정리, 하교	정리, 하교	정리, 하교

2) 학기중 프로그램 구성(예시자료)

| 표 9-8 | 교과 · 특기적성프로그램 운영 일일계획안(학기 중)

활동 영역	세부지도 내용	역할 분담
학습 지도 (1일 1시간)	• 수학 보충학습 실시 • 사이버 가정학습 다높이 지도	돌봄 담당교사
방과후연계활동	• 리코더, 그리기, 수학, 플룻	방과후 강사
전체프로그램	• 영어회화(월, 목), 레고(화), 종이접기(수), NIE(금)	원어민강사, 외부강사
창의 활동	• 야외 활동 : 민속놀이, 게임과 율동, 모래놀이 등 • 공작 프로그램 : 색종이 접기, 게임과 율동, 지점토 만들기, 풍선 아트 등 미적 체험활동 • 음악 프로그램 : 동요, 민요, 리듬악기 연주, 국악 감상 등 • 창의 프로그램 : 창의학습지, 칠교놀이, 신문 활용교육 등 • 특색 프로그램 : 방학 중 외부강사 초빙 특별강좌	초등보육 전담사

활동 영역	세부지도 내용	역할 분담
인성교육활동	• 독서, 동화 듣기, 개별 상담활동(상담교사 활용)	
개인 · 자유 활동	• 학생의 안전 생활과 휴식을 포함하는 모든 개인적 • 선택과 자율성이 존중되고 지도되는 활동	

3) 방학 중 프로그램 구성(예시자료)

| 표 9-9 | 교과 · 특기적성프로그램 운영 일일계획안(방학 중)

활동 영역	세부지도 내용	비고
학습 지도 (1일 1시간)	• 수학 보충학습 실시 • 사이버 가정학습 다높이 지도	돌봄 담당교사
특기 적성	• 돌봄교실 아동을 대상으로 방학중 실시(여름, 겨울) • 수강료 및 재료비 돌봄교실 운영비에서 지원	특기 · 적성 강사
전체프로그램	• 영어회화, 레고, 종이접기, NIE, 창의인성놀이	원어민강사, 외부강사
방학 중 방과후 연계 활동	• 컴퓨터, 플룻, 영어(희망 학생의 경우 실시)	방과후 강사, 원어민
창의 활동	• 야외 활동 : 민속놀이, 게임과 율동, 모래놀이 등 • 공작 프로그램 : 색종이 접기, 게임과 율동, 지점토 만 들기, 풍선 아트 등 미적 체험활동 • 음악 프로그램 : 동요, 민요, 리듬악기 연주, 국악 등 • 창의 프로그램 : 창의학습지, 칠교놀이, 신문 활용교육	초등보육전담사
놀이 활동	• 레고 놀이 • 칠교 놀이 • 몰펀 놀이	초등보육전담사, 담당교사
계절 놀이	• 물놀이 2회 실시(7월 1회, 8월 1회)	초등보육전담사
인성교육활동	• 독서, 동화 듣기, 개별 상담활동(상담교사 활용)	초등보육전담사
개인 · 자유 활동	• 학생의 안전 생활과 휴식을 포함하는 모든 개인적 • 선택과 자율성이 존중되고 지도되는 활동	초등보육전담사

4) 월별프로그램별 운영계획(안) 예시자료

| 표 9-10 | 교과 · 특기적성프로그램 운영 월별계획안(방학 중)

영역	특기 · 적성프로그램지도				
대상	2,3학년	기간	2016. 6월	지도교사	○○○

학습 지도 계획

일자	요일	영역	지도내용		준비물	비고
			2학년	3학년		
2016.06.01	수	리코더	텍사스의 노란 장미 계이름 외우기	어머님 은혜 계이름 외우기	리코더, 악보	
2016.06.02	목	리코더	텍사스의 노란 장미 계이름 외우기	어머님 은혜 계이름 외우기	리코더, 악보	
2016.06.03	금	리코더	텍사스의 노란 장미 계이름 외우기	어머님 은혜 계이름 외우기	리코더, 악보	
2016.06.07	화	리코더	텍사스의 노란 장미 계이름 외우기	어머님 은혜 계이름 외우기	리코더, 악보	
2016.06.08	수	리코더	텍사스의 노란 장미 음계 연습	어머님 은혜 음계 연습	리코더, 악보	
			중간 생략 (6. 9~ 6.15)	활동 내용 연속적 반복		
2016.06.16	목	리코더	작은 주전자 계이름 외우기	개똥벌레 계이름 외우기	리코더, 악보	
2016.06.17	금	리코더	들장미 소녀 캔디 계이름 외우기	개똥벌레 계이름 외우기	리코더, 악보	
2016.06.20	월	리코더	들장미 소녀 캔디 계이름 외우기	개똥벌레 계이름 외우기	리코더, 악보	
2016.06.21	화	리코더	들장미 소녀 캔디 음계 연습	개똥벌레 음계 연습	리코더, 악보	
			아래 생략			

4절 방과후학교 실제 수업 설계

프로그램별 교육활동 운영계획 수립할 때는 지도 목표 및 내용, 지도 기간, 대상, 차시별 지도 계획, 활용 교재(준비물) 등을 포함하고, 프로그램별 교육활동 운영계획서를 사전에 수합하여 홍보함으로써 방과후학교 수강생 모집에 활용한다. 방과후학교 프로그램 운영에 필요한 교재는 학교별, 프로그램별로 수준별 교재를 개발하여 활용하는 것을 원칙으로 하며, 부교재를 사용할 경우, 학교운영위원회의 심의를 거쳐 선정하도록 한다. 부교재를 일괄 구입 및 활용하는 행위는 금지하므로 예외적으로 구입하기 어려운 준비물은 사전협의를 통하여 일괄구입 가능하도록 한다. 프로그램 운영 시 필요한 교재비 및 재료비는 수강을 희망하는 학생이 부담하는 것이 원칙이다. 방과후학교 실제 수업설계를 위한 예시자료를 제시하면 다음과 같다.

예시자료 3 교수 · 학습 과정안

| 표 9-11 | 교수 · 학습 과정안 1

<table>
<tr><td colspan="2">대단원</td><td colspan="3">중 3 Ⅳ. 세계 속의 우리나라</td></tr>
<tr><td colspan="2">학습단원</td><td colspan="3">세계로 진출하는 우리나라</td></tr>
<tr><td colspan="2">주제명</td><td colspan="3">해양 진출의 요지로 성장하는 우리나라</td></tr>
<tr><td colspan="2">평가요소</td><td colspan="3">1. 로테르담과 싱가포르가 무역 중심지로 성장하게 된 이유
2. 대한민국의 해양 강국으로의 성장 가능성에 대한 자신의 의견 표출하기</td></tr>
<tr><td colspan="2">학습목표</td><td colspan="3">대한민국의 해양 강국으로의 성장 가능성에 대해 말할 수 있다.</td></tr>
<tr><td>과정</td><td>시간</td><td>교수 · 학습방법</td><td>교수 · 학습활동</td><td>비고</td></tr>
<tr><td>내 생각
가져오기
(도입)</td><td>5분</td><td>동기유발</td><td>인사 및 출결 확인
우리나라의 수리적 · 지리적 위치를 확인한다.</td><td></td></tr>
<tr><td>내 생각
만들기
(전개)</td><td>30분</td><td>평가 문항 작성
및 강의, 토론</td><td>평가 문항 작성
– 평가 문항지를 작성한다.
평가요소 학습
– 로테르담과 싱가포르의 지리적 장점을 설명한다.
– 우리나라의 지리적 위치를 통해 해양 강국으로의 성장 가능성에 대해 설명한다.
우리나라의 해양강국으로의 성장 가능성에 대해 자신의 의견을 발표한다.</td><td></td></tr>
<tr><td>내 생각
정리하기
(정리)</td><td>10분</td><td>평가 문항 재작성
및 정리</td><td>토론한 것을 바탕으로 평가 문항지를 재작성하고 학습 내용을 정리한다.
차시 예고</td><td></td></tr>
</table>

자료 : 교육과학기술부 · 한국교육개발원(2012). 방과후학교 교원연구대회 수상사례집(자료집 부문).

| 표 9-12 | 교수 · 학습 과정안 2

15	Ⅳ. 세계 속의 우리나라	학년/반/번/이름
평가 요소	1. 로테르담과 싱가포르가 무역 중심지로 성장하게 된 이유 2. 대한민국의 해양 강국으로의 성장 가능성에 대한 자신의 의견 표출하기	

지도 (가)는 로테르담과 싱가포르, (나)는 대한민국을 다른 유형의 세계지도에 각각 표시한 것이다. 물음에 답하시오.

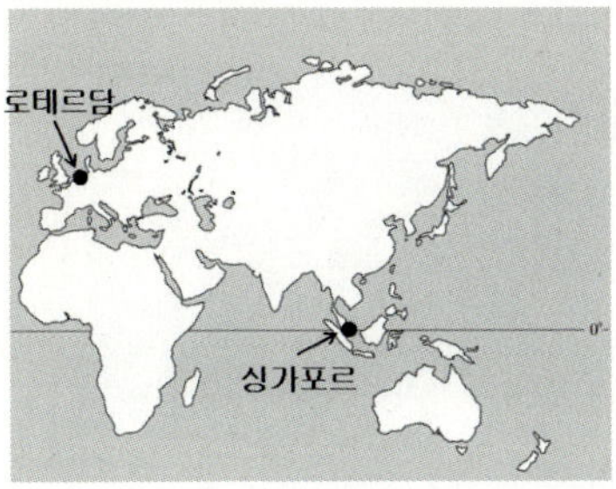

(가)

(나)

서술형 1 로테르담과 싱가포르가 세계적인 무역 중심지로 성장하게 된 이유를 지리적 위치와 관련지어 서술하시오.

답 안

논술형1 대한민국의 해양 강국으로의 성장 가능성을 지도 (가), (나)를 바탕으로 비교 논술하시오.

답 안

자료 : 교육과학기술부 · 한국교육개발원(2012). 방과후학교 교원연구대회 수상사례집(자료집 부문).

| 표 9-13 | 교수 · 학습 과정안 3

15	Ⅳ. 세계 속의 우리나라	학년반번이름
학습단원: 해양 진출의 요지로 성장하는 우리나라	**학습목표**: 대한민국의 해양 강국으로의 성장 가능성에 대해 말할 수 있다.	

로테르담과 싱가포르항의 지리적 특징

싱가포르는 석유가 생산되지 않지만 서남아시아 지역의 석유를 수입·가공하여 아시아의 다른 지역으로 수출하는 오일 허브이다. 싱가포르가 오일 허브로 성장할 수 있었던 이유는 태평양과 인도양을 연결함과 동시에 인도차이나 반도와 그 남단에 있는 도서 지역을 연결하는 지리적 이점을 살렸기 때문이다.

또 네덜란드는 세계 경제 강국인 영국, 독일, 프랑스와 인접해 있다. 이러한 지리적인 특성을 최대한 활용하기 위하여 물류 중심지 전략을 추구하였으며, 로테르담에 대형 항구를 건설하여 유럽 대륙의 관문 기능을 담당하게 하였다. 오늘날 로테르담 항은 유럽 서안 항만 물동량의 절반을 처리하는 유럽 최대의 항구로 성장하였다. 이러한 물류 기반 시설은 유럽을 찾는 기업이나 관광객들에게 매력적인 요소로 여겨져 제조업과 서비스업까지 활성화되고 있다.

○ 싱가포르 항(위)과 로테르담 항(아래)

북극해 상용화에 따른 우리나라와 로테르담의 항로 및 물리적 거리

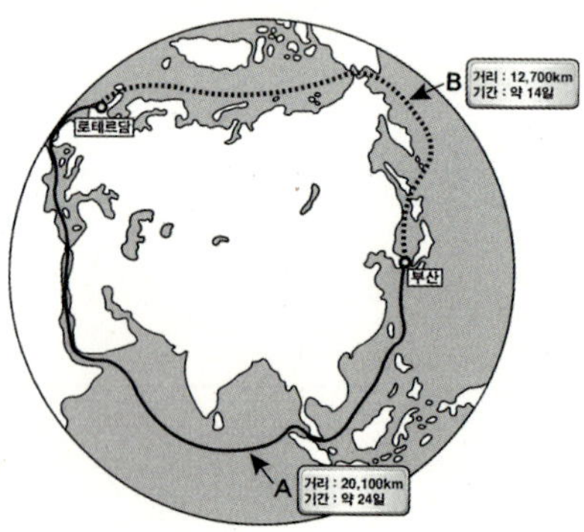

자료 : 교육과학기술부 · 한국교육개발원(2012). 방과후학교 교원연구대회 수상사례집(자료집 부문).

예시자료 4 방과후학교 특기 · 적성 프로그램 운영계획(안)

| 표 9-14 | 특기 · 적성 프로그램 통합교육 운영계획

행복한 어린이 전통식문화 교실 세부 운영계획

1. 목적

- 전통식문화와 향토음식 계승 발전을 위한 어린이 미각 전문 교육 모델 발굴
- 한식 세계화를 위한 전통식문화 이해 증진 및 녹색 식문화 실천

2. 방향

- 식생활 교육 정책 및 지역 여건을 고려한 전통 식문화 교육 프로그램을 집중 운영하여 차세대 전통 식문화 계승 발전 시범 모델 발굴
- 전통 식문화의 발생과 세계화, 농산물의 생산에서 수확까지의 과정을 새로운 성장 동력으로 이해하고 차세대 식문화 리더로서 역할 수행 능력 배양
- 어린이 중심의 맞춤형 교육과정으로 가정, 학교, 기관(교육지원청)이 함께 참여하는 단계적이며 통합적인 교육활동으로 연계 추진
- 지역 농산물의 우수성 인식과 소비 촉진 확산으로 녹색 식생활 실천 붐 조성 및 푸드 마일리지 감소 실천
- 차세대 입맛 계승 시범사업과 연계한 통합 교육 행사 등 일회성 교육이 아닌 교육과정의 일환으로 추진하여 시너지 효과 증대

3. 계획

- 시기: 4월~11월
- 장소: 신 ○○ 초등학교(*교육지원청 추천 학교)
- 대상: 4학년 1반 어린이 26명(남 13, 여 13) 및 교사, 학부모 등

4. 내용

〈교육프로그램 운영〉

- (필수)전통 식문화 교육과 한식 세계화 교육 기초과정
- (선택)전통음식 분류별 실습 교육: 전통차, 음청류, 떡, 한과, 발효음식, 약선, 시절식 등
- (방법)이론 + 실습 + 체험 등 다양한 방법으로 운영

〈통합교육행사 운영〉

- 우수 농산물 생산현장 방문 체험, 전통(또는 향토) 식문화 행사 및 사업장 견학
- 학부모와 함께 공주 농산물로 만드는 요리교육을 통한 소비 촉진
- 행복한 어린이 전통음식(향토음식) 특기 자랑 대회 및 지역 축제 참여 등

자료: ○○○교육청 예시자료.

〈교육프로그램 운영〉

| 표 9-15 | 특기 · 적성 교육프로그램 운영계획

회차	일자(*예정)	내 용	장 소	비 고
1	4월 11일(수) (12 : 30~14 : 00)	한국 음식 문화 특징 -문화적 특징과 역사성(이론) -한식 상차림(실습)	교실	김희영
2	4월 18일(수) (09 : 30~13 : 00)	한국의 발효 음식 -된장, 간장, 고추장(이론) -된장 가르기(실습) *희망 학부모 참여 권장	현장	전통 손메주 (의당 용현)
3	4월 25일(수) (12 : 30~14 : 00)	한국 음식의 세계화 -한식의 경쟁력(이론) -뽕잎햄버거(실습)	교실	이종례
4	5월 2일(수) (12 : 30~14 : 00)	우리지역 농산물과 향토 음식 -오이, 밤, 표고 우수성(이론) -향토 음식(밤묵) 체험	교실	김찬화
5	5월 9일(수) (12 : 30~14 : 00)	한국의 음청류 -오방색의 의미(고명) -오미자 화채(실습)	교실	김찬화
4	5월 22일(화) (09 : 00~14 : 00)	한국의 시절식 -시절식의 의미와 풍속 (3월 삼짓, 4월 초파일, 5월 단오) -화전, 쑥편, 삼색경단(실습)	현장	이종례 (풀향기농장, 정안 고성)
6	5월 29일(화) (09 : 00~14 : 00)	한국의 발효 음식 -발효음식의 원리와 종류(이론) -오디 효소(실습)	현장	이종례 (풀향기농장, 정안 고성)
8	6월 13일(수) (12 : 30~14 : 00)	한국의 다과상 -다과의 종류와 상차림(이론) -공주인절미, 다식, 밤양갱(실습)	교실	김찬화
9	6월 20일(수) (12 : 30~14 : 00)	한국의 약선 음식 -약식동원 의미(이론) -연잎밥(실습)	교실	김찬화
10	7월 3일(화) (09 : 00~14 : 00)	한국의 약선 음식 -약식, 약차, 다도 실습 -산야초 효능과 숲 체험 -산야초비빔밥(모둠별 공동체/뷔페식)	현장	이종례 (풀향기농장, 정안 고성)
계	10회			

〈통합 교육 행사 운영 계획 - 예시자료〉 ○○○ 교육청

| 표 9-16 | 통합 교육프로그램 운영계획

① 우수 농산물 생산 현장 체험 방문
- 시기: 5월 말(1일)
- 장소: 관내 우수농산물 생산농가 포장 및 로컬푸드 농산물 납품업체 등
- 대상 및 인원: 희망 학부모, 급식관계자, 교사 등 40명 내외
- 내용
  - 우수 농산물 생산현장 견학 및 체험, 로컬 푸드 생산 업체와 교류
  - 산지 우수 농산물 공동 구매 및 직거래 구매 활동 등

② ○○○ 농산물 웰빙 간식 만들기 교육과정 운영
- 시기: 6월 26~28일(3일간 *예정)
- 장소: 농업기술 센터 조리실
- 대상 및 인원: 희망 학부모, 교사 등 30명 내외
- 내용: 공주 농산물로 만드는 웰빙 간식 만들기 실습 교육

시간	1일차	2일차	3일차
3 시간	견과류 즉석떡 쌀빵 닭고기롤 밤호박양갱	두부햄버거 오이 그라니다 풋고추김치, 맛간장	약식, 밤(대추)초 단호박 크림스프

③ 전통 음식 문화 행사 및 사업장 견학
- 시기: 7월 말(1일)
- 장소: 전통음식 상품화 사업장 현지(*추후 선정)
- 대상 및 인원: 희망 학부모, 교사 등 40명 내외
- 내용: 지역농산물을 이용한 전통음식 사업장 견학 및 지역 향토식문화 체험 등

④ 행복한 어린이 전통음식(향토요리) 특기 자랑대회 개최
- 시기: 11월 초순경(※공주농업 대축제 행사와 연계 추진 예정)
- 장소: 농업기술센터 행사장
- 대상 및 인원: 어린이 + 조부모, 부모, 선생님, 친구 등 누구나/2인 1팀⇒ 10팀 내외
- 내용
  - 어린이가 중심이 되어 학부모 등과 함께 공주 농산물로 만드는 아이디어 요리, 전통(향토)요리 경연
  - 전문가 초청 심사 및 참가자 보상으로 음식의 미덕인 "나눔"을 실천하는 즐거운 시상식 개최

예시자료 5 직업체험학습(연간운영계획)

〈연간운영계획안-50차수 예시안〉

| 표 9-17 | 직업체험학습 연간운영계획

영역	차시	활동 주제	구체적 활동	준비사항 (학생, 교사, 코디 포함)
준비 과정	1~2	자기소개	자신의 특성을 소개한다.	• 자기소개 활동지
	3~4	흥미 검사	직업 흥미 검사를 통한 자신의 흥미를 파악한다.	• 흥미검사지 • 인터넷사이트
	5~6	적성 검사	적성, 진로인성 검사를 통해 자신의 적성을 파악한다.	• 흥미검사지 • 인터넷사이트
	7	나의 직업관 탐색하기	자신이 생각하는 직업의 의미와 기능을 생각해 본다.	• 직업관 활동지
	8	내가 소중히 여기는 가치는?	직업선택에 있어 중요하게 여기는 기준을 생각해 본다.	• 가치관 활동지
	9	내가 아는 사람들의 직업세계	주변 사람들의 직업을 탐색해 본다.	• 직업탐색 활동지
	10~13	직업의 종류 알아보기	직업의 종류에 대해 알아본다.	• 직업의 종류 학습자료
	14~17	직업 정보 검색	잡맵(JobMap)을 통해 다양한 직업의 종류와 직무 수행 시 필요 요건 등을 알아본다.	• 직업정보 활동지 • 인터넷사이트
	17~18	직장예절	기본적인 직장예절에 관해 익힌다.	• 직장예절 수업자료
	19~20	지역사회 일터 탐색하기	지역사회의 다양한 일터를 조사한다. 관심 있는 직업분야의 일터를 탐색한다.	• 분야별 우리지역 일터 목록
	21~22	체험장 결정하기	체험장으로 협조된 일터를 중심으로 관심 있는 분야의 일터를 선택한다.	• 체험장 프로그램 의뢰서 • 학부모 작업장 개방 의뢰서 • 학부모 설명문
		체험장 파악하기	체험활동을 하기 위해 사전에 체험장에 관한 다양한 정보를 파악한다.	• 체험일터 소개서 • 일터 요구 조사서
	23~24	개인별(모둠별) 사전 준비	비슷한 유형의 체험장을 선택한 학생을 묶어 모둠을 구성하여 체험을 위한 준비를 한다.	• 체험활동 시간표작성 • 서약서 • 체험장 관리자 사전교육

영역	차시	활동 주제	구체적 활동	준비사항 (학생, 교사, 코디 포함)
체험활동	25 ~50	진로직업 체험활동	체험장에 주기적으로 출근하여 직장의 분위기를 익히고, 직업에 대한 궁금증을 해소하며, 직업과 적성의 연관성을 파악한다. 더불어, 직업 활동의 의미와 직업 선택의 중요성을 배우는 계기로 삼는다.	• 근무일지 • 명찰 • 인터뷰일지 • 관찰록 • 업무기록 • 보람일지 • 새정보일지 • 작업장 숙련자의 충고 • 체험 중 방문일지 • 참여 학생 관리부
정리 및 평가	51	체험결과 평가 및 정리	다양한 종류의 직업체험 결과를 정리하여 체험활동을 평가한다.	• 정리평가지
	52	체험일지 마무리 및 발표준비	근무일지 및 인터뷰일지 등을 정리하여 발표한다.	• 설문조사지
	53 ~54	결과 발표회	학생, 담당교사, 체험장 관리자와 함께 발표회를 갖는다.	• 안내문 • 체험장 관련자 초청장
	55	감사편지쓰기	소중한 체험의 기회를 주신 체험장 관련자에게 감사의 편지를 쓴다.	• 편지양식
	56 ~57	진로와 연관 짓기	여러 체험활동을 되돌아보며 앞서 탐색한 본인의 흥미와 진로, 관심 직업과 연관 지어 진로의 방향을 생각한다.	
	58 ~60	포트폴리오 정리	1년의 활동에서 그치지 않고 진로탐색과 체험의 결과 및 소감을 포트폴리오로 정리하여 스스로 진로탐색을 할 수 있는 발판을 마련한다.	• 포트폴리오

자료 : 교육과학기술부 · 한국교육개발원(2012). 방과후학교 교원연구대회 수상사례집(자료집 부문).

탐구문제

1. 방과후학교 연간 운영계획을 작성해 봅시다.
2. 우리나라의 방과후학교 프로그램에서 교과프로그램이 많은 비중을 차지한 이유와 특기·적성교육 프로그램을 활성화할 수 있는 방안에 대해 토의해 봅시다.

10장

초등돌봄교실 운영 관리의 실제

초등돌봄교실은 돌봄이 필요한 학생들을 대상으로 정규수업 이외의 시간에 별도 시설(전용 또는 겸용 교실 등)이 갖추어진 공간에서 이루어지는 돌봄활동이다. 초등돌봄교실은 여성의 사회 진출 확대 및 맞벌이 가정의 증가와 같은 사회 변화에 따라 학부모가 자녀를 안심하고 양육할 수 있는 여건을 조성해야 한다는 사회적인 관심과 요구가 증대되고 저출산 대책으로 인식되면서 지속적으로 확대되고 있다. 이러한 초등돌봄교실을 효율적으로 운영하고 관리하는 방법에 대해 살펴본다.

1절 _ 초등돌봄교실 운영 관리
2절 _ 초등돌봄교실 설치 · 시설 관리
3절 _ 초등돌봄교실 참여학생 관리
4절 _ 초등돌봄교실 프로그램 관리

교 육 목 표

- 초등돌봄교실의 효과적인 운영 관리에 대해 알아본다.
- 초등돌봄교실의 효과적인 설치·시설 관리에 대해 알아본다.
- 초등돌봄교실의 효과적인 참여학생 및 프로그램 관리에 대해 알아본다.

1절 초등돌봄교실 운영 관리

초등돌봄교실의 운영근거는 "초·중등교육과정 총론, 교육부 고시 제2013-7호에 의하여, 학교는 학생과 학부모의 요구를 바탕으로 학기 또는 방학 중 프로그램을 개설할 수 있으며, 학생들의 자발적인 참여를 원칙으로 한다."(교육부·한국교육개발원, 2016). 이러한 운영근거를 바탕으로 초등돌봄교실은 학교에서 직접 운영 관리하는 직영 운영과 위탁 운영 두 가지 운영방식이 있다. 매해 교육부에서는 '초등돌봄교실 운영 길라잡이'를 17개 시도교육청에 배부하고 있으며, 시도교육청은 이를 지역 특성에 맞게 수정·보완하여 단위학교에 배부하고 있다. 또한 시도교육청은 단위학교의 초등돌봄교실 운영 전반에 대해 지원하고 컨설팅한다. 그러므로 본 절에서는 '초등돌봄교실 운영 길라잡이(교육부·한국교육개발원)'의 내용을 중심으로 살펴보고자 한다.

1. 운영 관리의 의미

'운영 관리'란 '운영'과 '관리'란 말의 합성어로 '어떤 조직이나 일을 관리하고 경영하기 위해 설비나 물자를 보존·이용·개량하거나 사람을 통솔하고 감독하는 것'을 의미한다. 이는, 실제 한 시설을 운영하고 관리하는 전 과정을 말하는 것으로, 초등돌봄교실이 잘 운영되려면 어떻게 관리해야 하는지를 말하는 것이라 할 수 있다. 초등돌봄교실은 "학교의 장이 학교 여건과 학생·학부모의 요구를 고려하여, 학교운영위원회의 심의(자문)를 거쳐 자율적으로 운영한다."(교육부·한국교육개발원, 2016). 그리고 초등돌봄교실 참여는 학부모와 학생의 자율적 선택 참여를 기반으로 운영한다.

1) 인사관리

인사와 인사관리의 사전적 개념을 살펴보면, 인사는 일정한 지위나 경륜을 갖추고 어떤 분야에서 능동적인 역할을 하는 사람으로, 인사관리는 조직체가 보유한 인적 자원의 효율적인 이용을 위하여 수행하는 일련의 계획적이고 체계적인 시책으로, 기업

(조직)의 능동적 구성요소인 인적 자원으로서의 종사자의 잠재능력을 최대한으로 발휘하게 하여 그들 스스로가 최대한의 성과를 달성하도록 하며, 그들이 인간으로서의 만족을 얻게 하려는 일련의 체계적인 관리활동을 뜻하는 것으로 정의한다(서영숙 외, 2014). 학교장의 직영 운영의 경우에 학교장 책임 아래 운영되며 위탁 운영의 경우에는 위탁업체가 위탁 운영에 관한 사항을 학교장에게 위임받아 프로그램 운영 전반을 책임지고 운영한다.

(1) 돌봄인력관리

초등돌봄 인력이란, 돌봄교실에 참여하고 있는 돌봄전담사, 교사, 돌봄보조인력, 단체활동 지도강사 등을 총칭하며 돌봄교실을 운영하는 데 중요한 역할을 수행하고 있기 때문에 책임감과 사명감을 갖고 업무를 수행할 수 있도록 운영 및 관리 시스템을 갖추도록 한다(교육부 외, 2015).

① 초등돌봄전담사

초등돌봄전담사는 "돌봄교실 프로그램의 운영과 학생의 보호, 교실관리, 관련보고, 기타 돌봄교실 관련업무 등을 전담하는 인력"(교육부 · 한국교육개발원, 2016)을 일컫는다. "돌봄전담사의 자격은, 유 · 초 · 중등 교사, 보육교사 2급 이상 자격 소지자를 원칙"(교육부 · 한국교육개발원, 2016)으로 돌봄교실 운영 전문성을 확보한다. 다만, "인력확보가 어려운 농어촌 지역 등은 시 · 도별 채용기준 · 절차를 마련하여 채용하고, 무자격 강사의 경우 일정기간 경과 후 자격 취득 또는 소정의 연수 이수 등 조건부로 채용한다."(교육부 · 한국교육개발원, 2016). 돌봄전담사의 업무 및 역할은 학교 실정 및 돌봄전담사의 무기계약직 또는 시간제계약직 등의 신분에 따라 조정하되, 생활지도, 학생 출결관리, 안전지도, 귀가지도, 연월주간 운영계획 작성, 프로그램 관리, 개인활동 관리, 급 · 간식 준비 및 제공과 사후처리, 돌봄교실 관리, 돌봄교실 관련 업무 협조 등을 주요 업무 및 역할로 한다. 채용근거는 시도교육청 계획에 의하며, 공개 모집과 서류 심사 및 면접 절차 등을 강화하여 유능한 인재를 발굴 · 채용한다. "돌봄전담사 채용 시 학교, 교육지원청, 시도교육청, 워크넷(www.work.go.kr, 고용노동부), 취업정보사이트 등의 온 · 오프라인을 통한 다수의 공개모집 홍보를 통해 유능한 인재를 확보"(교육부 · 한국교육개발원, 2016)하도록 한다.

② 돌봄대체인력

대체인력은 돌봄전담사 부재 시 대처 가능하도록 조치하는 것을 목표로 하며, 예비 대체인력은 시도교육청(교육지원청 포함)과 단위학교 등의 인력풀 구성을 활용하여사전에 확보한다. 기 추진 중인 시도교육청별 학교회계직원 대체인력 관련 계획 등에 대체인력 인력풀 구성에 대한 사항을 추가 포함하여 운영 가능하다.

③ 돌봄보조인력

돌봄보조인력은 돌봄교실 운영과 관련된 업무를 지원 또는 보조하는 인력을 말하며, 대상은 학부모, 지역인사, 교육기부자, 대학생 등 매우 다양하다. 돌봄보조인력의 역할은 생활지도, 안전관리, 급 · 간식 준비 및 사후처리, 귀가, 야간순찰 등의 지원 또는 보조와 필요한 경우 학생 개인 및 단체 활동의 지원 또는 보조, 그 외 돌봄교실 운영과 관련한 업무 지원 또는 보조 그리고 방과후학교 연계형 돌봄교실 관리 등이다. 다만, 교육기부자 또는 대학생 등은 프로그램 운영 지도가 가능하다는 학교장 판단이 있을 경우 프로그램 운영 지도가 가능하다.

돌봄보조인력의 확보방법은, "대학생 봉사활동으로 대학의 봉사활동 과목과 돌봄교실 연계 및 대학생 멘토링의 활용, 교원양성과정 대학생(대학원생)의 초등돌봄교실에서의 봉사활동을 교직과목 중 교육봉사활동 실적으로 인정하여 돌봄교실 봉사활동 참여 권장, 교육(지원)청별로 인근 대학과 업무 협약을 통해 교육(사회)봉사활동으로 인정 가능한 돌봄교실 봉사활동 참여 권장"(교육부 · 한국교육개발원, 2016), 돌봄교실에서 일정시간 이상의 교대생 봉사활동 관련 지침을 통해 제도화하는 방안 마련 등을 들 수 있다.

2) 사무 · 재정관리

(1) 사무관리

사전적 의미에서의 사무(事務)는 자신이 맡은 직책에 관련된 여러 가지 일을 처리하는 일로 대부분 책상에서 문서 따위를 다루는 일을 일컫는다. 한편, 사무관리는 시설의 업무가 효율적으로 수행될 수 있도록 하는 사무 자체와 이에 부수되는 제반 활동을 계획하고 조직하며 통제하는 전체 행정 활동을 말한다(서영숙 외, 2014). 초등돌봄교실의 사무관리는 초등돌봄교실 활동의 수행과정에서 수반되는 제반 기록과 장부 작성 및 보관, 공문서와 제고의 정리 등 문서관리를 집행하고 처리하는 업무를 의미한다.

문서관리는 시설 운영에 필요한 각종 문서의 작성, 처리 및 관리, 보존하는 것으로 보다 합리적으로 운영하기 위해 효율적인 자원의 사용과정을 체계적으로 표준화한 것이며, 문서관리는 주로 시설의 운영 및 재정 사용, 행정업무의 문서 서식 등을 포함한다(보건복지부, 2013).

학교(장)는 운영 계획, 강사 채용관련 서류, 강사 출석부, 식단표, 학생 기초조사 등을 구비해야 하고, 담당교(강)사는 교육활동 지도 계획(안), 학생·특기강사 출석부, 학생·학부모 상담기록부, 프로그램 만족도 조사지 등을 구비한다. 교육활동 평가·환류로는 초등돌봄교실 운영 계획에 의한 수업공개 및 만족도 조사 실시, 주기적인 교육활동 평가 및 결과 환류 등이다. 교육활동 관련 업무로는 초등학교교육과정을 근거로 하여 학습보충 및 과제 지도, 특별활동 및 독서 지도, 자율학습 지도 등으로 교육활동 구성, 연간지도 및 주간교육 계획안 작성, 학생지도 및 돌봄교실 운영 관련 서류(일일교육활동 일지), 학생·학부모 상담기록 등 비치, 학교 홈페이지·가정통신문 등을 활용한 주간교육활동 예고, 학생의 발달단계를 고려한 질 높은 프로그램 제공, 자체 계획에 의거한 학생·학부모 요구를 반영한 질 높은 프로그램 운영, 기초 학습 능력 신장을 위한 교과 관련 프로그램의 편성·운영, 교내 방과 후 프로그램 연계·운영, 지역사회 자원을 활용한 다양한 프로그램 운영 시도, 월 1회 이상 각종 안전사고 예방 교육 실시, 모든 교육활동에 대한 다양한 방법을 활용하여 평가하고, 추후 교육 계획에 반영하는 것 등이다.

| 표 10-1 | 업무처리 흐름도에 따른 업무 내용 (예시)

단계	업 무 내 용
준비	① 돌봄교실 추진 조직 구성 – 전담부서, T/F팀, 돌봄교실소위원회, 돌봄교실추진위원회 등 학교여건을 고려하여 조직
	② 학교 및 지역사회 여건 및 실태 분석 – 생활수준 / 시설 / 인적자원 등 여건 파악 – 학교, 교원, 학생 및 학부모 등 실태 분석 – 전년도 운영결과 평가, 수요조사결과 분석 – 당해 연도 시도교육청 주요 업무 계획, 학교장 경영관 고려 등
계획 · 심의	③ 수요조사 및 결과 분석 – 가정통신, 홈페이지, 학부모회 등 홍보 – 학부모 의견 수렴 등
	④ 연간 운영 계획안 작성 · 심의(학교운영위원회) – 목적, 방침, 운영 일정(수요조사 포함), 운영방법, 인력 채용에 관한 사항 등
실행계획	⑤ 프로그램 개설 및 관리 방안 마련 – 돌봄교실 운영유형(오후 · 저녁)별 프로그램 내용, 시간 등 – 돌봄인력(돌봄전담사, 돌봄보조인력 등) 모집, 위촉, 관리 등 – 지역사회 연계 및 민간서비스 위탁 운영에 관한 사항 – 방과후학교 연계형 돌봄교실에 관한 사항
	⑥ 세부 운영 계획 수립 – 세부 운영 및 전반적 관리(인력, 안전, 생활지도, 급 · 간식, 학부모 홍보 등)방안 등이 포함된 계획
	⑦ 입실 대상자 확정, 돌봄인력 모집 · 선정 및 급 · 간식 업체 선정 – 돌봄교실 및 방과후학교 연계형 돌봄교실 대상 확정 – 돌봄전담사 선정 및 필요한 경우 급 · 간식 업체 선정 등 심의 – 방과후학교 연계형 돌봄교실에 관리인력 모집 · 선정
운영	⑧ 돌봄교실(오후/저녁) 및 방과후학교 연계형 돌봄교실 운영 – 프로그램 활동 전개 / 회계 관리 / 돌봄교실 관리 / 인력 관리 등
평가	⑨ 운영평가 및 환류 – 프로그램 활동 공개 / 수요자 만족도 조사 / 모니터링 등

자료 : 교육부 · 한국교육개발원(2016). 2016 초등돌봄교실 운영 길라잡이. p.26.

(2) 재정관리

초등돌봄교실의 운영 방침 및 계획을 실천하고 질적으로 우수한 프로그램을 운영하기 위해서는 재정확보가 요구된다. 아무리 운영계획이 좋다하더라도 그것을 뒷받침해 줄 수 있는 재정이 확보되어 있지 않으면 그 실효를 거두기가 어렵기 때문이다. 그러나 확보된 재정이라 하더라도 오용하거나 예산 편성이 적절치 못하다면 프로그램의 질이 떨어지게 된다. 즉, 재정 확보 후에도 관리가 적절하게 이루어져야 운영 목적에 적합한 집행이 가능하다. 따라서 질 높은 운영을 위해서 건실한 재정적 기반의 조성과 그것의 효과적인 관리가 필수적이다. 궁극적으로 재정관리는 보고양식이나 절차를 아는 일보다 운영의 목적과 목표 달성을 위해 어떻게 효율적으로 뒷받침해야 하는가에 초점을 두어야 하며, 최소의 자원으로 최대의 효과를 얻을 수 있도록 운용되어야 한다(보건복지부, 2000). 초등돌봄교실 운영예산은 「지방교육재정교부금법 시행규칙」 제7조1항에 의해 기준재정 수요액에 반영하도록 되어 있다.

3) 홍보

홍보는 PR(public relation)의 번역어이지만 다양한 계층과의 폭넓은 관계 형성을 통해 이해의 폭을 넓히고 사랑받기를 추구하는 일련의 커뮤니케이션 활동이라고 할 수 있다. 즉, 홍보는 이미지 증진을 위한 제반 활동을 널리 알린다는 의미다.

홍보의 기본 방향은 첫째, 미래사회에 대비하는 창의적인 인재 육성의 초등돌봄교실 비전과 둘째, 학교교육기능을 보완 확대하여 '사교육비 경감, 교육 격차 해소, 돌봄기능 확대, 지역사회 학교 실현'을 통한 공교육의 내실화에 중점을 둔 목적과 셋째, 프로그램 질제고, 우수 강사 발굴 · 육성, 취약계층 지원 강화, 수요자 중심 자율학교 운영, 지역사회 연계 · 협력을 모색한다.

홍보 시기는 보통 학년이 시작되기 전인 1월이나 2월이 적당하지만 초등돌봄교실의 특성상 수시로, 지속적으로 알릴 필요가 있다. 홍보는 교육청 및 단위학교로 "초등돌봄교실에 대한 올바른 이해와 공감대 형성, 지역사회 자원 유치 등"(교육부 · 한국교육개발원, 2016)을 위해서도 적극 실시한다. 홍보 내용에는 "초등돌봄교실의 정책 취지 및 운영 목적, 우수 교 · 강사 및 우수 프로그램, 관련 행사 등을 포함한다."(교육부 · 한국교육개발원, 2016).

2절 초등돌봄교실 설치 · 시설 관리

1. 초등돌봄교실 설치

초등돌봄교실 시설은 그 법적 근거 및 규정이 별도로 마련되어 있지 않으며 '초 · 중등교육과정 총론, 교육부 고시 제2013-7호'의 운영 근거와 교육부의 '방과후학교 운영 가이드라인과 초등돌봄교실 운영 길라잡이'를 각 시도교육청 상황에 맞게 수정 · 보완하여 설치 · 운영하고 있다. 이는 청소년방과후아카데미의 관련 부처인 여성가족부와 지역아동센터의 보건복지부의 시설 인가규정과도 상이하다. 특별히 설치인가 규정의 필요성을 느끼지 못하고 있는 이유는 학교의 유휴교실을 활용하는 것이 대부분이기 때문이며, 설치 · 운영을 위한 장소(교실)와 종사자 그리고 학생선발 계획만 있으면 설치 · 운영은 충분하다고 할 수 있다.

초등돌봄교실 구축절차는 다음과 같다.

그림 10-1 초등돌봄교실 구축절차

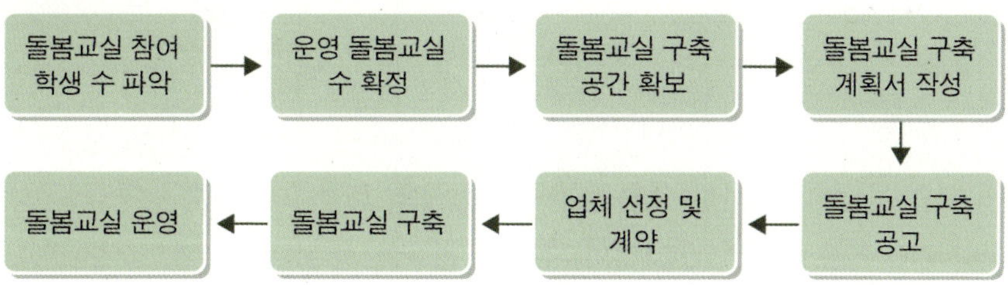

자료 : 교육부 · 한국교육개발원(2016). 2016 초등돌봄교실 운영 길라잡이. p.32.

설치 및 운영의 신청 시기는 전국 시도교육청 상황에 따라 보통 상반기와 하반기에 신청 공문을 각 학교로 발송하고 이를 근거로 각 학교에서는 신청서를 제출하지만 보통은 매해 12월과 1월 사이에 관련 공문이 각 학교로 발송된다. 이에 신청한 학교의 대부분은 인가를 받고, 인가를 받은 학교에는 최소 1,000만 원에서 3,500만 원의 설치

지원금과 매해 종사자 인건비를 지원받을 수 있다.

인가규정보다 구체적인 운영사항(계획)은 전국 "시도교육청의 상황에 맞게 설치·운영하도록 위임하고 있다."(교육부·한국교육개발원, 2016). 이에 학교마다 유휴교실이 있는 경우에는 가장 우선순위로 초등돌봄교실 설치를 권장하고 있다. 다만, 일반적으로 수요 대상 인원이 10명 미만일 경우에는 운영이 종료되는 경우도 있다.

| 표 10-2 | 운영개요

운영 유형	운영 시간	장 소	대 상	수용 인원	비용부담	비 고
오후 돌봄	13 : 00 ~17 : 00	전용교실 (1곳) 겸용교실 (1곳)	1~2학년 중 맞벌이·저소득층·한부모 가정 등의 학생 ※ 여유가 있을 시 2014년 오후돌봄 참여 학생도 포함 ※ 담임 추천 학생 포함	45	간식 수익자 부담 (교육비지원 대상자 무료) ex) 1인당 월부담액 : ○○원	방학 및 자율휴업일 포함 운영
저녁 돌봄	17 : 00 ~22 : 00	전용교실 (1곳)	오후돌봄에 참여한 맞벌이·저소득층·한부모 가정 등의 학생	20	저녁 급식 수익자 부담 (교육비지원 대상자 무료) ex) 1식 단가 : ○○원	학기 중 운영
방과후 학교 연계형 돌봄	방과후 ~17 : 00	특별실	3~4학년 맞벌이·저소득층·한부모 가정 등의 학생 중 방과후학교 프로그램에 참여하면서 오후돌봄교실을 이용하지 않는 학생 등	20	없음 (간식 및 프로그램 제공 없음)	방학 및 자율휴업일 포함 운영

자료 : 교육부·한국교육개발원(2016). 2016 초등돌봄교실 운영 길라잡이 부록. p.129~p.130.

2. 시설관리

초등돌봄교실의 시설관리는 지속적으로 방과 후 교육활동을 영위하기 위하여 설비되어 있는 물적 자원의 통합 관리를 의미한다. 초등돌봄교실에서의 시설관리는 물리적 환경조건인 학교 건물, 냉난방시설, 조리시설 등의 학교 시설·설비 전체를 포함한다. 보다 안전하고 질 높은 교육과 보호를 위해서는 대상 학생의 성장과 발달, 흥미, 욕구 등을 반영한 시설이 갖추어져야 하고, 학생이 가진 개개인의 능력을 최대한 발달시키기 위한 교재·교구를 갖추고, 모든 시설이 체계적이고 지속적으로 안전하게 관리되어야 한다.

초등돌봄교실은 대부분 학교 시설을 활용하여 운영되기 때문에 별도의 시설이나 설비 기준을 마련하지 않는다. 다만, 일반교실을 사용하지 않고 별도의 전용교실 사용을 권장하고 있는 돌봄교실은 시설비 등이 별도로 지원되기 때문에 더욱더 세심한 시설관리가 필요하다. 또한 돌봄교실 설치는 대부분 저학년 학생들이 활동하고 있고 늦은 시각까지 돌봄교실에 머물러 있는 경우가 많으므로 어느 정도의 설치 기준도 필요하다.

이에 대한 교육부의 초등돌봄교실 운영 가이드라인의 설치 기준을 살펴보면 다음과 같다(교육부 · 한국교육개발원, 2016).

첫째, 돌봄교실 설치 시에는 가급적 1층에 배치하고, 관리실 등과 인접하게 설치함으로써 학생의 편의와 안전을 고려해야 한다.

둘째, 돌봄교실은 정서적 안정을 도모할 수 있도록 편안하고 아늑하게 구성해야 한다.

셋째, 전용교실 설치를 위한 유휴교실이 없는 경우, 특별실, 도서실, 학급교실 등을 돌봄 겸용교실로 활용할 수 있다.

넷째, 방과후학교 연계형 돌봄교실은 추가 돌봄교실 시설 구축 없이 일반교실, 특별실 또는 도서실 등의 장소를 활용할 수 있다.

다섯째, 노후된 시설의 경우에는 시설 개선 및 추가 구축을 통해 안전하고 쾌적한 돌봄서비스 제공 환경을 조성하도록 하고 있다.

시설의 안전관리도 매우 중요한데, 실내·외 제반 시설 및 환경을 미리 점검하고 안전사고가 발생하지 않도록 학교의 실정에 맞는 체계적인 시설의 안전점검 계획을 수립하여 지속적인 안전관리가 이루어지도록 한다. 시설의 안전관리를 위해서는 안전점검을 위한 연간 계획을 세우고, 안전점검을 실시하기 전에 점검과 관련하여 업무 분담과 책임 이행에 대한 시설 안전관리 조직을 구성하며 관련 지침도 마련해야 한다.

돌봄교실의 환경 여건 조성의 구체적인 내용은 다음과 같다(교육부 · 한국교육개발원, 2016).

첫째, 장소 사용에 대해서는 유휴교실이 있는 경우에는 전용교실을 설치하여 사용하며, 유휴교실이 없는 경우에는 저학년 교실 및 특별실(도서실, 미술실, 음악실, 예절실 등) 등을 겸용교실로 리모델링하여 오전에는 일반교실로 오후에는 돌봄교실로 사용한다.

둘째, 환경 구성에 대해서는 겸용교실 설치 시 전용교실 환경과 비슷한 수준으로 조성하고, 정서적 안정을 도모할 수 있는 편안하고 아늑한 시설·설비 및 학습을 병행할 수 있는 교재·교구를 구비(필요한 경우, 냉장고, 식기, 싱크대, 살균소독기 등 구비)한다.

셋째, 시설 준비 상황에 대해서는 학생 안전지도 및 안전시설 관리를 고려(안전 및 대피시설 포함)하고, 출입이 편리하고 관리실, 화장실, 보건실, 교무실 등과 인접한 교실로 가급적 1층에 마련한다. 학생안전보호시스템(비상벨, 인터폰 등)을 구축하고 돌봄교실 운영계획 수립 시 겸용교실로 활용할 교실을 사전 지정하여 필수시설 중심으로 학교여건에 따라 구축하며 전용교실과 겸용교실에서 돌봄에 참여하는 학생의 차별성이 없도록 유의한다. 필수시설의 예로는, 교실 바닥 난방 설비 공사(전체/부분), 수납장, 낮은 책상 등 가구류, 냉장고, 학습 및 창의(블럭, 퍼즐 등) 교구 구비 등 학교교육과정 운영에 지장이 없는 범위에서 구축한다.

| 표 10-3 | 소요교구 및 가구(비품 포함) 예시

연 번	소요교구 및 가구	소요기준	비 고
1	천정형 에어컨	실당 1개	
2	공기청정기	〃	
3	벽걸이 TV(PC연결 가능,VCR겸용)	〃	최소 42인치
4	환등기	〃	
5	냉장고	〃	
6	싱크대	〃	
7	소독기	〃	화장실 앞
8	건조기	〃	
9	인덕션렌지	〃	
10	전자레인지	〃	
11	청소기	〃	
12	(디지털) 카메라	〃	
13	전화	〃	

연 번	소요교구 및 가구	소요기준	비 고
14	카세트	〃	
15	(전기) 포트	〃	
16	(디지털) 피아노	〃	
17	컴퓨터(교사용, 어린이용)	실당 3~4대 정도	
18	레이저프린터(교사용, 어린이용)	1개(공용포트)	흑백 및 칼라
19	(이동식) 화이트칠판	실당 1~2개	보드마카 사용
20	게시판	〃	벽부착
21	수납장 / 서랍장	〃	어린이 정서에 맞는 색상선정
22	독서대	학생 수	20명 기준
23	책장(500권 이상 비치)	반당 1~2개	원목소재로 교실 색상고려
24	신발장(실외, 실내)	〃	〃
25	(교사용) 책상 / 책꽂이 포함	실당 2개	보조교사용 포함
26	(교사용) 의자	〃	〃
27	(교사용) 캐비넷	실당 1~2개	〃
28	(학생용) 책상	학생 수	20명 기준
29	(학생용) 의자	〃	하이펙으로 공간활용가능
30	옷걸이 대(옷걸이 포함)	〃	〃
31	개인사물함	〃	〃
32	붙박이장	실당 1~2개	원목
33	구급함(비상약품 포함)	〃	보관 및 휴대
34	팩스	실당 1대	상황에 따라 구입유무 결정
35	복사기	〃	
36	캠코더	〃	
37	정수기	〃	
38	(전기) 밥솥	〃	
39	식기세척기	〃	

연 번	소요교구 및 가구		소요기준	비 고
40	기타	교재·교구류	블럭, 도미노, 퍼즐, 바둑, 체육기구, 악기류, 비디오테이프, CD, 사전류, 지도, 지구본, 교과 보충 및 특별프로그램 교재, 교구, 환경구성자료 등	체육기구 (공, 줄넘기, 훌라후프, 공기놀이 등)
		주방기구류	접시, 포크, 수저, 젓가락, 컵, 쟁반, 칼판, 과도, 식도, 물통, 그릇 등	석식 및 간식 관련 포함 (설거지가 용이한 것)
		(소규모) 비품류	거울, 시계, 우산꽂이, 화장지걸이, 걸레 대, 이불, 베게 등	환경구성에 따라 다를 수 있음
		소모품류	세제, 화장지, 찰흙, A4용지, 도화지, 스케치북, 컴퓨터잉크 등	상황에 따라 다를 수 있음

자료 : 양윤이 외(2010). 방과후학교 내실화 및 활성화를 위한 보육시설. 한국교육개발원.

3절 초등돌봄교실 참여학생 관리

1. 아동모집

참여 아동 관리는 수강생 모집을 위해 시설 및 프로그램을 홍보하고, 참여 아동 및 학부모와의 관계 형성을 통하여 양질의 서비스를 제공하기 위한 일련의 과정이라고 할 수 있다. 참여 아동 관리는 수강생 모집부터 프로그램이 종료될 때까지라 할 수 있다. 또한 홍보 시기와 방법 등 홍보와 관련하여서도 참여 아동 관리와 연계된다고 할 수 있다. 교사와 아동의 비율은 보통 교사 1인당 20명으로 권장하고 있지만 단위학교 상황에 따라 다를 수 있다.

모집 대상 학생은 돌봄이 필요한 학생을 대상으로 하되 저소득층·맞벌이·한부모 가정 자녀를 우선으로 하고, 3~6학년 학생은 연계형 돌봄교실에 참여할 수 있도록 지원한다. 오후·저녁 돌봄은 돌봄전담사가 담당하며 대학생 자원봉사 및 학부모 등 보조지원 인력을 활용할 수 있다. 방과후학교 연계형 돌봄교실은 퇴직교원이나 교육기부자를 모집하여 활용하거나 상황에 따라서는 교사 순번제로 담당할 수 있다.

1) 생활관리

초등돌봄교실 참여학생들은 해당 교실 내·외의 여러 장소에서 활동이 이루어지는 개인 및 단체 활동 참여로 시간, 장소, 내용도 다양한 편이다. 또한 정규교육과정 내에서 이루어지는 활동과 다르게 서로 다른 학급·학년의 학생들이 혼합되어 함께 생활하는 것이 일반적이다. 따라서 학생 생활지도는 중요하며, 학교는 초등돌봄교실의 생활지도체제를 갖출 수 있도록 하고, 이에 따른 생활수칙을 마련하고 그에 따른 수시지도를 의무화하도록 해야 한다. 학생 생활지도 계획을 수립하고, 연간 운영계획 수립 시에도 퇴실 규정을 포함한 생활수칙을 마련한다. 생활수칙은 참여학생들의 눈에 잘 띄는 곳에 크게 확대·출력하여 게시한다.

학생의 생활지도 체제 구축은 전 교직원 및 학부모 안전생활 체제로 구축한다. 가정통신문 발송 등을 통해 가정과 연계한 생활지도를 실시하고, 초등돌봄교실 생활수칙을 학생·학부모에게 필히 사전에 안내한다.

학생의 생활지도 내용은, 기본 생활 습관 지도로 "참여 시간 잘 지키기, 선생님 허락 없이 외출이나 귀가하지 않기, 돌봄교실 외에 다른 교실 출입 금지, 학습이나 놀이 활동 시 다른 사람 방해하지 않기, 교구나 교재 사용 후 정리정돈 잘하기, 선생님의 지도에 잘 따르며 개인행동 하지 않기, 교실 물건 소중하게 다루고 친구와 나누어 사용하기, 책가방 및 신발은 정해진 장소에 가지런히 정리하기"(교육부·한국교육개발원, 2016), 교실 내에서 휴대폰 사용 규칙 지키기 등과 언어생활 지도로 "친구에게 바르고 고운 말 사용하기, 웃어른에게 존댓말 사용하기, 폭언 및 거짓말 하지 않기, 교우 관계 지도로 친구를 괴롭히거나 따돌리지 않기, 친구 배려하기"(교육부·한국교육개발원, 2016) 등이 있다. 학생의 출결 및 이동 사항은 돌봄교실 출석부를 만들어 확인하여 관리한다. 학생 출결 등은 알림서비스 등을 활용할 수 있으며, 이에는 우수 문자 메시지 전송 서비스(SMS), 앱(App) 등이며, 사전에 허락 받지 않은 교실 밖의 학생 개별 활동을 제한하고 지도교사의 인솔 하에 활동을 수행한다. 학생 이동 사항을 돌봄전담사가 파악하고 참여 학생을 정확하게 파악하여 출결 확인을 철저히 한다. 학생의 생활지도 시 학생에 대한 직접적 체벌은 전면 금지되었고, 단위학교 학생 생활 규정에 준하는 교육적 훈육 방법으로 지도한다. 학생의 학대 및 성폭력 사실을 인지하였을 경우 학교장에게 신속하게 보고하고, 수사 및 관련 기관에 즉시 신고한다.

2) 안전관리

교실에서 시설·설비 및 교구와 그 사용에서 위험 요소가 없도록 해야 한다. 스스로를 보호하는 능력이 부족한 학생의 특성을 감안하여 안전한 환경을 제공하는 데 주의를 기울여서 안전하고 건강하게 성장·발달할 수 있도록 하며, 학생의 안전을 위해서는 교직원 및 지도교사 그리고 학부모가 함께 협력해야 한다. 안전사고는 우발적인 것이 아니라 환경과의 상호작용을 통해 나타나고 있기 때문에 이를 예방하기 위해서는 교실의 실내·외 제반 시설 및 환경을 미리 점검하고, 안전사고 시 수행할 수 있는 신속한 대응 및 대처 방안을 마련해야 한다(교육부·한국교육개발원, 2016).

교실 내·외에서 안전을 위해 준수해야 하는 안전규칙을 세우고 지도교사와 학생들 모두 숙지할 수 있도록 게시하며, 안전한 생활을 위해 학생들이 스스로 지켜야 할 안전 생활 규칙을 인식할 수 있도록 학생들이 잘 볼 수 있는 곳에 부착하여 지도한다. 체험활동의 경우, 사전 답사를 실시하고 현장 상황과 위험 요소 등을 파악한 후 안전 계획을 수립하고 반드시 안전교육을 실시한다. 학생 인솔 시 지도교사가 반드시 동행하여 안전지도를 철저히 하고, 체험활동 시 지켜야 할 안전사고 예방에 대한 사전지도를 실시하며 대중교통 이용 시 대중교통 이용 안전 규칙지도도 철저히 한다.

| 표 10-4 | 체험활동 관련 안전지도

체험활동 관련 안전지도 내용	
교통안전	• 횡단보도 이용 시 교통안전규칙을 지키고 뛰지 않는다. • 대중교통 이용 시 대중교통 이용 안전규칙에 따르며, 차례를 지키고 장난을 치지 않는다.
승강기안전	• 에스컬레이터를 탈 때는 황색 안전선 안에 서고 손잡이를 잡는다. • 에스컬레이터에서는 뛰거나 걷지 않는다.
물놀이 · 빙상활동	• 음식섭취 후 바로 활동하지 않고, 반드시 준비운동을 한다. • 안전규칙을 지키며 개인행동을 하지 않는다. • 선생님이나 안전요원이 지켜보는 곳에서 놀이 활동을 한다.
관람 활동	• 조용히 하고 뛰어다니지 않는다. • 선생님의 지도에 따르며 개인행동하지 않는다. • 전시된 작품이나 물건을 함부로 만지지 않는다.

자료 : 교육부 · 한국교육개발원(2016). 2016 초등돌봄교실 운영 길라잡이. p.76.

3) 귀가관리

학생 안전을 위해 "학부모 동행 귀가를 원칙으로 하고, 학부모 미동반 귀가 시 등을 대비하여 대리인 사전 지정제 등으로 운영할 수 있으며, 농어촌 등 원거리 지역의 경우 통학차량 운영방안"(교육부 · 한국교육개발원, 2016)을 강구한다. 오후 돌봄의 경우, 학부모 요청 시 학교장의 허가를 받아 귀가 방법을 정할 수 있다. 학생의 귀가 시간은 입실 시 제출된 귀가 동의서에 의해 귀가하는 것을 원칙으로 한다(교육부 · 한국교육개발원, 2016).

4절 초등돌봄교실 프로그램 관리

2016년 초등돌봄교실 운영 길라잡이에 의하면 초등돌봄교실에서 운영되는 프로그램은 크게 단체활동과 개인활동으로 구별된다. 단체활동은 음악줄넘기, 리코더, 포크댄스, 전래놀이, 바깥놀이, 전통놀이, 표현놀이, 안전교육 등으로 구성되며, 개인활동은 과제수행, 일기 쓰기, 독서활동, EB S시청, 블록게임 등으로 이루어져 있다. 이에 본 절에서는 단체 활동은 특기·적성 활동과 연계된 프로그램의 성격을 가지기 때문에 개인 활동 중 숙제지도, 보충학습지도(일기, 받아쓰기, 독서) 등을 중심으로 제시하였다.

1. 숙제지도[1]

1) 숙제의 의미와 중요성

숙제(宿題)는 일반적으로 학교의 학급 담임교사가 학생들에게 부과하는 과제를 일컫는다. 사전적 의미로는, '학교에서 배운 것의 복습과 예습 및 과외 학습을 목적으로 내주는 과제 또는 학생들에게 복습이나 예습 따위를 위하여 방과 후에 하도록 내 주는 과제, 교사가 교육의 목적을 가지고 학생에게 과하는 가정에서의 작업이나 학습' 등으로 정의되고 있다. 이를 간략히 종합해 보면, '담임교사가 교육의 목적을 가지고 학생에게 부과하는 학습 과제의 전반'을 숙제라고 할 수 있다. 이와 같은 숙제는 수업 도중 또는 정기적인 시험 직전이나 직후, 그리고 방학 등 쉬는 날을 대비하여 제공되기도 한다. 숙제는 주로 집에서 해결하지만, 초등돌봄교실을 이용하는 학생들 대부분은 돌봄교실에서 숙제지도를 받으며 도움을 받는다. 이처럼 시간에 초점을 두는 경우에는 정규 교육과정의 수업 시간 외로 한정되며, 장소에 초점을 두는 경우에는 학교 외의 밖으로 한정된다. 숙제지도는 방과후학교 프로그램 중 특별히 초등돌봄교실 프로그램

1) 양윤이(2015)의 '2015-2016년도 보건복지부 보육교직원 온라인 특별직무교육 방과후보육과정: 학습 및 과제지도. 에듀케어아카데미'를 수정·보완함.

의 일부분이라고 할 수 있으며, 자기주도학습이 힘든 시기인 초등학생, 특히 초등학교 저학년을 대상으로 지도하는 경우가 많다. 그리고 초등돌봄교실의 경우, 학교 안에 있지만 해당 학급을 벗어나 있다는 특성을 가지고 있다.

숙제를 내는 의도나 이유는 여러 가지이며, 숙제를 내주는 교사에 따라 다르기도 하다. 그러나 '수업에 대한 이해도, 학습자의 의식 상태 등'을 알기 위함인 경우가 대부분이다. 또한 숙제는 제출 기한 안에 정해진 내용을 학습·완료하여 제출해야 한다.

이에 따라 숙제의 중요성을 몇 가지로 정리해 보면 다음과 같다(서영숙 외, 2014).

첫째, 학생 스스로 문제해결에 필요한 정보를 수집하여 원하는 지식을 찾아내는 방법을 익힐 수 있다.

둘째, 숙제를 수행하는 과정을 통해 성취감과 자신감을 얻을 수 있다.

셋째, 학습에서의 어려움을 스스로 발견하고 해결방법을 찾아가는 데 도움을 받을 수 있다.

넷째, 학습습관을 길러주며, 복습 또는 예습의 과정을 통해 학습효과를 높일 수 있다.

다섯째, 모둠 숙제 또는 부모님과 함께 해결해야 하는 숙제는 공동의 해결 과정을 통해 공동체와 가족에 대한 중요성을 깨달을 수 있다.

이처럼 숙제는 학교에서 습득한 지식이나 기능을 실제 적용시키거나, 자율적인 개인 학습태도나 습관을 형성시키는 등의 효과가 기대된다.

| 표 10-5 | 초등돌봄교실 프로그램

유형	주요 내용
단체활동	• 음악줄넘기, 리코더, 포크댄스, 전래놀이, 바깥놀이, 전통놀이, 표현놀이, 안전교육 등
개인활동	• 과제수행, 일기쓰기, 독서활동, EBS 시청, 블록게임 등

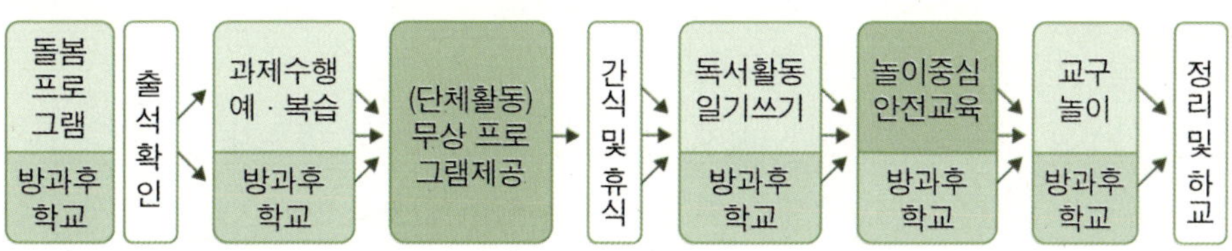

자료 : 교육부·한국교육개발원(2016). 2016 초등돌봄교실 운영 길라잡이. p.45.

2) 숙제지도 방법

숙제를 하기 위해서는 학생 스스로 하고자 하는 의지와 학습능력이 무엇보다 선행되어야 한다. 그렇지 않으면 아무리 좋은 지도방법이 있다 하더라도 바람직한 결과를 이끌어 낼 수 없다. 또한 많은 학생들이 숙제를 싫어하는 이유에 대해 이해해야 한다. 학생은 공부보다 노는 것을 좋아하거나, 숙제를 위한 기초학력이 부족하거나, 숙제를 해결하기 위한 보조 자료의 부족, 과제가 너무 쉽거나 어려운 경우 숙제를 하기 싫어한다. 또한 집 또는 돌봄교실로 이동 도중에 숙제가 있다는 사실을 망각하는 경우와 숙제를 열심히 해도 그에 대한 보상이 없다거나, 가정환경의 결손으로 숙제할 여건이 되지 못할 경우 숙제를 기피하게 된다.

학생을 이해하고 숙제를 효율적으로 지도하기 위한 방법을 살펴보면 다음과 같다(중앙자활센터, 2009).

첫째, 숙제는 꼭 해야 하는 일임을 인식시킨다. 숙제는 다른 활동보다 중요하며 타협할 수 있는 것이 아니라는 것을 알려주고, 분명한 규칙을 정하여 매일 습관화하도록 하며 숙제의 가치에 대해서도 지도한다.

둘째, 숙제 등 알림 내용을 항상 살펴본다. 알림장 노트와 학교홈페이지의 학급게시판 알림 내용은 숙제나 학습 준비물과 학교생활을 알 수 있는 곳이다. 이를 학생 스스로 매일 살펴보는 습관을 기르도록 지도하고, 만약 숙제를 자주 잊는 학생의 경우에는 달력을 이용해 숙제 제출일이나 준비물을 챙겨야 하는 날짜를 표시해 두면 도움이 된다.

셋째, 숙제하기에 좋은 시간과 환경을 만든다. 숙제하기 좋은 시간은 학생에 따라 개인차가 있을 수 있다. 그러나 숙제를 미루는 것은 중간에 깜박 잊을 수도 있고, 하기 싫어서 질질 끌 수 있기 때문에 가급적 숙제를 먼저하고 다른 일을 할 수 있도록 시간계획을 세워 미리 하도록 지도한다.

넷째, 완성된 숙제를 검토한다. 숙제지도를 할 때는 숙제를 했는지 여부만 확인하기보다는 과정을 관심을 갖고 숙제를 대신해 주는 일이 없도록 한다. 숙제가 제대로 완성이 되었는지, 노력은 하였는지 등을 검토하고 부족한 부분을 보완하도록 지도한다.

다섯째, 도움이 필요하면 도와준다. 숙제를 어려워하거나 안내가 필요하면 도와줄 수 있다. 그러나 숙제는 학생 스스로의 몫이라는 것과 숙제를 대신 해 주는 것이 아니라 필요하면 도와줄 수 있다는 것을 알도록 지도한다.

여섯째, 피드백 등 보조 자료를 활용한다. 마무리된 숙제에 대한 담임교사의 피드백은 다음 숙제에 활용하도록 한다. 또한 어려워하는 숙제는 보조 자료를 활용하고 반복되는 문제점이 있을 경우에는 담임교사와 상담을 통해 해결할 수 있도록 한다.

일곱째, 선생님이 싫어하는 숙제 유형이 무엇인지 알려준다. 이를 통하여 스스로 숙제하는 태도를 점검하고 성찰할 수 있다. 선생님이 싫어하는 숙제유형으로는, 자기생각이 없는 숙제, 글자를 알아볼 수 없는 숙제, 기본이 갖추어지지 않은 숙제, 인터넷 검색 내용을 그대로 출력한 숙제, 내용이 부실한 숙제, 대행업체 이용 등의 대리로 해결한 숙제 등 이유까지 알려주어 지도한다.

3) 숙제지도 실제

(1) 알림장 활용

숙제를 잊지 않고 잘하기 위한 방법으로 학교에서 사용되는 것 중 하나가 알림장이다. 그러므로 알림장을 바르게 잘 쓰고 활용할 수 있는 방법을 익혀두는 것은 매우 중요한 일이다. 알림장은 숙제를 언제까지 해야 하는지 스스로도 쉽게 알아 볼 수 있도록 바르게 쓰는 것을 습관화해야 한다. 알림장 작성 시에는 해당 숙제를 제출해야 하는 날짜에 적는 것이 바람직하다. 따라서 숙제를 계획적으로 관리하며 숙제를 잊지 않는 데 도움 되는 달력형태 등의 알림장을 만들어 사용하는 것도 좋은 방법 중 하나이다. 또한 알림장 내용을 빠뜨렸거나 잘못 작성하여 온 경우는 같은 반 학생이나 담임교사를 통하여 확인해 볼 수 있다. 요즘에는 학교홈페이지의 학급게시판 등을 이용하여 알림장 내용을 전달하는 경우가 있기 때문에 해당학급 특성을 고려하여 확인방법을 달리하기도 한다.

(2) 시간관리

숙제를 완성하는 데 '숙제의 종류, 숙제의 양'에 따라 숙제의 소요시간이 달라지므로 시간관리 계획을 잘 세우도록 한다.

첫째, 숙제는 가급적 돌봄교실(집)에 도착 즉시 실시하여 마칠 수 있도록 한다. 다만, 식사(점심)를 하고 나면 뇌에 혈액이 부족해져 졸음이 오며 학습의욕도 떨어질 수 있으므로, 식사 직전 상황에 따라 10~15분 정도의 낮잠을 자게 하거나 자유시간을 주어 휴식을 하게 한 후 집중력 있게 숙제를 마치도록 한다.

둘째, 간단한 숙제는 미루지 않고 당일 바로 해결하도록 한다. 간단한 문제풀이 등의 숙제는 자투리시간(쉬는시간 또는 점심시간 등)을 활용하여 해결할 수 있다.

셋째, 시간이 많이 걸리는 숙제는 나누어서 하도록 한다. 조사보고서 등 분량이 많은 경우, 첫 날은 목차 그 다음부터는 수정・보완하면서 차츰 진행해 나가면 보다 쉽게 해결할 수 있다. 다만, 내용을 잊어버리지 않도록 꼼꼼히 메모해 두는 것을 잊지 말아야 한다.

(3) 정보활용

숙제를 잘하기 위해서는 숙제를 하기 위한 좋은 재료가 넉넉히 준비되어야 잘할 수 있다. 즉, 좋은 재료가 많으면 좋은 요리를 만들 수 있는 것처럼 좋은 정보를 많이 수집하면 좋은 숙제 해결에 도움이 되므로, 좋은 정보 활용 방법은 숙제 해결의 올바른 방법이라 할 수 있다.

첫째, 알찬 정보를 얻는 방법으로는 숙제에 대해 정확히 인식하고 다양한 자료를 활용하며 친구들과 숙제에 대한 정보를 나누는 습관을 갖는 것이다. 숙제에 대해 이야기를 나누며 공유하다 보면, 스스로 생각하지 못했던 사실을 알게 되거나 자신의 숙제가 어떠한 점에서 부족한지 또는 잘했는지 등도 파악할 수 있다.

둘째, 다양한 방법으로 수집한 자료 중 숙제 하는 데 꼭 필요한 정보만을 잘 간추려서 정교하게 정리하는 등의 정보선별도 필요하다.

(4) 인터넷 활용

인터넷은 정보의 양이 많을 뿐 아니라 다른 어떤 방법보다 최신 자료를 매우 빠르게 찾을 수 있다는 장점이 있다. 또한 글과 그림이나 사진 그리고 동영상 등 다양하고 생생한 자료들을 수집할 수 있기 때문에 살아 있는 교과서라고 할 만큼 활용도가 높기도 하다. 인터넷을 활용한 숙제에서 알아둘 사항은 다음과 같다.

첫째, 인터넷 이용 시 발견되는 문제점으로는, 자신이 조사한 내용을 제대로 읽지 않는 것, 문장을 다듬지 않는 경우, 자신의 생각이 없는 경우이다. 인터넷에서 찾은 정보나 자료들을 자기 방식에 맞추어 분석 · 정리하지 않고 자기 생각이나 느낌, 의견 등을 덧붙이지도 않는다든지, 무엇을 어디에서 찾아야 하는지 마음속으로 결정하지 않고 무작정 정보를 찾는 것 등이다.

둘째, 인터넷을 효과적으로 잘 활용하려면, 검색 전 생각은 많이 하고 검색은 짧게 하며, 찾은 정보가 정확한 것인지를 확인하고, 정보의 자료를 꼭 알아두며, 검색된 정보 중 핵심 부분만 간추릴 줄 아는 능력 즉, 불필요한 부분을 버릴 줄 아는 안목이 필요하다.

셋째, 유의점으로는, 모든 숙제를 인터넷에 의존하는 습관은 올바르지 않다는 것을 잊지 말아야 한다. 숙제하는 데 인터넷을 활용하는 이유는, 정보 수집에 소요되는 시간을 줄이고 다양한 최신 정보를 수집하는 데 용이하기 때문이다. 그러나 사전 계획 없이 인터넷에만 의존하다가는 오히려 시간을 더 낭비하거나 부실한 숙제를 하게 된다는 점을 유의해야 한다.

2. 보충학습지도[2)]

보충학습지도는 학습영역의 시간으로 학습보충을 위해 지도하는 것을 말하는 것으로, 돌봄교실에서 많이 활용하고 있는 개별지도 중 한 영역이다. 보충학습지도는 돌봄교실에서 학습시간 또는 기타 필요한 활동을 위해 자율적으로 내용을 편성하여 실행한다. 기본적인 학습보충 내용은 학교의 숙제지도 시간 즉, 숙제를 하거나 할 수 있도록 지도하고 부득이한 경우 가정에서 숙제를 했는지 여부를 확인하는 것 등도 포함할 수 있다. 또한 보충학습은 주요과목 중 반드시 개별지도나 보충지도가 필요한 과목의 경우 보충학습으로 지도하고 개별지도를 위해서는 자원봉사자 등의 확보도 염두에 두고 이를 활용할 필요성이 있다. 학교의 시험기간에는 시험과목을 편성하여 해당 과목의 문제풀이, 자습지도 또는 보충학습지도로 운영한다. 다만, 자습시간이나 정규 프로

2) 양윤이(2015)의 '2015-2016년도 보건복지부 보육교직원 온라인 특별직무교육 방과후보육과정: 학습 및 과제지도. 에듀케어아카데미'를 수정 · 보완함.

그램 운영시간을 준비하는 대기시간 정도로 인식하여 시간을 낭비해서는 안 되며 보충학습지도도 체계적으로 관리할 필요가 있다. 또한 자기주도학습을 위한 보충학습지도는 담당교사가 전체 기획과 운영 관리를 맡고 다양한 지도자들의 참여와 지역사회 관계자들의 자원봉사 형태로의 교과 보충학습을 위한 활동을 지원하도록 한다. 학생에게는 주 단위나 월 단위로 학습 계획을 스스로 작성할 수 있도록 하고, 일일계획과 주간계획, 월간계획 등이 수립되어 얼마나 실천했는지 스스로 평가할 수 있도록 하는 것도 중요하다. 학습 계획서는 스스로 모자란 학습에 대한 내용이 구체적인 계획으로 작성될 수 있도록 하며 관심분야의 활동 계획을 기록하도록 지도한다. 학교 교과목과 연계하여 운영·지도하는 것 또한 필수조건이며, 교과학습지도의 한 영역으로 볼 수도 있다. 이러한 경우에는, 정규 교육과정 교사와의 연계도 염두에 두며 일관성 있는 지도를 위해 정규 교육과정 내용 및 지도방법에 대한 해박한 지식을 필요로 하며, 자칫 사설학원처럼 운영되지 않도록 주의를 기울여야 한다. 초등돌봄교실 프로그램으로 운영될 수 있는 보충학습지도는 다음과 같다.

1) 받아쓰기지도

받아쓰기는 학교마다 차이가 있으나 급수별로 국어교과를 중심으로 이루어지고 있다. 학교 받아쓰기를 지도할 때는 한꺼번에 많은 양을 지도하기보다는 조금씩 나누어 지도함으로써 쓰기 활동의 부담감을 덜어 주어야 한다.

받아쓰기는 '눈으로 보기 → 소리 내어 읽기 → 정확하게 쓰기' 순으로 지도한다. 받아쓰기를 지도하는 방법으로는 학교 급수표를 활용하는 방법 이외에 학생이 흥미롭게 보는 동화책을 활용하여 지도하거나, 주변에서 흔히 들을 수 있는 친근한 단어나 문장들(우리 동네이름, 가족이름, 친척이름 등)을 사용하는 방법도 있다.

또한 받아쓰기 급수표 글씨가 작게 나와서 아직 글씨를 정확하게 인식하지 못한 학생에게는 큰 글씨로 인식하여 바르게 따라 쓸 수 있도록 지도해야 한다. 특히, 받아쓰기는 저학년 중심으로 실시되고 있으며, 국어의 기초를 닦는 과정으로 매우 중요하다. 노력한 결과를 바로 확인할 수 있기 때문에 노력한 만큼의 자신감 형성에도 도움을 줄 수 있으며, 단기간에 긍정적인 효과를 볼 수 있다.

2) 일기쓰기지도

일기쓰기는 하루일과를 마친 후 그날의 일들을 되돌아보고 가장 중요하고 기억에 남는 일을 적어 보는 활동이다. 그러나 돌봄교실 학생들은 부모들이 맞벌이를 하거나 조부 또는 조모와 생활하고 있는 경우가 많기에 가정에 돌아가서 하루일과를 마친 후 차분하게 일기를 쓰는 데 어려움을 겪는다. 따라서 돌봄교실에서의 일기쓰기지도는 학생 스스로 가정에 돌아가서나 혹은 돌봄교실에서 잘 마무리 할 수 있도록 도와 줄 수 있어야 한다. 특히, 지도교사는 학생에게 맞춤법이나 띄어쓰기가 잘못되었다고 지적하기보다는 글의 내용을 보고 자신감을 가질 수 있도록 격려해 주어야 한다.

먼저 하루 동안 일어났던 일을 회상해 보도록 하고 글의 앞에 그림이나 카드로 간단하게 표현해 보도록 하는 것도 좋은 방법이다. 학생이 일기쓰기 활동을 처음 할 때는 하루일과 중 매일 반복되는 일을 쓰더라도 특별히 지적하지 않고, 일기를 썼다는 그 자체에 흥미를 느낄 수 있도록 지도해야 한다. 학생이 흥미를 느끼게 되면, 글의 맞춤법을 바로 잡고, 반복되는 일들은 점차적으로 빼보는 것이 좋다. 학기 중간쯤이 되면, 주변의 환경이나 사물들을 세밀히 관찰하는 것들로 글을 써 보게 하는 것도 도움 된다. 학기말이 되면 자신의 생각을 자유자재로 써 보게 하고, 글의 제목과 내용이 자연스럽게 표현되는지 살펴보고 학생 스스로 써 볼 수 있도록 지도한다. 어떤 형식에 얽매이는 것보다는 생각을 자유스럽게 표현할 수 있도록 다양한 방식으로 접근하는 것도 중요하다.

3) 독서지도

독서지도는 아동의 수준에 따라 다양하게 제시할 수 있다. 1학년의 경우 단순히 읽기에만 중점을 두어 본인이 쓴 알림장의 내용조차 이해하지 못하는 경우도 있다. 이러한 경우 읽기 능력이 부족한 학생에게 독서지도는 문자해독에 도움을 줄 수 있다. 도서 선정은, 학년과 수준에 적합한 책을 선정하도록 지도하고, 각 학교마다 선정한 학년별 필독 도서를 참고하도록 한다. 또한 정규 교과학습에 도움이 되는 교과목 위주의 책을 선정하도록 하고, 개정된 교육과정에 의한 단원별 독서지도의 목록을 참고하여 선정하도록 지도한다. 2~3학년의 독서지도는 사고의 폭을 넓혀 줄 수 있는 좋은 기회

이자 글쓰기에 대한 즐거움과 자신감을 길러 줄 수 있는 밑거름이 될 수 있다. 독서활동이 원활하게 이루어지기 위해서 돌봄교실에서 독서왕을 뽑아 상을 준다거나 책을 읽은 후 발표를 통하여 서로에게 격려가 되는 활동을 지원하도록 한다. 이러한 활동은 새 학년이 되는 학기 초보다는 학생들이 서로 친밀한 교우관계가 형성된 학기 중간이나 방학 동안의 특별활동으로 지도하는 것이 좋다.

독서활동은 단기간에 끝나는 것이 아니라 저학년부터 고학년까지 꾸준히 진행되어야 하며 독서 후 후속 이야기를 지어 말해 보기, 내가 읽은 책 소개해 주기 등 다양한 활동을 통하여 말하기 · 읽기의 이해력 발달에 도움을 주는 활동과 연계할 수 있어야 한다. 막연히 "책을 읽자"보다는 교과 · 단원별 필독도서를 중심으로 학생 수준에 맞는 좋은 도서를 선정하여 단계별로 읽어 나갈 수 있도록 지도한다. 또한 독서활동은 학교뿐 아니라 점차적으로 가정이나 인근 도서관 등 지역사회를 활용하는 것도 바람직하다. 지역에서 주최하는 '독서 경진대회', '백일장', '동화구연' 등의 행사에 참여하여 글을 직접 써 보거나 말하기 대회를 통해 독서활동에 대한 자신감을 갖도록 하는 것도 좋은 방법이다.

탐 구 문 제

1. 초등돌봄교실 참여학생의 안전관리에 대해 토론해 봅시다.
2. 초등돌봄교실 프로그램의 일일 계획안을 작성해 봅시다.

11장 방과후학교지원센터와 지역사회 연계

방과후학교는 풍부한 교육자원을 가지고 있는 지역사회와의 연계 활성화가 지속적으로 강조되고 있다. 방과후학교지원센터는 그 중심에서 다양한 역할을 수행하고 있다. 방과후학교지원센터가 설립되어 운영됨에 따라 지자체와 단위학교 간에 프로그램 연계가 활성화되었으며, 예산 절감 및 프로그램이 다양화되었다. 본 장에서는 방과후학교지원센터의 중요성과 지역사회 프로그램에 대해서 안내하고자 한다.

1절 _ 방과후학교지원센터

2절 _ 방과후학교 지역사회 연계사례

교육목표

- 방과후학교지원센터의 역할과 필요성을 이해한다.
- 방과후학교와 지역사회 간 연계 프로그램을 운영할 수 있다.

1절 방과후학교지원센터

1. 방과후학교지원센터 배경 및 개념

1) 방과후학교지원센터 추진배경

전국적으로 방과후학교가 거의 모든 학교에서 시행되고 있으며 학교 또는 학급별로 특화된 프로그램을 운영하여 공교육 지원 및 사교육비 경감을 위해 추진되고 있다. 방과후학교가 확대되면서 운영의 효과성과 효율성을 기하기 위해서는 지역사회의 관계기관 및 단체 간의 협력 연계방안 및 체제 구축이 필요하게 되었다. 또한 지역사회의 다양한 분야의 인적자원과 물적 자원의 효율적인 활용과 더불어 우수한 강사를 확보하여 지원하고 우수사례를 발굴하는 활동에 대한 중요성이 부각되었다.

학교현장에서 시작한 방과후학교가 정부, 교육(지원)청, 지자체를 비롯한 지역사회의 협력과 지원 등이 확대됨에 따라 2007년 교육인적자원부에서는 이와 같은 활동을 지원하기 위한 '방과후학교지원센터'를 조직하여 운영할 것을 권장하였다. 2008년 학교자율화계획에 의거 방과후학교 사업이 지역에 이양되었다. 따라서 지역 차원의 방과후학교 운영에 대한 체계적인 계획을 수립하고 관리, 지원, 협조체제 구축 등 체계적인 방과후학교 운영 시스템 구축이 절실히 요청되었다. 또한 방과후학교 프로그램의 다양한 정보를 제때 제공하여 학교와 학생들의 흥미와 관심을 높이고 참여율을 제고함으로써 선택의 폭을 넓히는 등 정부와 지방자치단체의 다양한 방과후활동 서비스에 신뢰도를 높이고 맞춤형 학습서비스를 제공하여 학생들이 보다 쉽게 접할 수 있도록 체계적인 지원이 필요하였다. 또한 여러 부처에서 운영하는 방과후활동을 유기적으로 연계 조정하고 학교 중심으로 이루어지던 방과후학교를 지역사회로 확대 운영할 수 있는 여건을 마련하며 지역의 다양하고 유익한 방과후활동 정보서비스를 수요자에게 충족시킬 수 있도록 체계적으로 제공해야 할 필요성도 대두되었다. 이에 따라 시도교육청에 방과후학교지원센터가 설치 시범 운영되기 시작하였다. 방과후학교지원센터는 방과후학교의 효율성을 높이고 방과후활동에 필요한 지역사회 자원을 조직적으로 활용하면서 방과후학교의 운영체제를 보다 안정적으로 만들어 주었다. 이후 2009년에는 교육청과 지자체가 연계한 방과후학교지원센터 운영 모델이 도입되는 등 방과후학교지원센터가 보다 조직화되기도 하였다.

2) 방과후학교지원센터 설치

방과후학교지원센터는 2007년 시범사업에 의해 광역 단위 7개, 지역 단위에 9개가 설치되고 시범 운영되었다. 당시 교육인적자원부의 운영지침에 따라 지역별로 자율적인 형태로 방과후학교지원센터의 설치 및 운영이 시행되었다. 센터장의 임명과 조직 구성 방식은 각 지역의 특성에 맞게 매우 다양하게 이루어졌으며 방과후학교 전담팀과 지원팀으로 구성되었다. 전담팀은 주로 전담 장학사와 지원센터 요원으로 구성하고 지원팀은 장학사나 교육청 담당공무원, 시청의 담당공무원으로 구성하여 방과후학교지원센터 운영을 지원하였다. 방과후학교지원센터는 방과후활동 활성화 추진, 지역 내 방과후학교 관련 정보센터 기능, 홍보 및 연수 등을 공통으로 추진하였으며, 지역별로 차별화 없이 거의 동일한 수준에서 추진되었다.

| 표 11-1 | 2007년 방과후학교지원센터 시범 운영 교육청

지 역	교 육 청	지 역	교 육 청
서 울	서울특별시 교육청 내	강 원	강원도 춘천교육청 내
부 산	부산광역시청 내 부산광역시 교육청 내	충 북	충북 청주교육청 내
대 구	대구광역시 교육청 내	충 남	충남 천안교육청 내
인 천	인천광역시 교육청 내	전 북	전북 전주교육청 내
광 주	광주광역시 교육청 내	전 남	전남 순천교육청 내
대 전	대전광역시 교육청 내	경 북	경북 경주교육청 내
울 산	울산광역시 교육청 내	경 남	경남 거제교육청 내
경기	경기도 성남교육청 내	제 주	제주특별자치도 교육청 내
	경기도 파주교육청 내		

자료 : 조덕주 외(2008). 방과후학교지원센터 시범운영 실태분석 및 운영모델 개발 연구. 한국 교육개발원. p.23.

2008년에는 방과후학교지원센터가 더욱 확대 설치 운영되었는데 시·도 11개, 지역

청 64개(경기 25, 전북 14, 충남 15) 등 전국 단위 총 75개의 지원센터가 운영되었다.

2009년에는 방과후학교 추진체제 정비를 통한 '지역 방과후학교의 중심센터'로서 역할을 수행할 수 있도록 역량을 강화하는 차원에서 지자체와 교육청이 공동 운영하는 모델이 도입되었다. 교육청 단위에서 운영되던 방과후학교지원센터의 효율성 도모와 내실화를 기하기 위해서 2009년 10월에는 기초자치단체와 교육청 공동으로 운영하는 10개의 방과후학교지원센터를 공모 선정하여 1~3억 차등 지원하였다. 지역 사회 기관, 단체 간의 협력네트워크와 연계 방안에 중점을 두었다는 점이 특징적이며 특히 효율적인 방과후학교의 지원체제 구축과 지자체 · 교육청 간의 역할분담, 예산의 안정적 지원, 우수 프로그램 개발 및 우수강사 인력풀 확보, 담당자들의 전문성 강화 등 역할 제고와 지속적인 운영 전략을 핵심 과제로 두고 선정하였다.

2009년에 설치된 지자체 교육청 공동 운영 방과후학교지원센터 10개소에 이어 2011년에 신규로 6개, 2012년에 8개가 추가 설치되어 공동 운영 방과후학교지원센터가 24개소로 확대 운영되었다.

| 표 11-2 | 지자체 · 교육청 공동 운영 방과후학교지원센터 현황

연도별	기관명		개소(개)	비 고
계			24	
2009	인천 강화군	강화교육지원청	10	
	부산 남구	남부교육지원청		
	부산 서구	서부교육지원청		
	대전 동구	동부교육지원청		
	광주 남구	서부교육지원청		
	충남 공주시	공주교육지원청		
	전북 정읍시	정읍교육지원청		
	충남 금산군	금산교육지원청		
	경북 문경시	문경교육지원청		
	충북 청원군	청원교육지원청		
2011	전남 화순군	화순교육지원청	6	
	대구 달성군	달성교육지원청		
	전남 담양군	담양교육지원청		

연도별	기관명		개소(개)	비 고
	경기 여주시	여주교육지원청		
	전남 무안군	무안교육지원청		
	인천 서구, 계양군	서부교육지원청		
2012	부산 사하구	서부교육지원청	8	
	충남 보령시	보령교육지원청		
	인천 부평구	북부교육지원청		
	전남 나주시	나주교육지원청		
	강원 홍천군	홍천교육지원청		
	경북 경주시	경주교육지원청		
	울산 울주군	강남교육지원청		
	충남 아산시	아산교육지원청		

자료 : 한국교육개발원(2012). 2012 방과후학교지원센터 관계자 워크숍 자료.

3) 방과후학교지원센터 구성

(1) 조직구성

구성원의 비율을 보면, 광역과 지역 수준 센터 모두 장학관 및 장학사의 비율이 가장 높아 교육청 중심으로 운영되고 있었으며, 사무보조원, 평생교육사, 사회복지사, 교사 등 전담인력이 근무하고 있다. 공동 방과후학교지원센터에는 행정직 공무원과 퇴직교원도 포함되어 있다.

(2) 운영모델 개발 및 지원

방과후학교지원센터에서 단위학교의 방과후학교 운영 모델을 개발하여 지원하고 있는데 광역과 지역 수준에서 학교 및 학교급 간 연계된 운영 모델을 개발하여 제공하는 데 가장 많은 사례가 있었으며 지역 특성에 맞는 방과후학교 모델 개발, 위탁 운영 및 위탁 프로그램 모델 개발, 타 부처 및 유관기관과의 사업 추진 현황 파악, 방과후학교 참여 법인(단체) 발굴 등이 많았다.

2. 방과후학교지원센터의 역할

1) 방과후학교지원센터 역할

2009년 당시 교육과학기술부는 방과후학교지원센터 운영 사업으로 정부 부처마다 다양하게 운영되고 있는 학생들의 교육복지 사업과 방과후학교 관련 사업을 지방자치단체와 교육청 간의 상호 협력으로 불요불급하고 이중적인 교육 예산을 절감하고, 지역과 교육이 상호 연계된 교육공동체의 만족도를 제고하며, 교육 분야의 일자리 창출을 목표로 하였다. 방과후학교지원센터의 역할은 다음과 같다.

첫째, 기획 연구이다. 지역사회 내 기관·단체 및 프로그램 등 현황 파악 및 수요분석, 지역의 방과후학교 중장기 발전 전략 수립 등의 역할을 담당하는 것이다.

둘째, 우수강사 확보이다. 단위학교와 지역 내 우수 강사 연계, 연수 및 관리, 평가를 통한 강사풀 구축, 학교와 학생들에게 강사 정보를 제공하는 것이다.

셋째, 단위학교 지원이다. 수요조사, 학습 관리 지원 컨설팅 실시, 전반적인 홍보 및 온라인관리시스템 활용 지원, 프로그램별 만족도 조사 및 관련규정 안내 등을 하는 것이다.

넷째, 방과후학교 관련 정보 공유이다. 지역별로 우수 운영사례를 확산하고 학교 간 방과후활동의 운영정보를 공유하는 한편 우수콘텐츠를 개발 보급하는 것이다.

다섯째, 지역사회 연계이다. 지역 내 다양하고 풍부한 인적 물적 자원 파악하고 이를 단위학교에 연계하는 것이다.

이외에도 방과후학교지원센터는 초등돌봄교실, 지역아동센터 등 각종 돌봄사업을 지원하고 방과후학교 강사, 담당교사, 코디네이터 및 자원봉사자 등 방과후활동 관련 관계자의 전문성 신장을 위한 연수 및 활동과 학기 외 방학 및 주말에 학교 교과 외의 다양한 프로그램 강좌를 공동 운영한다. 이외에도 방과후학교 코디네이터, 프로그램별 강사 역량강화 프로그램 운영, 우수사례 공유, 우수 콘텐츠 전파, 학교 상호간 운영정보 공유 및 단위학교 방과후학교 관련 컨설팅과 프로그램 홍보 등의 역할을 수행할 수 있다.

2) 방과후학교지원센터 기능 및 운영원칙

방과후학교지원센터는 지역 차원 방과후학교 운영계획을 수립하고 방과후학교 프로그램 현황을 파악하고 수요조사를 통해 학생들의 눈높이에 맞는 맞춤형 프로그램을 제공한다. 지역 내 분포한 인적·물적 자원을 발굴하고 관련 정보를 축적·공유하고 방과후학교 프로그램을 개발·평가하는 한편, 관계자 연수와 지역교육청 및 지방자치단체 관련 부서와 연계하여 단위학교현장에서 요구하는 실질적인 사항들을 지원하는 기능을 수행한다. 또한 강사, 프로그램 등 운영 전반에 필요한 정보와 노하우를 사전에 제공하고 행정기관과 민간 기관 간 네트워크를 구축하는 등의 기능을 한다.

방과후학교지원센터의 운영원칙은 다음과 같이 제시할 수 있다.

- 지역 내 관계기관 및 단체의 적극적인 참여를 통한 지원시스템 강화
- 교육청 내 지역사회와 연계된 방과후활동 총괄 집중 및 연계
- 교육청과 지자체 간의 지역사회 관련 교육 사업의 협력네트워크 구축
- 방과후학교와 관련된 사업의 지원, 조정, 성과 관리
- 지역 차원의 방과후학교 수요자들의 요구를 반영한 프로그램 개발
- 프로그램 실행에 필요한 각종 지원도구의 개발 보급

3. 방과후학교지원센터 운영의 실제

1) 방과후학교지원센터 운영성과 및 우수사례

2009년 최초 시범운영 지자체·교육청 공동운영 방과후학교지원센터의 주요 운영성과와 우수사례를 살펴보면 다음과 같다.

지원센터	운영성과	우수사례
대전 동구	센터 역량강화 사업	초등학교 교장 간담회, 동구주민사랑네트워크
충북 청원	해외 영어 체험학습	호주 아들레이드 시 소재 14개 초등학교 문화교류
충남 공주	지역사회 유관기관 연계	충남사회복지협의회, 자원봉사센터, 박물관 연계
인천 강화	단위학교 보급프로그램	주말학교 체험학습, 찾아가는 섬 캠프 운영
전북 정읍	우수 프로그램 육성 지원	권역별 든든방과후(거점)학교 육성 지원
광주 남구	교육기관 네트워크 구축	청소년가족복지센터, 대학교, 평생학습기관 연계
부산 남구	지역 네트워크형 연계구조	1동(洞) 1교(校) 상호 교육협력 네트워크 추진
경북 문경	지자체 및 지역단체 연계	출사동이 선비 체험교실, 여름 생태학교 운영
충남 금산	농촌지역 귀가차량 운영	고등학교 야간 심화, 초등학생 순회 차량 지원
부산 서구	지역사회 프로그램 개발	서구 뮤지컬 특기반, 1동 1교 희망교육네트워크

이후에 추가로 운영된 지자체·교육청 공동운영 방과후학교지원센터 14개소의 경우에도 우수강사 섭외 및 방과후학교 담당교사 업무 경감을 해 주고, 사전에 방과후 프로그램에 대한 정보를 제때 제공한다. 또한 지역사회와 협력하여 다양한 기관 단체에서 시행하는 프로그램에 학생들이 적재적소에 참여 할 수 있도록 해 주고 소외계층 학습지원과 우수 강사 농어촌 파견 및 차량 지원 등의 역할을 해 주는 역할을 함으로써 다양하고 질 높은 프로그램을 경험할 수 있는 기회를 제공할 수 있게 되었다.

일선학교에서 운영하는 방과후학교를 지자체, 교육청 관계자들로 구성된 컨설팅단을 운영하여 직접 학교현장의 문제점과 우수사례를 파급하고 지원하는 한편, 지역사회의 다양한 학습 정보를 제공하여 학생들이 적기에 학습할 수 있는 기회를 제공하는데 노력하였다. 또한, 학교 내에서 제한적으로 이루어지던 방과후활동과 프로그램을 지역사회 유관기관과 협력하여 학생 수요자에 맞는 다양한 프로그램을 진행할 수 있게 활동의 폭을 넓혔다.

–방과후학교 배달강사제 강사 지원, 엄마품 멘토링 사업 활성화
–대학교, 평생교육기관 연계 강좌 개설, 지자체 운영 시설 활용
–지자체, 교육청, 대학교, 민간교육기관 협의체 구성 운영
–읍·면·동/도서지역 순회강사 지원, 수월성 주말 프로그램 운영
–찾아가는 단위학교 컨설팅단 운영, 지역(자연, 역사, 문화) 시설 활용

- –생태학습, 숲 체험, 농어촌 체험 등 현장 위주 프로그램 개발 운영
- –농어촌 마을회관 및 유휴시설 활용 1 : 1 대학생(강사) 멘토링 운영
- –농어촌·도농복합지역 순회버스 및 야간 학생 안전귀가 서비스 시행
- –군부대 장병 멘토링, 지자체 주관 해외 어학연수, 찾아가는 섬 캠프
- –권역별 방과후학교 육성, 학교 내 자연체험학습장 개설 주민 학부모교육
- –박물관~문회회관~청소년수련원~대학교 순회 학생 현장 체험 실시

이 밖에도 사이버교육, 시(구·군)청 내 방과후학교지원센터 설치 확대, 고학력 경력단절 여성 활용 방과후 강사 및 코디네이터 연수 교육 지원 등 방과후학교의 다양성, 수월성, 만족도 제고 등에 효과적인 사업을 펼쳐 나갔다.

2) 지자체와 방과후학교지원센터와의 협력관계

기초지방자치단체에서 단위학교와 연계하여 운영하는 각종 지원사업 중 방과후학교에 효과적인 협력 연계 체제가 필요하게 된 것은 학교 내에서 이루어지는 프로그램들의 질 제고를 위한 학부모, 교사, 학생들의 요구가 점차 커지고 있는 상황이며 다양한 종류의 활동을 뒷받침할 만한 인적·물적 자원의 공유와 지원이 필요하기 때문이다. 운영협의회나 실무자위원회 등 지자체와 교육청이 함께 구성되어 있는 기구들이 학교의 정보 공유와 다양한 기관, 지역 주민들의 관심과 참여를 유도하여 상호 소통하고 연계 협력하는 기반을 조성하여 방과후학교를 발전시켜 나갈 수 있다. 방과후학교지원센터는 그런 점에서 볼 때 지역과 학교를 연결해 주는 중요한 위치에 있는 것이다. 지역별로 기관장의 관심도와 역할, 협력체계 활성화 등이 전제되어야 하겠지만 지역 내 아동들과 청소년, 주민들을 지원하는 공동의 관심만으로도 매우 활성화되어야 할 기반이 만들어진다고 볼 수 있다. 방과후학교지원센터에서 지역 내 방과후학교 중장기발전계획을 수립할 수 있는 여건이 마련된다면 향후 발전방향도 새로이 모색할 수 있을 것으로 기대된다.

지역 내 각종 자원들을 파악하여 상호 간 제공하고 청소년을 위한 교육, 문화, 복지, 학부모 관련단체들의 현황도 파악하는 가운데 공식적·비공식적 만남의 장을 통해 이들의 역량을 지역교육청으로 결합해 나간다면 여러 수준의 상호협력 방안을 도출해

낼 수 있다.

지역 교육청과 평생교육 및 방과후학교 유관 사업 담당자들의 탄탄한 네트워크 구축과 적극적인 의사 소통으로 상호 역할 분담 및 상호 필수자원을 공유해 나간다면 추진사업들의 시너지 효과는 충분히 거둘 수 있을 것이다.

2절 방과후학교와 지역사회 연계사례

1) 부처별 연계사례

1) 청소년 수련시설 연계

청소년 수련시설은 청소년 수련활동에 필요한 다양한 시설과 설비, 체험프로그램 등을 마련하여 청소년 지도자의 지도하에 체계적 · 조직적 수련활동을 시행하는 시설을 의미한다.

〈청소년 수련시설의 종류〉

–청소년수련관, 청소년 문화의집, 청소년특화시설,

–청소년수련원, 청소년야영장, 유스호스텔

중앙정부수준의 수련시설로는 국립중앙청소년수련원, 국립평창청소년수련원, 국립고흥청소년우주체험센터, 국립김제청소년농업생명체험센터, 국립영덕청소년해양환경체험센터 등이 있다.

2015년 청소년 백서를 살펴보면, 청소년 활동 참여 경험이 문화/예술, 직업/진로, 자원봉사 순으로 활동비율이 높은 것으로 나타났다.

2) 청소년 자원봉사 연계

청소년 자원봉사활동을 관리하기 위해 운영하고 있는 청소년 자원봉사 포털사이트

(http ://dovol.youth.go.kr)를 개발 운영하고 있는데, 2014년 말 기준으로 가입기관이 9,249개소, 1,676,565개 프로그램을 운영하였다. 또한, 참여한 청소년 수도 3,183,810명으로 다양한 형태의 자원봉사활동에 참여 중이다.

3) 청소년수련활동 인증제를 통한 양질의 프로그램 주말 연계

청소년수련활동인증제는 「청소년활동진흥법」에 따라 2006년부터 시행한 제도로서 청소년수련활동이 청소년의 균형 있는 성장에 기여할 수있도록 국가 및 지방자치단체 또는 개인·법인·단체 등이 실시하고자 하는 청소년수련활동을 인증하고 인증된 수련활동에 참여한 청소년의 활동기록을 유지·관리·제공하는 청소년 수련활동 프로그램에 대한 국가인증제도이다.

인증제 추진 현황으로 건강 보건, 과학정보, 교류, 모험개척, 문화예술 활동 등이 있는데 매월 상시적으로 이루어지며 청소년 자원봉사활동을 관리하기 위해 운영하고 있는 청소년 자원봉사 포털사이트(http ://dovol.youth.go.kr)를 개발 운영하고 있는 데 2014년 말 기준으로 가입기관이 9,249개소, 1,676,565개 프로그램을 운영하였다. 또한, 참여한 청소년의 인원도 3,184,000명에 이른다.

4) 취약계층 청소년 토요 종합 돌봄

여성가족부에서는 취약계층 청소년의 방과후 종합지원을 위해 청소년 방과후아카데미사업을 추진하고 있다. 청소년방과후아카데미는 저소득·한부모·맞벌이 등 취약계층의 청소년들이 방과후 시간을 혼자 보내기 보다는 학습능력 배양과 체험, 급식 및건강 관리 그리고 학교 및 가정생활 전반에 걸친 상담 등으로 청소년들의 건전한 성장 과 지원을 목적으로 하고 있다. 또한, 중앙정부와 지방자치단체 및 학교~가정~지역사회의 협력 네트워크로 학교 교육을 보완하고 방과후활동을 통한 공적 기능을 강화하는 한편, 2012년부터 전면 시행된 주5일 수업제로 다양한 복지 서비스 수요를 적극 수용 하여 계층 간 교육격차 완화와 사회적 통합에 기여하고자 한다. 최근에는 농어촌 거주 청소년과 장애인, 다문화 청소년 등 대상을 다양화시켜 나가고 있다. 지역 내 자원봉사인력 개발과 연계는 물론 지역자원의 협력네트워크 구축으로 참여에서 귀가까지 철저한 종합적 방과후 서비스를 지원하고 있다.

문화체육관광부에서는 주5일수업제 지원 정책으로 토요 문화학교 운영 및 스포츠 학교 운영, 소외계층 학생 대상 주말 프로그램 등을 지원하고 있다.

5) 토요문화학교

초·중학생이 가족과 함께 즐길 수 있는 체험프로그램으로 전국에 분포된 국립박물관을 활용 지원하고 있으며, 지역 문화원과 지역의 문화예술단체에서 초·중학생과 가족을 대상으로 토요문화학교를 개최 운영하며, 단위학교와 협력하여 전국 초·중학교에 전문적인 문화 예술강사를 학교로 보내 매주 토요일 학생을 대상으로 문화예술 동아리 활동을 지원 운영하는 등 예술교육 지원 육성에 힘쓰고 있다.

6) 토요스포츠학교

교육부와 업무협약체결을 통하여 학교 스포츠클럽 운영 및 토요스포츠리그 운영을 위한 전문강사를 지원하고 주 4시간의 토요스포츠데이를 총 32주에 걸쳐 운영하고 있다. 가족 단위 스포츠교실을 활성화하기 위하여 초등학교 주중 방과후 스포츠교실과 연계한 월 1회 부모 참여 토요스포츠교실을 운영하고 있다.

7) 소외계층 학생 주말 프로그램 및 다양한 여가문화체험프로그램 지원

문화바우처 카드를 발급하여 취약계층의 청소년들에게 문화예술 프로그램을 체험할 수 있는 기회를 확대하고, 청소년 쿼터제를 운영하여 참여율의 30% 내외는 취약계층 청소년들이 주말 프로그램에 참여할 수 있도록 제도를 도입하고 있다. 국립박물관 및 미술관, 영화관 등 문화시설에서 운영하는 유료 프로그램의 경우 무료 또는 할인혜택을 지원하고, 주말여행과 체험 프로그램은 여행바우처를 통해 취약계층 청소년들의 참여를 지원하고 있다.

8) 지역아동센터를 활용한 돌봄 및 주말 여가 프로그램 운영

보건복지부에서는 취약계층 아동 토요돌봄에 초점을 두고 전국 4천여 개의 지역아동센터를 기반으로 토요돌봄 프로그램을 운영 지원하고 있다. 2007년부터 아동복지교사를 지역아동센터에 파견하여 돌봄 및 주말 여가 프로그램을 지원하고 있으며 취약계층의 자립기반 지원과 지역아동센터의 프로그램 질 제고에 힘쓰고 있다. 2015년 현재 3,500여명의 아동복지교사가 활동 중에 있다. 아동복지교사는 아동지도, 기초영어, 독서지도, 예체능 활동, 지역사회복지사 분야로 운영된다. 2009년부터 3년마다(1기 : 2012~2014년, 2기 : 2015~2017년) 의무적으로 평가에 참여하도록 하여 서비스의 품질을 제고하고 있다. 보호(급식, 적응아동지도, 안전지도) · 교육(숙제, 학습지도, 대안교육, 권리교육, 예체능교육 등) · 문화(공연 · 스포츠 관람, 견학, 생태체험, 캠프 등) · 복지(아동상담, 부모상담, 가정방문, 학교와 소통하기, 부모소모임 등) · 지역사회연계(복지단체 연계사업, 자원봉사활동 등) · 아동참여프로그램 · 청소년을 위한 프로그램으로 구성되어 있다. 각 영역별로 아동의 욕구와 지역아동센터의 상황을 고려하여 프로그램을 선택 실시하고 있다.

9) 고용노동부 전국 고용노동센터 직업진로프로그램 운영

맞벌이 부부 및 취약계층 자녀 등을 위해 토요일에 직업 진로지도 프로그램을 개설하고 직업심리분석 서비스를 강화하고 있다. 미래 직업세계 특강, 진로탐색을 위한 집단상담 프로그램을 운영하고 있다. 학교현장에서 교육프로그램의 진행에 필요한 진로교육 전문가 파견 지원도 병행하고 있다. 이밖에 부모와 함께 체험하는 직업체험프로그램과 상담과 체험이 연계되는 토요특화프로그램을 개설하여 운영하고 있다.

10) 농림축산식품부 연계 토요프로그램

농림축산식품부는 학교와 연계하여 학생과 학부모가 함께 참여할 수 있는 농어촌 체험관광기반 조성을 적극 추진하고 있다. 2011년까지 농어촌 체험마을 1,860개소를 조성하여 가족 단위 체험프로그램을 개발 운영하고 있으며, 어린이 텃밭학교를 개설 운영하고 색깔 있는 마을을 조성하여 주말시간에 가족 단위, 학생들을 위한 프로그램을 진행하였다.

2. 지방자치단체 연계사례

일선 지자체에서는 방과후학교와 토요 프로그램을 다양한 기관을 통해서 협력 시행하고 있다. 복지관과 도서관, 청소년수련원, 박물관, 문화(예술)회관, 청소년회관 등 학생들이 주로 많이 이용하는 곳에서 프로그램이 개설 운영되기도 하고 종교시설과 지역아동센터 등에서도 다수의 전문 인력들이 양성되어 현장에 투입되기도 한다. 대학교와 군부대, 경찰서, 소방서 등에서도 다양한 토요프로그램을 개발하여 학교 밖의 토요 프로그램을 지원하고 있다.

1) 토요프로그램의 유형과 특성

토요프로그램의 유형과 특성은 다음과 같다.

- 특화사업형: 청소년 가족단위 심리상담, 농어촌체험, 문화시설 개방
- 맞벌이 및 소외계층 자녀형: 역사문화체험 패키지, 학습동아리 활동
- 민간기관 및 마을단위형: 스포츠댄스, 무용 등 문화원·체험관 활동
- 도농복합 및 농어촌형: 체험민속마을, 도자기교실, 숲체험교실 등
- 군 부대 및 대학교 협력형: 예체능강좌, 멘토링 교육
- 언론사 및 사회단체 협력형: YMCA, YWCA, 흥사단, 방송국, 신문사
- 지자체~교육청 공동운영형: 지역신문 발간, 홈페이지 개설, 웹 개발

2) 지역별 사례

(1) 부산광역시 운영사례

부산광역시 남구의 경우, 「부산의 보물섬, 오륙도 이야기」체험, UN평화기념관과 「어린이 영어 도슨트」, 아시아공동체학교 「다문화야구단」, 복지관을 중심으로 하는 「나의 꿈은 파티쉐」, 「컬러비즈」, 대학교 평생교육원과 협력하는 진로 콘서트와 남구청 탐구생활 등을 시행하고 있으며, 서구의 경우 행복마을을 중심으로 닥밭골 문화학습마을, 부민동 임시수도기념마을, 아미동 아미전통문화마을 초장동 다문화한가족 행복마을을 중심으로 주말 강좌를 펼쳐나가고 있다. BS조은극장과 부산 구덕민속예술보존협회와 연계한 연극, 영화체험과 사랑의 간식 띠잇기사업으로 지역아동센터와 돌봄교

실에 간식 지원사업도 하였다.

(2) 경기도 운영사례

경기도 여주시의 여주시농촌관광협의회, 걸은도자학교, 한자문화학교, 이천문화센터, 목아불교박물관, 곤충박물관과 네트워크를 통해 주말버스를 활용 저소득 및 맞벌이부부 자녀를 위한 박물관 체험, 국악연주, 요리체험 등을 직접 찾아가는 토요프로그램을 진행하였다.

(3) 전라남도 운영사례

전라남도의 경우, 전남문화예술교육지원센터에서는 국악, 연극, 무용프로그램이 운영되고 있으며, 광주문화예술교육지원센터에서는 만화애니메이션이 운영된다. 군민종합문화센터는 한지공예, 자기주도학습을 운영하며, 하나움문화스포츠센터는 스포츠강좌 및 전시회를 운영한다. 그 외에도 화순문화원의 문화학교 운영, 다산박공예미술관의 박공예체험, 오지호미술관의 미술체험 및 전시관람, 화순공공도서관의 학습동아리 활동 및 독서강좌, 호남연정국악연수원의 가야금, 판소리 체험, 교육과정 속으로 찾아가는 명사 특강, 쌍봉사의 교육기부 템플스테이 등 다양한 연계형 토요프로그램이 운영된다.

(4) 울산광역시 운영사례

울산광역시 울주군의 경우, 울주문화원, 울주군립도서관, 청소년수련관과 청소년 문화의집, 언양향교를 네트워크화하여 소도읍토요학교, 울주역사문화체험학습, 싱싱나라 동시교실, 항공우주캠프 등을 시행하였다. 울산대학교 산학협력단과 울산과학기술대학교도 참여하여 울주아동 명품과학교실과 기숙사 멘토링 등을 운영하여 학생과 가족단위로 참여하도록 하였다.

(5) 광주광역시 운영사례

광주광역시의 경우, 전남대학교의 라온교육과 호남대학교의 '랄랄라 스쿨'을 연계하여 운영하였으며, 조선대학교의 'E-TONIC'을 실시하여 대학교의 풍부한 우수 강사진을 활용하여 외국어, 한자, 예체능 과정 등을 시행하고 수시 컨설팅을 통해 토요프로그램의 질 관리와 자체 분석을 지속적으로 실시하였다. 이외에도 광주시청미디어센터의 영상제작체험과 진로체험교실 등을 운영하였다.

광주 남구의 경우 신나는 방과후SS스쿨 운영과 핸드메이드와 리본공예를 운영하여 학생과 주민들이 함께 참여하는 토요프로그램을 운영하기도 하였다.

(6) 경상북도 운영사례

경주시의 경우 세계문화유산으로 지정된 불국사 등에 배치할 경주세계문화유산해설 통역 초·중학생 56명을 선발 4개 국어를 교육하고 각종 세계행사에 참여하도록 하였다. 화랑교육원과 함께 다문화어울림캠프를 운영하는 한편, 경주 예술의 전당과 권역별 승마, 수영, 공연 관람, 스포츠 재능기부를 지원하는 등 토요프로그램과 지역적 특성을 살린 사업들을 개발 운영하였다.

경북 문경시의 경우, 점촌도립도서관, 석탄박물관, 문경새재유스호스텔, 문경관광진흥공단, 문경옛길박물관, 근암서원, 성보예술촌 등과 네트워크를 형성하여 출사동이 선비체험교실, 문경 한자왕 선발대회, 문화관광해설사 교재 발간, 여름생태학교, 어린이 리더십캠프, 출사동이 골든벨 등을 운영하였다.

(7) 대전광역시 운영사례

대전광역시의 경우, 오곡Bop 꾸러미 사업을 진행하면서 우송정보대학, 용운국제솔스포렉스수영장 등과 연계하여 합격 제빵왕 김탁구 제빵사 자격증반, 기자되기 어렵지않아요 VJ반, 나만의 명품, 도자기 교실, 건강수영교실, 가족캠프를 운영하여 학생, 가족단위로 참여하도록 하였다.

(8) 전라북도 운영사례

전북 정읍시의 경우 내장산국립공원의 자연적 특성을 살린 체험활동 프로그램을 운영하였는데, 내장산 국립공원과 함께 정읍시 농업기술센터, 청소년수련관과 함께 산내마을, 수성동 도예클럽, 복지시설 자애원이 동참하여 농어촌체험, 숲 체험, 다도체험 및 엄마와 함께하는 도지기(목공)체험을 주기적으로 진행하였다.

탐 구 문 제

1. 지역사회 연계 방법에 대해 토론해 봅시다.
2. 우리지역의 우수프로그램을 학교현장에 접목할 수 있는 방법을 찾아봅시다.
3. 지역사회 연계 프로그램을 구성해 봅시다.
4. 지원센터 활동에 참여할 수 있는 방법을 찾아봅시다.

12장

방과후학교 민간위탁 운영

방과후학교 민간위탁은 “방과후학교의 성공적인 운영을 위해 방과후학교 교육 프로그램(교과 또는 콘텐츠), 교사 및 강사, 교사(校舍; 환경 또는 시설), 운영의 권한 또는 책임을 다른 사람 또는 전문 업체에게 맡기는 것”을 의미한다. 민간위탁에 대한 개념, 법적 근거, 현황, 정책 변천 과정에 대한 개요를 살펴보고 민간위탁 운영의 대표적인 사례로 교육부에 의해 실시된 ‘대학 주도 방과후학교 사회적기업 육성사업’과 ‘언론 참여 방과후학교 시범사업’의 전개과정과 성과에 대해 알아본다.

1절 _ 방과후학교 민간위탁 개요
2절 _ 방과후학교 민간위탁 실제
3절 _ 방과후학교 민간위탁 과제

교 육 목 표

- '대학주도 방과후학교 사회적기업 육성사업'의 정책적 의의와 성과에 대해 설명할 수 있다.
- '언론기관 참여 방과후학교 시범사업'의 정책적 의의와 성과에 대해 설명할 수 있다.

1절 방과후학교 민간위탁 개요

1. 민간위탁의 개념 및 도입 배경

민간위탁이란 '국가 또는 지방자치단체가 자신의 소관사무 중 국민(주민)의 권리·의무와 직접 관련이 없는 사무를 민간의 법인·단체나 기업, 개인 등에게 위탁(이전)하여 그의 명의와 책임하에 수행(공급)하게 하고 국가 또는 지방자치단체는 이러한 행정업무를 공급하는 민간부문에게 조세 또는 사용자 요금의 형태로 그 대가를 지불하는 것을 의미한다(법제처, 2007).

방과후학교 민간위탁은 민간위탁의 일종으로 "방과후학교의 성공적인 운영을 위해 방과후학교 교육 프로그램(교과 또는 콘텐츠), 교사 및 강사, 교사(校舍; 환경 또는 시설), 운영의 권한 또는 책임을 다른 사람 또는 전문 업체에게 맡기는 것"을 의미한다(우길주 외, 2009).

방과후학교 민간위탁은 방과후학교의 양적 팽창과 함께 급증하는 교육 수요자의 다양한 욕구 해소 방안 마련 및 교원업무 과중(김수동, 2007), 특성화·다양화된 프로그램의 부족 해소 방안(정영옥, 2006; 교과부, 2011), 중·소도시 및 읍·면지역에서의 강사 확보의 어려움 해소(배상훈, 2012), 지역사회에 있는 다양하고 우수한 민간기관이 방과후학교 적극적으로 참여할 수 있는 기반 마련(김수동, 2011; 교과부, 2011), 지역사회 연계 강화 필요성 증대 등의 필요성에 의해 추진되었으며, 방과후학교 운영 가이드라인과 계약법에 근거하여 추진되고 있다.

2. 민간위탁 절차

방과후학교 민간위탁은 일반적으로 [그림 12-1]과 같은 단계로 진행된다.

그림 12-1 방과후학교 민간위탁 절차

준비 단계	학생, 학부모, 교사를 대상으로 프로그램 운영에 대한 수요조사 및 연간 운영계획 수립
↓	
검토 · 심의 단계	방과후학교 (연간) 운영계획 심의 자문, 방과후학교 위탁 운영 공고, 위탁업체의 운영 계획 검토 · 심의
↓	
선정 · 계약 단계	위탁업체 선정 및 계약 체결
↓	
운영 단계	수강신청 및 프로그램 운영
↓	
평가 단계	운영 평가 및 결과에 대한 공개 및 환류

자료 : 한국교육개발원(2016). 2016 방과후학교 운영 길라잡이.

하지만 2016년 이후부터는 계약의 투명성과 공정성 확보를 위해 '지방자치단체를 당사자로 하는 계약에 관한 법률', '국가를 당사자로 하는 계약에 관한 법률', '학교회계 규칙', 시도교육청의 조례 등 관련 법규를 준수하도록 가이드라인이 보완되었다. 따라서 방과후학교 위탁 운영공고는 조달청 나라장터 시스템을 이용하며, 입찰방식을 원칙으로 한다. 위탁업체 선정은 과거에는 학교운영위원회의 심의를 거쳤으나 계약법에서 정하는 평가 방식에 따라 업체를 평가하고 대상자를 선정하게 된다.

3. 민간위탁의 법적 근거

민간위탁의 법적 근거는 계약법, 지방교육자치에 관한 법률, 초중등교육법 및 시행령 등이다. 계약법은 국가를 당사자로 하는 계약에 관한 법률, 지방자치단체를 당사자로 하는 계약에 관한 법률 등 계약에 관한 사항을 규정하는 관련 법규를 통칭하여 부르는 말이다.

방과후학교 민간위탁 시 계약법을 적용해야 하는 이유는 다음과 같다. 첫째, 방과후학교는 학교 내에서 학교장의 책임아래 운영되고 있기 때문에 '초중등교육법'을 준수해야 한다. 이 법 제30조의 2에서는 학부모 부담경비, 국가나 지방자치단체의 보조금 및 지원금, 그 밖의 수입에 대해 반드시 학교회계를 통해 운영하도록 하고 있다. 그런데 방과후학교는 학부모 부담 경비 또는 국가나 지방자치단체의 보조금 및 지원금으로 운영되고 있기 때문에 학교회계에 관한 사항을 준수해야 하는 것이다. 학교회계에 관한 규정을 살펴보면 교육부령인 '국립유치원 및 단위학교 회계규칙'에서는 국가계약법에 의해 계약을 체결하도록 하고 있으며, 각 시도에서는 교육비특별회계 재무회계 규칙을 통해 지방계약법에서 제시한 내용을 준용하거나 공립학교 회계규칙을 통해 지방계약법령을 따르도록 규정하고 있다. 사립학교는 사학기관 재무·회계규칙 제4절에 따라 국가계약법을 적용하도록 규정하고 있다.

둘째, '지방교육자치에 관한 법률'은 '교육의 자주성 및 전문성과 지방교육의 특수성을 살리기 위하여 지방자치단체의 교육·과학·기술·체육 그 밖의 학예에 관한 사무를 관장하는 기관의 설치와 그 조직 및 운영 등에 관한 사항을 규정함으로써 지방교육의 발전에 이바지함'을 목적으로 하고 있다. 이 법 제26조에서는 조례 또는 교육규칙이 정하는 바에 따라 그 권한에 속하는 사무 중 조사·검사·검정·관리 등 주민의 권리·의무와 직접 관계되지 아니하는 사무를 법인·단체 또는 그 기관이나 개인에게 위탁할 수 있다. 따라서 각 시도의 조례 또는 교육규칙을 검토할 필요가 있는데, 각 시도의 조례 또는 교육규칙을 살펴보면 민간위탁을 하고자 하는 경우 국가계약법 또는 지방계약법을 준수하도록 되어 있는 것을 발견할 수 있다.

4. 방과후학교 민간위탁 관련 정책 변천

교육인적자원부의 2004년 공교육 정상화를 통한 사교육비 경감대책에서 초등 저학년 '방과후 교실' 운영에 대해 직영을 원칙으로 하되, 학교별로 위탁 또는 임대 등 실정에 맞는 방법을 채택해서 운영하도록 한 것이 그 시초이다.

2005년은 방과후학교 시범사업이 도입되어 전국에서 연구학교 48개가 지정되었는데(배상훈, 2012), 그 중 33%가 위탁운영에 참여하였다(우길주, 2008). 당시 '개별프로그램 위탁운영의 문제점 및 대책'은 방과후학교 시범학교 운영계획의 7대 운영 중점 가운데 하나로 채택되어 운영되었다. 2006년은 방과후학교가 전국 모든 학교로 일반화되고 교육인적자원부 내에 방과후학교 전담팀이 운영되어 방과후학교 지원 사업이 본격화된 시기로 교·사대 등 인접 대학, 학부모회, 사회단체, 종교단체 등 비영리법인(단체)에게 위탁이 허용되었다. 2006년 한국교육개발원은 교육부지정 연구학교 48개를 포함한 전국 92개 학교를 현장방문하고 '2006 방과후학교 중앙컨설팅단 운영결과 보고서'를 발간하였다. 이 보고서는 방과후학교 민간위탁이 지역사회 연계 활성화, 전문적이고 효율적인 운영 등에 도움이 되었으나, 민간위탁을 위한 인프라 부족(위탁업무에 대한 어려움, 세부 운영 지침 부족, 위탁 시 안전사고에 대한 처리기준, 사업 수행능력 있는 민간위탁 기관 부족), 학부모회를 중심으로 하는 위탁운영방식은 학부모회의 참여의지에 따라 학교별로 편차가 발생하는 점, 전체 위탁하는 경우에도 학교의 업무가 그다지 줄지 않은 점, 학교와 위탁기관의 역할과 책임 문제 등의 문제점도 함께 제시하였다(한국교육개발원, 2007).

2007년 교육인적자원부는 '2007학년도 방과후학교 운영 기본계획'을 통해 학교장 중심으로 방과후학교를 운영하되, 비영리단체(업체)에 위탁운영(개별 프로그램 위탁운영 포함)을 권장하였으며, 2006년 시범학교에 한해 이루어지던 비영리단체(업체)에의 위탁운영을 일반학교까지 확대하였다. 계약 시 법인등록증 확인 및 영리 추구 등 계약 위반 조건을 명시하도록 하였다.

한국교육개발원에서는 2008년 '방과후학교 위탁운영모델 자료집 개발', 2009년 '방과후학교 위탁운영 실태분석 및 활용화 방안 연구' 등 민간위탁 실태와 문제점에 대한 개선 방안 연구를 진행하였다. 이 보고서는 '방과후학교 위탁 프로그램 심의위원회' 카파스(CAPAS : Center for Assuring Programs of After-Schools)를 통한 프로그램 질 관리 및 투명성 제고방안을 제시하였다. 시도의 실정에 맞게 '사전심의위원회'를 두고 위탁업체(프로그램) 자격, 교사 및 강사 관련 사항, 교재(콘텐츠), 프로그램 관리 및 운영, 학업성취 관리 등에 관한 사항 심의하도록 하여 방과후학교 위탁운영의 문제점을 해소하고자 하는 특징이 있다. 또한 단위학교의 위탁업체(프로그램) 선정은 위탁업체의 심의 신청(1단계) → 시도교육청 심의위원회 구성(2단계) → 시도교육청 심의위원회 심의(3단계) → 단위학교의 방과후학교 위탁업체(프로그램) 공모(4단계) → 단위학교 방과후학교 위탁업체(프로그램) 선정(5단계)의 단계를 거치도록 하고 있다.

이후 교육과학기술부는 2011년 '공교육강화 사교육경감 선순환 방안'과 '방과후학교 내실화 방안'을 발표하였다. '공교육강화 사교육경감 선순환 방안'은 공교육 강화를 통해 사교육비를 감소시키는 것에 정책 목표가 맞추어져 있었다. 방과후학교가 사교육비 경감에 효과적이라는 조사결과를 토대로 방과후학교가 사교육과 경쟁할 수 있는 여건 조성을 위해 모든 학교가 자율적으로 민간기관의 우수 프로그램을 방과후학교에 도입할 수 있도록 하였다. 이를 위해 공신력 있고 내실화된 프로그램을 운영할 수 있는 민간기관을 통해 프로그램 다양화, 전문화, 질 제고를 추진하고자 하였다. 구체적으로는 방과후학교 사회적기업 등 민간자원 활용을 통한 방과후학교 운영이 시도되었다(교육부, 2011). '2011년 방과후학교 내실화 방안'은 방과후학교 내실화 점검 TF활동, 방과후학교 현장교원 모니터단 운영, 학부모 교육정책 모니터단 운영, 방과후학교 전문가 회의, 시도담당관 회의 및 지원 사업별 내실화 방안 협의, '2011년 공교육강화 사교육경감 선순환 방안' 등을 토대로 만들어진 것이다. 이 방안은 방과후학교 민간위탁 활성화를 통한 방과후학교의 질적 수준 제고를 도모하였다. 구체적인 실천전략은 방과후학교가 단위학교 자율에 따라 운영될 수 있도록 시도교육청의 영리업체 위탁 제한규정 폐지를 추진하고, 민간위탁 수요와 공급을 연계하기 위한 민간위탁 업체-학교-교육청 간 만남의 장 마련 및 단위학교에서의 만족도 조사와 프로그램 평가 결과 등을 토대로 시도교육청별 우수 민간기관 및 프로그램 풀을 재정비하여 홈페이지에 탑재하도록 하였다. 그 외에도 시도교육청 공동으로 민간업체와 프로그램에 대한 평가기준, 절차, 방법 등을 마련하도록 '방과후학교 운영 가이드라인'을 수정·보완하고 민간위탁의 투명성 강화를 위한 노력이 진행되었다(교육부, 2011).

방과후학교 민간위탁 관련 주요 정책 변화 과정을 요약하면 〈표 12-1〉과 같다.

| 표 12-1 | 방과후학교 민간위탁 정책 변천

연 도	정책명	내 용
2004	공교육 정상화를 통한 사교육비 경감대책	초등 저학년 '방과후교실' 운영 시 직영을 원칙으로 하되, 학교별로 위탁 또는 임대 등 실정에 맞는 방법 채택
2006	2006학년도 방과후학교 시범학교 운영계획(안)	교·사대 등 인접 대학, 학부모회, 사회단체, 종교단체 등 비영리법인(단체)에 위탁 가능
2007	2007학년도 방과후학교 운영 기본계획	학교장 중심으로 방과후학교를 운영하되, 비영리단체(업체)에 위탁운영(개별 프로그램 위탁운영 포함) 권장 – 2006년 시범학교에 한해 이루어지던 비영리단체(업체)에의 위탁운영을 일반학교까지 확대
2008	학교자율화 조치	"방과후학교운영계획" 폐지(2008.4.15.). 영리단체 위탁운영 가능
2010	방과후학교 민간기관 위탁운영 표준(안) 안내	정책연구와 시도교육청의 의견수렴을 토대로 마련된 심의위원회 구성 및 체크리스트를 참고, 시도 여건에 맞는 자체계획 수립·운영
2011	공교육강화 사교육경감 선순환 방안(교과부)	방과후학교가 단위학교 자율에 따라 운영될 수 있게 금년 내 모든 시도교육청에서 영리업체의 민간위탁을 허용토록 협의 – 교육감 협의회 등을 통해 규제 폐지 동참을 유도하고 학교, 학부모 등에 민간 위탁 우수 프로그램 및 사례 제공
2011	방과후학교 내실화 방안	방과후학교가 단위학교 자율에 따라 운영될 수 있게 시도교육청의 영리업체 위탁 제한규정 폐지 추진 민간위탁 수요와 공급을 연계하기 위한 민간위탁업체-학교-교육청 간 만남의 장 마련

자료 : 한국교육개발원(2016). 미간행자료

5. 방과후학교 민간위탁 운영현황

2015년을 기준으로 볼 때 방과후학교 민간위탁에 참여하는 학교는 2,918개 학교로 전체 학교의 24.9%를 차지하고 있다. 민간위탁을 실시하는 학교의 수는 2010년 2,659개, 2011년 2,386개, 2012년 3,331개, 2013년 3,351개, 2014년 3,352개로 매년 증가하였으나, 2015년에는 2,918개로 감소하였다. 2011년 '방과후학교 내실화 방안' 발표 이후 민간위탁 참여 학교 수가 증가하는 것을 발견할 수 있다.

| 표 12-2 | 위탁프로그램 운영현황

구 분		초	중	고	계	과년도 현황				
						2014	2013	2012	2011	2010
학교수 (%)		2,619 42.4	232 7.2	67 2.9	2,918 24.9	3,352 28.7	3,351 29.4	3,331 29.3	2,386 21.1	2,659 23.7
프로그램 수 (개)	영리기관 (%)	20,110 8.8	1,106 1.3	278 0.1	21,494 47.3	20,835 45.3	17,300 44.8	20,090 55.2	20,452 71.9	20,868 69.8
	비영리기관 (%)	22,314 9.7	1,512 1.7	146 0.1	23,972 52.7	25,191 54.7	21,307 55.2	16,332 44.8	7,984 28.1	9,012 30.2
	소계 (%)	42,424 18.5	2,618 3.0	424 0.3	45,466 9.6	46,026 8.6	38,607 6.8	36,422 6.0	28,436 5.4	29,880 6.0

자료 : 교육부(2016). 2015년 방과후학교 운영현황 통계.

단위학교에서 영리기관에 위탁하는 프로그램 수는 21,494개(47.3%)이며, 비영리기관에 위탁하는 프로그램 수는 23,972개(52.7%)이다. 2011년 '방과후학교 내실화 방안' 발표 이후 비영리기관에서 운영하는 프로그램 수가 지속적으로 증가하는 것을 발견할 수 있다. 하지만 2015년에는 비영리기관에서 운영하는 프로그램이 감소하고, 영리기관에서 운영하는 프로그램이 증가하였다.

그림 12-2 방과후학교 위탁운영 변화 추이

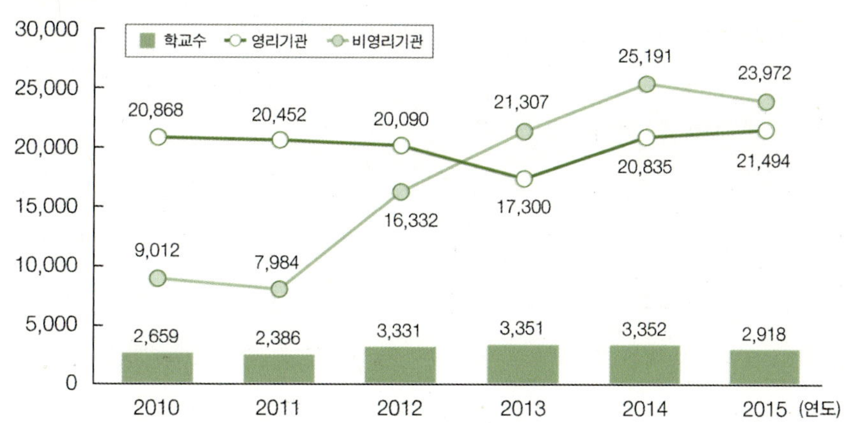

2절 방과후학교 민간위탁 실제

1. 대학주도 방과후학교 사회적기업 육성사업

1) 추진배경 및 목적

학부모들의 높은 사교육비 부담은 문제시 되고 있다. 그동안 교육부에서는 다양한 사교육비 경감 대책을 발표하였는데, 방과후학교는 그 대안 가운데 하나로 인식되고 있다. 하지만 방과후학교가 보다 큰 정책적 효과를 나타내기 위해서는 방과후학교의 질적 수준의 보장이 전제된다. 또 다른 한국사회의 사회적 문제로 전 세계의 대부분의 나라들이 경험하고 있는 청년층 실업률이 높아지고 있는 것을 들 수 있다. 한국 사회는 고성장 시대를 거쳐 이제 저성장시대, 고용 없는 성장의 시대로 접어들고 있다. 이러한 측면에서 대학의 취업률도 극복해야 할 과제로 인식되고 있다. 대학주도 방과후학교 사회적기업 육성사업은 대학의 인적·물적 자원을 방과후학교에 연계하여 방과후학교 프로그램의 질적 수준을 높이고, 사회적기업 정책을 연계함으로써 사업 목적 타당성과 안정성을 확보하고자 하였다. 이를 통해 현재 발생하고 있는 사회문제를 완화시키고, 정책 간의 시너지 효과를 극대화하기 위한 목적으로 추진되었다.

이 사업은 2011년도에 정책이 개발되어 2012년도부터 시행되었다. 2012년도에 전국의 대학으로부터 공모를 받아 22개 대학을 선정하였고, 2013년도에는 29개 대학을 추가로 선정하였으며, 2016년 2월까지 시범사업이 추진되었다.

2) 목표 체계와 참여 주체별 역할

대학주도 방과후학교 사회적기업 육성사업은 목표체계를 통해 이해될 수 있다. 비전은 방과후학교의 경쟁력 및 내실화 제고로 제시되어 있다. 이는 대학의 인적·물적 자원을 활용하여 방과후학교의 질적 수준을 높이고 방과후학교 경쟁력을 높이겠다는 취지를 담고 있다. 목적은 다양하고 질 높은 방과후학교 프로그램 개발·운영, 교원업무경감(방과후학교 업무 효율성 제고), 농어촌 방과후학교 활성화(교육격차 완화), 사회서비스 제공(취약계층 일자리 제공 및 서비스 제공)의 4가지로 제시되었다. 비전과 목적을 달성하기 위한 구체적인 전략은 방과후학교 민간위탁 절차 개선, 공신력 있는 대학주도 방과후학교 사회적기업의 방과후학교 참여 활성화, 효율적인 지역사회 교육자원 활용, 방과후학교 사회적기업 육성으로 사회적 일자리 창출, 지역사회에서 대학의 사회적 책임과 공헌 확대 5가지로 제시되었다.

목표 달성을 위한 교육부, 단위학교, 대학, 대학에서 설립한 예비사회적기업, 교육청, 지자체, 한국교육개발원의 역할은 다음과 같다. 교육부는 사업계획 수립 및 안내, 사업예산 편성 및 교부, 예산사용에 관한 지도・감독, 부처형 예비사회적기업 지정 및 지도・감독역할을 담당하였다. 대학은 방과후학교 프로그램 개발 및 운영, 예산지원(사업 운영을 위한 대응투자), 강사 연수 및 행정업무 지원, 사업운영 모니터링, (예비)사회적기업 관리・감독의 역할을 담당하며, 대학에서 설립한 예비사회적기업은 단위학교와 위탁 계약체결 및 사업운영, 강사 선발 및 관리, 사업운영성과 평가 및 피드백의 역할을 담당한다. 단위학교(초・중・고 및 특수학교)는 수요조사, 방과후학교 소위원회 구성・운영, 학교운영위원회 심의(자문), 프로그램 홍보 및 안내, 민간위탁 계약체결, 수강료 관련 행정처리, 평가・피드백(프로그램 및 강사 만족도)역할을 담당하였다. 교육청은 대학주도 방과후학교 사회적기업 협의체 구성 및 지원, 시・도별 세부운영지침 수립, 대학주도 방과후학교 (예비)사회적기업 예산 지원 및 감독, (예비)사회적기업 사업설명회 개최 등 사업 홍보 등의 역할을 담당하였다. 지역교육청은 단위학교 지도・감독 및 운영현황 조사, 예산사용 지도・감독(시도교육청 협조), (예비)사회적기업과 단위학교 간 연계 지원, 사회적기업 사업 설명회 개최 지원의 역할을 담당하였다. 지자체는 (예비)사회적기업 지정 및 재정지원사업(일자리창출사업, 사업개발비 등), (예비)사회적기업 인큐베이팅 및 컨설팅, 지자체의 교육관련 사업과 연계 등의 역할을 담당하였다.

한국교육개발원은 사업운영기관 선정, 대학주도 방과후학교 사회적기업지원단 운영(지도점검 및 컨설팅 등), 운영성과분석 및 평가, 예산 사용에 대한 관리・감독 등의 역할을 담당하였다.

그림 12-3 대학주도 방과후학교 사회적기업 육성사업의 목표체계도

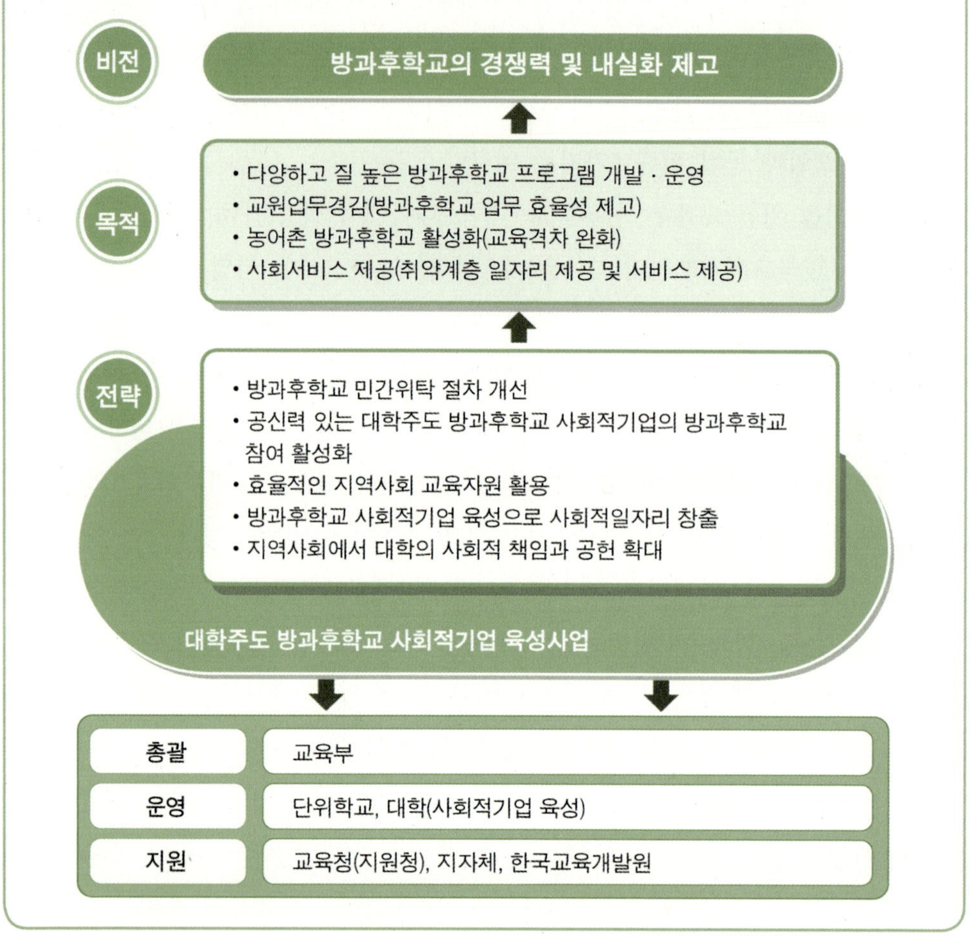

자료 : 한국교육개발원(2013). 대학주도 방과후학교 (예비)사회적기업 육성사업 운영 매뉴얼.

3) 사업운영 성과

대학주도 방과후학교 사회적기업 육성사업은 다음과 같은 성과를 나타냈다. 첫째, 다양하고 질 높은 프로그램을 개발하고 운영하였다. 2015년 9월 기준으로 41개 기업에서 10,047개의 프로그램이 개설되어 운영되고 있으며, 월평균 160,942명의 학생들이 프로그램에 참여하고 있다. 학교 급별로 참여하는 학생 수는 초등학생이 146,454명, 중학생 11,559명, 고등학생 542명 수준이다. 한국교육개발원에서는 학생 만족도 조사를 매년 실시하고 있는데, 2015년 9월을 기준으로 6,069명의 학생을 대상으로 조사한

결과 학업실력 향상, 특기 · 적성 능력향상에 대해 대부분 긍정적인 반응이 나타났으며, 지속적 참여의사도 매우 높게 나타나고 있으며, 교원업무 경감 정도도 높은 것으로 조사되고 있다(한국교육개발원, 2016).

둘째, 사회적기업 15개, 예비사회적기업 10개, 사회적협동조합 1개를 육성함으로써 지역사회에서 대학의 사회적 책임과 공헌 확대와 사회적 일자리 창출에 기여하는 것으로 조사되고 있다(한국교육개발원, 2016).

2. 언론기관 참여 방과후학교 시범사업

1) 추진배경 및 목적

언론기관 참여 방과후학교 시범사업은 공신력 있는 언론기관이 보유하고 있는 방과후학교 프로그램 확산을 통해 방과후학교 질을 높이고, 시범운영을 통해 언론기관별 특화 프로그램을 발굴하고, 방과후학교 참여 프로세스 및 우수운영 모델 정립으로 민간참여 확산 기반 마련하기 위해 2011년 11월부터 교육부에서 추진한 사업이다.

2) 사업추진 내용

언론기관 참여 방과후학교 시범사업은 1차로 조선일보, 중앙일보, 동아일보, 한겨레신문, CBS, 매일신문, MBN 등 7개 언론기관을 선정하고 2011년 9월부터 2012년 2월까지 사업을 운영하였다. 사업운영 결과 대입논술 등 214개 학교에서 31개 프로그램이 개설되었으며, 10,650여 명의 학생이 프로그램에 참여하였다. 이후 2차로 3개 언론사를 추가로 선정하여 2012년 3월부터 2013년 2월까지 사업을 추진하였다. 1~2차 사업을 통해 선정된 10개 기관은 시도교육청의 추천을 통해 선정된 20개 내외 학교에서 수강료를 최소화하여 1년간 시범운영되었다. 또한 선정된 언론기관에는 예산을 지원하고 저소득층 학생의 수강료 지원 등에 사용하도록 하였다.

3) 사업추진 체계와 역할 분담

언론기관 참여 방과후학교시범사업은 교육부, 한국교육개발원, 시도교육청, 언론기관, 시범운영학교 간에 유기적 협력을 유지하며 사업을 추진하였다. 사업 추진 절차는 [그림 12-4]와 같은 순서에 의해 진행되었다.

그림 12-4 언론기관 참여 방과후학교 시범사업

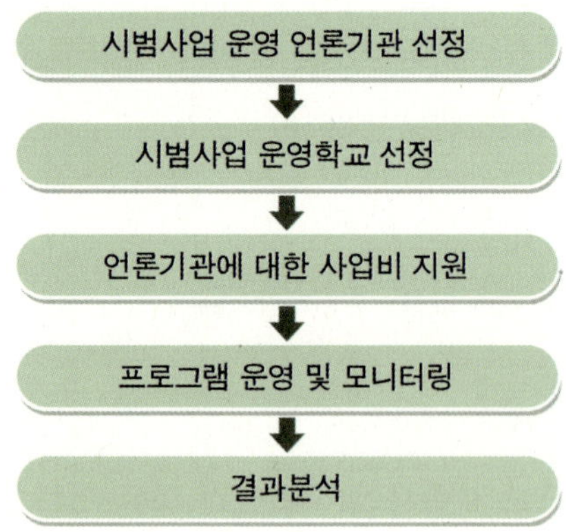

각 주체별 역할은 다음과 같다. 교육부는 언론기관 선정, 시범사업 운영학교 선정, 언론기관에 대한 예산지원 등의 역할을 담당하였다. 한국교육개발원은 교육부와 함께 언론기관 선정, 시범사업을 언론기관에 대한 예산지원, 사업운영성과에 대한 결과분석 업무 등을 담당하였다. 시도교육청은 교육부와 함께 시범사업 운영학교 선정 업무를 담당하였다. 언론기관은 프로그램 운영 및 모니터링을 실시하였다. 시범사업 운영학교는 언론기관과 함께 프로그램을 운영하고 모니터링하는 업무를 담당하였다.

4) 사업운영 성과

언론기관 참여 방과후학교 시범사업은 언론기관의 장점인 논술 프로그램, 방송관련 프로그램 등을 운영하면서 방과후학교 프로그램의 질을 높이는 데 기여하였으며, 학부모의 사교육비 부담을 감소하는 데 효과적이었다는 평가를 받고 있다. 하지만 방과후학교 수강료가 일반 방과후학교 프로그램에 비해 다소 높으며 언론기관에서 직접 운영되기보다 별도의 사업부 등을 통해 운영되는 형태를 취하여 사업의 목적에 대한 타당성에 대한 부정적인 시각도 존재하였다.

3절 방과후학교 민간위탁 과제

국회에서는 그동안 방과후학교 관련 법안이 여러 차례 발의되었으며 민간위탁에 대한 사항도 심도 있게 논의되었다. 민간위탁은 현행법상 계약법을 준수해야 하나 방과후학교 민간위탁에 관한 구체적인 사항을 현행법에 명시하고자 하는 노력이 국회를 통해 지속적으로 추진되었다. 국회 속기록을 보면 그동안 민간위탁과 관련한 다양한 쟁점사항이 있음을 발견할 수 있다.

2006년 정봉주 의원(대표발의) 안을 검토하면서 "직접운영", "운영"에 대한 개념 논란이 발생했으며, 위탁운영에 대한 찬반 논쟁이 벌어졌다. 반대의견을 표명한 의원은 공교육 침해, 대기업의 참여 및 영리활동, 학원의 위탁 반대 움직임 등을 사유로 제시하였다. 위탁운영에 대한 제도적 보완장치 마련이 촉구되었다. 대안으로 "학교의 장이 학교의 여건상 학교에서 직접 실시하기 어렵다고 인정하는 경우에는 「초·중등교육법」 제31조의 규정에 의한 학교운영위원회의 심의를 거쳐 프로그램의 전부 또는 일부를 비영리단체 또는 비영리법인에게 위탁하여 운영할 수 있다."는 안이 제안되기도 하였으며 "학교의 장이 학교의 여건상 직접 실시하기 어렵다고 인정하는 프로그램의 범위…… 대통령령으로 정한다."는 의견 등이 제시되기도 하였으나 위탁 가능영역에 대한 논란은 해결되지 못했다.

2008년 11월에 발의된 권영진 의원(대표발의) 안을 국회에서 검토하면서 방과후학교 프로그램을 학교운영위원회의 심의를 거쳐 외부 기관에 위탁·운영할 수 있는 근거를 마련하는 방안이 논의될 필요가 있으나, 방과후학교의 공교육보완의 측면, 방과후학교 위탁업체의 과도한 영리추구 등이 있을 경우 민간위탁의 기본취지 자체가 훼손될 수 있기 때문에 외부위탁이 가능한 경우를 대통령령에 명확히 규정한 후 학교장이 위탁하도록 하는 방안이 검토되었다.

2012년 6월에 발의된 이재영 의원(대표발의) 안은 기본적으로 지금의 방과후학교 민간위탁 현황을 그대로 법률에 명시하려는 취지로 발의되었다. 하지만, "인접한 학교・법인・단체"로 위탁대상자를 명시하면서 물리적 거리 개념인 "인접한"을 사용하고 있어서 이에 대한 입법 취지를 보다 명확히 할 필요성이 제기되었다. 그리고 방과후학교의 민간위탁 허용문제는 공교육의 사교육장화를 가속시키고, 이익창출을 위한 높은 수업료 책정 또는 교육의 질 저하 문제가 우려되며, 학습지, 온라인 대기업체의 독점 우려 등으로 민간위탁에 대한 신중론이 제기되기도 하였다.

2014년 11월에 발의된 김춘진 의원 대표발의 건 및 2014년 9월에 발의된 박홍근 의원 대표발의 건에 대해 전문위원 검토의견은 영리위탁을 허용하는 교육청이 9개, 비영리위탁만을 허용하는 교육청이 7개, 위탁을 전면 금지하는 교육청이 1개 등 각 시도 교육청별 위탁에 대한 규정이 상이하며 저마다의 지역 사정에 맞게 운영되고 있는 실정임을 지적하였다. 또한 민간위탁의 긍정적 기능으로 영리추구로 인한 프로그램의 질 상승, 학교 교사들의 업무부담 감경, 정규교육과정 이외의 학생들의 수요에 따른 다양한 프로그램 운영이 가능한 점 등이 제시되었다. 역기능으로는 학교의 사교육화에 따른 정규교육과정 붕괴 우려, 영리허용에 따른 교육비 상승으로 학생들의 부담 가중 등을 제시하였다.

방과후학교 민간위탁은 방과후학교의 확대와 더불어 쟁점화되고 있다. 방과후학교 시범사업이 진행되던 2006년 국회속기록을 보더라도 민간위탁의 필요성에 대한 공감대는 형성되고 있었으나 구체적인 실행방안에 대한 논란이 제기되었음을 발견할 수 있다. 그동안 민간위탁은 방과후학교의 양적 확대, 민간참여를 통한 경쟁력 도모, 교원업무 정상화 등은 민간위탁 필요성을 이유로 추진되었으며, 가시적이고 긍정적인 성과도 나타내고 있다. 하지만 방과후학교 영리기관 참여 허용 여부, 위탁 가능 영역(범위), 방과후학교 민간위탁을 위한 구체적인 법적 근거, 방과후학교 민간위탁기관의 수익성 확보(과도한 수수료 등) 등이 쟁점이 되면서 활성화에 한계점을 보이고 있다.

탐 구 문 제

1. 방과후학교 민간위탁의 장점과 문제점, 향후 발전방향에 대해 토론해 봅시다.

13장 질 제고를 위한 방과후학교 내실화 방안

정규 교육과정을 통해 충분히 제공하기 어려운 프로그램을 제공하여 학교교육의 기능을 보완하기 위한 정책으로 방과후학교를 시작하였다. 그동안 방과후학교는 시대의 변화에 따른 교육수요에 대비하고 교육의 질을 내실화하기 위하여 4~5년을 주기로 비전과 목표, 전략을 바꾸어 제시해 왔다. 최근에는 창의융합형 인재 육성이라는 비전 아래 학교교육기능 보완, 사교육비 경감, 교육복지 실현, 학교의 지역사회화라는 목표를 제시하고, 공교육을 보완하기 위한 방과후학교 활성화 방안을 마련하여 학교현장에서 실천될 수 있도록 하고 있다. 앞으로 방과후학교가 공교육의 기능을 보완하기 위해서는 무엇보다 교육의 질이 담보되어야 한다. 이에 본 장에서는 방과후학교 운영의 문제점을 탐색하고 활성화 개선방안을 제시하고자 한다.

제1절 _ 방과후학교 내실화
제2절 _ 돌봄교실 내실화

교 육 목 표

- 방과후학교의 운영 실태 통하여 문제점이 무엇인지 알 수 있다.
- 방과후학교의 문제점을 바탕으로 질 제고를 위한 내실화 방안을 이해한다.

1절 방과후학교 내실화

1. 방과후학교의 과제

교육은 백년지대계라 하여 교육을 매우 중시했으며, 후 세대들이 교육을 통한 인재로 성장할 수 있도록 지원한 결과 나라 발전에 큰 공헌을 했으며, 이로 인하여 많은 나라들이 우리의 교육제도에 관심을 보이고 있다. 하지만 과열된 학부모의 교육열은 공교육에 만족하지 못하고 사교육에 많은 비용을 투입하게 됨에 따라 가계에 어려움을 초래하였고, 사교육비가 사회적인 문제로 대두되자 정부에서 이를 해소하기 위해 수립한 정책이 방과후학교이다.

방과후학교와 돌봄교실은 오래전부터 학교와 일부 지역사회에서 부분적으로 시행되어 왔고, 2006년부터는 정부의 정책으로 본격적인 방과후학교가 이루어져 왔다. 그러나 제대로 된 법적근거나 사회적인 합의가 부족한 상태에서 "방과후학교에서 누구에게나 다양한 교육"을 이라는 비전 아래 양적인 성장과 복지 위주의 정책을 제시하고 실천하게 됨에 따라 학교현장에서 많은 혼란과 갈등이 있었다. 하지만 방과후학교는 이러한 혼란과 갈등을 교육관계자들의 합의와 노력으로 보완하며 양적·질적으로 많은 발전을 해 왔다. 앞으로 방과후학교가 학교현장에서 공교육의 기능을 보완하여 학생들의 꿈과 끼를 살리는 교육으로 자리매김하기 위해서는 교육 관계자들의 다양한 의견 수렴과 함께 가장 합리적이고 바람직한 방향으로 제도를 개선하고, 이를 법제화하는 것이 시급하다.

기초가 튼튼하면 거센 바람에 흔들리지 않듯이 방과후학교를 도입하기 전에 충분한 현장 의견을 수렴하여 법적 근거를 마련한 후 운영했다면 현재와 같은 어려움과 학교업무의 가중은 충분히 줄일 수 있었을 것이다. 그러나 아직까지도 제대로 된 법적 근거가 마련되지 않아 학교현장에서는 많은 어려움을 겪고 있다. 따라서 교육정책은 중장기적인 비전을 가지고, 학생과 학부모, 교사, 그리고 지역사회를 비롯한 교육공동체 모두가 행복할 수 있는 정책을 찾아 신중하게 시행해야 한다.

이러한 환경에서 학교가 고유의 기능을 회복하고 정상적인 교육과정 운영에 집중하기 위해서는 정부에서 방과후학교의 본질을 정확하게 꿰뚫어 보고, 이에 맞는 종합적이고 일원화된 정책을 수립하여 시행해야 한다.

이에 본 장에서는 방과후학교 운영상의 문제점을 찾아 제시하여 대책을 마련하도록 하고자 한다.

먼저 제도적인 측면에서의 보면 방과후학교의 법적 기반이 없어 국가와 자치단체로부터 행·재정적 지원을 안정적이고 지속적으로 받기 어려우며, 지역사회 기관 및 유관 단체 간의 연계 협력과 교육청과 지자체간 협력 및 지원체계가 미흡하다.

둘째, 재정적 지원 측면에서 보면, 안정적인 지원체계가 구축되어 있지 않아 지속적인 방과후학교 운영에 어려움을 초래하고 있다. 특히 방과후학교 사업이 지방으로 이양된 이후로는 교육감의 의지가 방과후학교 활성화에 큰 영향을 미치고 있으며, 지원액 감소는 지역 간, 계층 간 교육격차 해소 등을 위한 필요한 정책과 사업을 지속적으로 시행하기 어렵다.

셋째, 프로그램 운영 측면에서 보면, 그 동안 양적인 면에서는 많은 성장이 이루어졌으나 교육수요자를 만족시킬 수 있는 프로그램이 다양하지 않아 외연 확장에 어려움을 겪고 있다. 이에 따라 학생들의 꿈과 끼를 키우는 특기·적성프로그램 제공에 한계를 초래하고 있으며, 그나마 상급학교로 갈수록 입시에 초점을 맞추는 방과후학교가 운영됨에 따라 교과프로그램의 비중이 크게 나타나 수요자의 욕구를 해소해 주지 못하고 있다.

넷째, 교육을 담당하는 강사 측면에서의 보면, 정규교사는 학생들을 교육하기 위해서 대학에서 4년간 이론과 실기를 겸한 교육을 받고 임용고사를 거쳐야 되는데 반하여, 방과후학교 강사는 체계적인 양성 과정이 없이 일반적인 전공자나 관련 분야 자격증 소지자 등이 참여함으로써 학생들의 성장발달에 맞는 교육에 어려움을 야기할 수 있다. 특히 농어촌과 같이 강사 자원이 부족한 지역에서는 현직교사들이 강사로 참여하여 수요자의 요구보다는 교사의 특성에 맞추는 프로그램을 운영하고 있어 학생들이 요구하는 프로그램 운영에 어려움을 초래함은 물론 또 다른 교육 격차를 야기할 수 있다.

다섯째, 담당교사 측면에서 보면, 방과후학교 운영으로 담당업무가 많아지고 이에 따라 교사들은 업무를 기피하는 현상이 나타나고 있다.

2. 방과후학교의 내실화 방안

1) 정부의 방안

방과후학교가 수요자의 만족도를 향상시키고 공교육을 보완하며 시대의 교육 수요에 대응하기 위해서는 교육의 질을 개선하는 일이 우선되어야 한다. 이에 교육부에서는 그 동안 방과후학교 운영 과정에서 나타난 문제점을 분석하여 방과후학교를 통한 꿈과 끼를 키우는 학생 맞춤형 방과후학교 활성화 방안을 마련하여 추진하고 있다(교육부, 2016). 첫째, 학생 수요에 부응하는 질 높은 프로그램을 편성·운영하도록 하였다. 이를 위하여 사전 수요조사를 실시하여 영역별·수준별·무학년제 프로그램을 새 학년 시작과 동시에 운영하여 교육 수요를 흡수하고, 중점·거점학교의 전문성 높은 강사의 프로그램에 인근학교 학생들이 참여할 수 있도록 했다. 또한 동아리 연계형 방과후학교 프로그램을 편성하여 학생 주도적 프로그램을 개설하고, 자율 동아리 활동에는 교사 외에 대학생 멘토링 및 외부강사가 지원할 수 있도록 하였다. 창의융합형 사고력 향상을 위해 정규 교육과정에서 충분히 제공하기 어려운 프로그램은 방과후학교와 연계 운영하고, 중학교 자유학기제와 연계한 방과후학교 프로그램을 개설하여 지속적인 진로계발과 심화학습의 기회를 제공하도록 하였다.

예술·체육프로그램 확대 운영을 위해서는 돌봄기능을 포함한 통합형 방과후학교를 운영하고 3~4학년의 경우에는 지역 시설과 인적자원을 활용할 수 있도록 하였다. 그리고 참여 학생 수가 적어 프로그램 개설이 어렵거나 개별지도가 필요한 소인수 프로그램을 운영할 수 있도록 지원하며, 지역별 중점·거점학교에 타교생도 방과후 예술프로그램에 참여할 수 있도록 하였다. 또한 대학생 교육기부 및 지역 교육기부 센터 등과 연계하여 다양한 프로그램을 편성하고 학교 밖 시설 및 인적 자원을 활용한 마을학교 형식의 프로그램 위탁 운영도 가능하도록 하였다.

교육의 질은 교사의 질을 능가할 수 없듯이 강사의 질은 프로그램 운영에 매우 중요한 영역이다. 따라서 프로그램 강사 질 제고를 위하여 학생, 학부모를 대상으로 만족도를 평가하여 학교 홈페이지에 공개하도록 하고, 시도별로 만족도가 높은 프로그램은 학교는 물론 방과후학교 포털 및 홈페이지에 탑재하여 공유하도록 하였다. 또한 강사의 질 향상을 위한 연수를 위해 원격콘텐츠를 개발하도록 했다. 방과후학교 위탁

시에는 학교운영위원회 심의를 강화하고 위탁업체 소속의 강사에게 안정적 인건비를 지급하도록 하였다. 또한 시도교육청별 현장 의견 수렴을 통한 방과후학교 업체 실태 조사를 실시하고 계약사항을 준수하지 않는 업체는 부정업자로 등록하여 입찰자격을 제한하기로 하였다.

둘째, 취약계층 지원을 통한 교육격차 완화를 위해서 다양한 지원 방안을 마련하였다. 농어촌, 저소득층, 다문화 밀집지역에 강사를 지원하여 학력 향상 및 예체능 프로그램을 운영하게 함으로써 다양한 학습 기회를 제공하도록 하였다. 그리고 방과후학교 자유수강권 사용 범위를 확대하였으며, 교육기부 매칭사이트에 방과후학교 코너를 설치하여 교육기부자와 학교 간의 매칭을 활성화할 수 있도록 하였다. 농어촌 방과후학교 교육여건을 개선하기 위하여 소인수로 단위학교별로 개설이 어려운 프로그램은 학교 간, 학교 급별 연합으로 개설하고 지역 간 연계를 통하여 다양하고 수준 높은 프로그램을 운영하도록 하였다. 또한 농어촌 학교에 ICT기기를 활용한 온라인 콘텐츠 및 원격교육 방식의 방과후학교 및 Smart 방과후학교 운영 모델을 개발하기도 하였다.

셋째, 방과후학교 현장 지원을 강화하기 위하여 방과후학교지원센터와 시도교육청 역할을 위해 책무성을 강화하고 현장컨설팅단을 운영하도록 하였다. 나이스 시스템을 개편하여 업무의 편의성을 높이고 학교별 돌봄교실 운영현황 조회할 수 있도록 시스템을 개발 구축하며, 방과후학교 우수사례 발굴을 위하여 100대 우수 방과후학교를 선정하여 시상하도록 하였다. 또한 방과후학교 운영의 최대 걸림돌인 법적 근거를 마련하고 국가 및 지자체의 책무와 역할을 명확히 하여 공교육을 보완하는 교육이 이루어질 수 있도록 방과후학교 활성화 방안을 마련하여 제시하였다.

2) 현장에서 바라본 내실화 과제

첫째, 교육부에서 마련한 활성화 방안이 학교현장에서 제대로 운영된다면 많은 걸림돌이 해소될 것으로 보이나 방과후학교 운영 근거가 되는 법적 근거가 마련되지 않은 상황에서 활성화되기에는 어렵다고 본다. 따라서 하루 빨리 법적 근거가 마련되어야 내실 있는 방과후학교 교육이 이루어지고 유관기관과의 유기적인 연계 협력 체제 구축과 안정적이고 지속적인 예산 확보도 마련 될 것으로 본다.

둘째, 방과후학교의 질적인 향상을 위해 학교현장을 통한 모니터링이 지속적으로 이루어져야 한다. '구슬이 서 말이라도 꿰어야 보배'라는 속담이 있듯이 아무리 좋은 대책이라도 실천이 이루어질 때 의미가 있다고 본다. 따라서 교육부는 방과후학교가 고유의 역할을 할 수 있도록 수시로 걸림돌을 제거하고 학교현장이 피로를 느끼지 않도록 하는 노력을 게을리 해서는 안 된다. 특히 시도교육청 및 지역교육청 역할 강화와 함께 학교장의 리더십 제고를 위해 국가 차원의 지원 방안을 마련하여 학교현장에서 방과후학교 질 향상과 내실화에 노력할 수 있도록 해야 한다.

셋째, 지역사회의 자원을 효율적인 활용을 위한 협력체제가 구축되어야 한다. 이를 위하여 지역 방과후학교 운영위원회를 구성하여 운영하고, 지역사회 자원 활용을 위한 인적·물적 인프라를 구축하여야 한다. 학교 밖 지역사회에서는 방과후활동을 수행하는 여러 기관과 조직(지자체, 대학, 문화예술단체, 박물관, 지역아동센터, 청소년방과후아카데미 등), 이러한 기관과 조직에서 운영하는 프로그램이 있다. 또 방과후활동에 도움을 줄 수 있는 여러 기관이나 조직(경찰서, 병원, 버스 회사 등)들도 있다. 학교, 교육청을 포함하여 지역사회에 있는 여러 기관, 조직, 단체들이 연계하고 효율적으로 작동하는 방과후활동 시스템을 구축·운영하는 일이 필요하다.

넷째, 방과후학교 계획 수립 과정에서 부터 교원과 지자체 등이 적극적으로 참여할 수 있도록 제도적 장치를 마련하는 것이 필요하다. 이를 위하여 방과후학교 전담부서제를 확대하고, 업무 담당자를 학교 규모에 따라 적절하게 증원하여 담당교사의 업무부담을 경감시켜주어야 한다. 아울러, 학교 행정부서에 대한 지원 확대와 업무 전담인력제도 도입에 대해서도 적극적인 검토와 지원이 필요하다.

다섯째, 방과후학교 안전 관리체제가 확실하게 구축되어야 한다. 학생이 방과후학교 수업 전, 수업 중, 수업 후 귀가 시까지의 안전 관리 대책을 수립하여 실천할 수 있도록 해야 한다. 또한 학생들이 안전사고, 비행, 학교폭력, 성폭행 등의 비정상적인 행동 등과 같은 문제에 노출되지 않도록 사전 예방에 노력해야 한다. 아울러, 교육청에서는 지역의 방과후학교 안전관리체제 상황을 수시 점검하여 지속적인 개선방안 마련하여 안전사고가 발생하지 않도록 해야 한다.

여섯째, 방과후학교 프로그램에서의 특기·적성프로그램 강화가 필요하다. 한국의 방과후학교 프로그램에서는 교과프로그램이 많은 비중을 차지하고 있다. 학교급이 올라갈수록 교과프로그램이 차지하는 비중은 매우 높아진다. 이는 상급학교 진학 등을 고려해서 학부모들이 자녀가 교과프로그램에 참여하기를 원하기 때문이다(김홍원 외, 2013). 방과후활동에서 교과 공부를 많이 하는 것은 바람직하지 않은 면이 많기 때문에 정부, 교육청, 학교는 무상 프로그램 운영을 위한 재정지원, 지역의 기관 및 단체, 자원봉사자 등과 연계한 교육기부와 같은 방법과 같은 특기 · 적성프로그램을 강화하는 정책을 과거부터 시행해와서 교과프로그램이 차지하는 비중은 해마다 조금씩 감소하고 있는 추세이나, 아직 그 비중은 크다. 학부모 홍보를 통한 인식변화, 수요자가 원하는 다양하고 질높은 특기 · 적성프로그램(특히 예체능 프로그램) 제공, 무상 또는 저렴한 특기 · 적성프로그램 제공 등과 같은 여러 방법을 통하여 특기 · 적성프로그램을 강화해야 한다.

일곱째, 학교, 교원의 업무 정상화가 이루어져야 한다. 방과후학교(돌봄포함)를 운영하기 위해서는 운영계획 수립, 프로그램 수요조사, 학부모에 대한 홍보 및 정보 제공, 강사 공모 · 선정 · 관리, 위탁업체 공모, 학생 안전관리, 급 · 간식업체 선정, 강사 평가, 학생의 참여비용 처리, 지역 사회 관련 기관이나 단체 등과의 협력 구축 등과 같은 여러 업무를 수행해야 하며, 이들 중 많은 업무를 교원이 담당하고 있다. 따라서 교원의 업무부담이 크고, 어려움을 피력하고 있다. 오후부터 저녁 늦게까지 학생들을 돌보아 주는 돌봄교실의 경우, 교원의 업무부담은 더욱 크다. 돌봄교실은 지자체와 같은 지역기관에서 운영하는 것이 바람직하다는 의견을 피력하는 교원들도 있다. 그러나 돌봄교실은 학부모들이 학교가 더 많이 해 주기를 가장 원하는 프로그램 중의 하나이다. 정부, 교육청, 학교는 행정지원인력 지원, 위탁업체 운영, 지역돌봄서비스 기관과의 연계 운영 등과 같은 방법을 사용하여 학교, 교원의 업무부담을 경감하려고 하였으나, 아직 교원의 업무부담은 적지 않다. 사회의 변화와 함께 '방과후 학생의 교육과 보호'라는 새로운 역할을 학교가 기대하기를 사회는 요구하고 있는 상황에서 학교가 교원의 업무부담을 줄이면서 이러한 역할을 효율적으로 수행할 수 있는 방안을 모색하는 일이 필요하다.

여덟째, 방과후학교 성과 분석 및 환류/모니터링 체제 구축이 필요하다. 방과후학교를 운영하기 위해 많은 예산, 인력, 물자, 프로그램 등이 투입된다. 국가 및 시도교육(지원)청, 학교 차원에서 방과후학교 운영의 투입-과정-성과를 모니터링, 분석하고, 이 결과를 토대로 개선 방안을 모색하여 적용하는 일이 필요하다.

아홉째, 중앙 및 지역 방과후학교지원센터 기능 활성화가 필요하다. 방과후학교지원센터는 연구, 프로그램 개발과 보급, 강사 선정과 연수 그리고 우수강사 발굴, 우수사례 발굴 및 보급, 지역사회자원 발굴·연계·활용 등을 수행할 수 있는 조직이다. 현재 국가수준에서는 한국교육개발원의 방과후학교중앙지원센터가 있고, 일부 시도교육청도 방과후학교지원센터(2015년도 현재 140개 운영)를 운영하고 있다. 예산과 인력 지원을 바탕으로 한 방과후학교지원센터의 기능 활성화는 방과후학교가 내실화·활성화되고, 학교의 업무를 경감하는 데도 도움을 줄 수 있다.

2절 돌봄교실 내실화

1. 현행 돌봄교실의 과제

시대의 변화와 수요자의 요구에 부응하는 방과후학교 정책에 의거 돌봄교실도 초등학교 모든 학생을 대상으로 범위를 넓히고 무상으로 돌봄을 제공하는 정책의 영향으로 학교현장에서는 돌봄교실과 예산확보에 많은 어려움을 겪고 있으며 일부 학교에서는 수요를 충족시키지 못하는 경우도 있다. 이런 점을 감안하여 교육부에서는 2015년 24만 명에서 2020년 26만 명으로 2만 명을 확대 수용한다고 발표하였다.

초등학교에서 운영하는 돌봄교실 학급 수는 2007년 2,718개에서 2008년 3,334개, 2009년 4,622개, 2010년 6,200개, 2011년 6,639개, 2012년 7,086개로 증가하고 있는데, 학교는 이를 수용할 수 있는 전용교실이 부족한 실정이다. 따라서 일반 학급교실을 돌봄교실로 겸용할 수밖에 없어 담임교사의 업무 처리, 학급 학생 지도, 교사의 교재연구 등에 지장을 초래하고 있다. 따라서 학교 내 돌봄교실의 무제한 운영은, 정규 교육과정 저해하는 일이 없도록 적절한 대책을 마련하여 추진하는 것이 요구된다.

특히, 농어촌 지역 학교는 자격을 갖춘 돌봄 전담강사가 턱없이 부족한데도 불구하고 밤 10시까지 교육과 돌봄을 제공하는 저녁돌봄 운영으로 학교현장이 어려울 수밖에 없는 실정이다. 이를 해소할 수 있는 방안을 찾기 위하여 돌봄교실의 활성화에 걸림돌을 찾아보면 다음과 같다.

첫째, 희망하는 모든 학생을 돌봄교실에 참여할 수 있게 함에 따라 학생 수가 많아지고 돌봄교실 수가 늘어나게 되는 반면, 돌봄교실 운영비는 이에 비례하여 증가하지 못함에 따라 운영에 어려움을 겪게 된다. 돌봄교실의 운영비를 지자체에 따라 일부 지원해 주기도 하나 대부분은 국가가 교육청에 주는 보통교부금으로 운영하는데, 무상급식, 누리과정(영유아 보육료 지급) 그리고 교육청 자체 특색 사업 추진 등으로 돌봄교실에 충분한 예산이 지원되지 못하고 있는 실정이다.

둘째, 겸용교실 확대로 인하여 유휴교실이 부족한 학교에서는 일반교실, 특별실을 활용한 겸용교실 구축 비율이 높아져서 학생, 학부모, 교원의 불편이 발생하고 있다. 2013년 대비 2014년에 전용교실은 10.1% 감소하고, 겸용교실은 6.2% 증가하는 것으로 나타나고 있는데, 이는 희망하는 모든 학생 수용을 원칙으로 함으로써, 잉여교실이 없는 대부분의 학교에서는 겸용교실을 설치할 수밖에 없기 때문이다.

셋째, 돌봄교실 학생 수 증가에 따라 학급당 인원이 많아지는 과밀학급이 증가하고 있어 교육의 질이 전보다 열악해지고 있다. 과거에는 학교의 상황을 고려하여 학생을 선정하였기 때문에 교실당 대부분 20명 이하의 학생 수를 유지하였으나, 2014년 현재 1,208실, 전체 돌봄교실 중 11%가 과밀학급으로 운영되고 있는 실정이다.

넷째, 희망하는 모든 학생을 수용하기 위해 극소수 학생이 참여하는 돌봄교실을 운영함으로써 돌봄전담사 인건비, 전기료, 학교보안관, 학교 교원 등의 안전관리요원 인건비, 급식 예산 등이 비효율적으로 운영되고, 저녁돌봄 시 안전관리상의 문제가 크게 대두되고 있다.

다섯째, 과거에 비해 돌봄교실(오후 · 저녁 돌봄)에 참여하는 학생들이 많아짐에 따라 학교의 업무가 증가하고 있다. 희망하는 모든 대상자를 대상으로 하여 참여 학생이 더 늘어나 이에 따른 업무 증가가 불가피하여 학교현장이 어려움을 겪고 있다.

여섯째, 돌봄교실을 포함하는 방과후학교 사업이 지방 이양사업이 된 이후, 국가 수준에서는 표준적인 운영모델을 제시하지 않아 지역과 학교 여건에 따라 다양한 형태로 운영되어 왔다. 이전 까지는 학교당 돌봄교실이 평균 한 실 정도이고, 어느 정도 충분한 예산이 지원되었기 때문에 질은 비교적 높은 수준에서 유지될 수 있었다. 그러나 참여 학생이 늘어나면서 돌봄교실(전용교실, 겸용교실)이 많아지고, 지원예산도 과거처럼 충분치 않아 프로그램의 질이 과거보다 전체적으로 낮아졌고, 질에 있어서 지역 간·학교 간 격차도 더욱 커지게 되는 문제가 발생하였다.

일곱째, 돌봄 프로그램이 내실화를 위하여 교육부는 지역사회 자원의 연계·활용을 권장하는 정책을 강조하고 있다. 그러나 지역사회 자원의 연계·활용이 잘되고 있는 지역도 있으나, 그렇지 못한 지역도 있다. 연계·활용이 잘 안되는 지역은 돌봄교실 담당자의 적극적인 이해와 태도 부족, 지역사회 자원 활용 미흡, 교육(지원)청 및 지자체의 추진 조직 부재 등이 주요한 이유가 되고 있다.

2. 돌봄교실의 내실화 방안

1) 정부의 방안

교육부에서는(교육부, 2016) 돌봄교실에 참여를 희망하는 모든 학생들을 수용하고 돌봄교실의 서비스의 질을 향상시키기 위하여 다음과 같이 초등돌봄교실 강화 방안을 마련하여 발표하였다.

첫째, 돌봄이 필요한 교실참여를 희망하는 맞벌이, 저소득층, 한부모 가정 학생을 위하여 2015년 24만 명에서 2020년에는 26만 명으로 2만 명 추가 수용하고 1~2학년은 놀이 및 안전 프로그램을 강화하고 3~6학년은 방과후학교와 연계한 돌봄교실 운영으로 전 학년 맞춤형 서비스를 제공하기로 했다. 또한 겸용교실로 인한 학교현장의 어려움을 해소하기 위하여 전용교실 비중을 확대 전환하도록 했다.

둘째, 지역 및 학교 여건에 따라 학교 밖 인프라를 활용하여 돌봄 시간을 연장하는 모델을 확산 발굴하고 학교와 지역돌봄기관 간 연계를 통해 돌봄 사각지대를 해소하여 수요에 맞는 서비스를 제공하고 지자체가 참여하는 돌봄협의회를 활성화하기로 하였다.

셋째, 질 높고 안전한 돌봄 교실 운영을 위해 돌봄전담사 대상 원격교육, 지역단위 집합교육 제공 등으로 역량강화를 지원하고 교육(지원)청별 대체인력풀을 구축하여 활용하도록 하였다.

넷째, 대학생과 자원봉사자가 방과후학교 강사와 멘토-멘티 팀을 구성하여 방과후 프로그램 후 학생 특성에 맞는 보충활동을 수행하도록 하였다. 또한 교실 밖 체험 인프라를 확충하고, 저녁돌봄 · 방학돌봄 운영시간과 연계하여 예체능활동을 집중 운영하는 방과후 프로그램을 지원하여 프로그램의 다양화를 꾀하기로 하였다.

다섯째, 학생들 맞춤형 돌봄교실 우수프로그램을 발굴 확산하기로 하였다. 이를 위해 지역사회 재능 기부자, 대학생, 중고등학교 프로그램을 활용하여 예체능 프로그램을 돕는 활동을 활성화하도록 하였다. 이와 같이 교육부에서도 돌봄교실 운영의 걸림돌을 찾아 해소함으로써 수요자의 요구를 만족시키기 위해 노력하고 있다.

2) 현장에서 바라본 내실화 과제

현장에서 바라본 내실화 과제를 제시하면 다음과 같다.

첫째, 모든 학생을 대상으로 하는 돌봄교실의 운영이 효과적이기는 하나 모든 학생을 돌봄교실에서 수용하려면 많은 예산이 필요한데 이를 해결하지 못하고 있다. 이에 따라 프로그램의 질 저하, 돌봄교실 여건 악화, 국가 사회의 경제적 부담 가중, 돌봄이 꼭 필요한 학생의 참여 기회 저해, 돌봄이 가능한 일반가정에서도 돌봄교실에 참여하여 가정의 돌봄 기능 약화 등의 부작용이 나타나고 있다. 따라서 국가의 정책과는 어긋나는 면이 있기는 하나 최대한 수용은 하되 맞벌이 · 저소득층(차상위 120%) · 한부모 가정의 자녀 등과 같이 돌봄이 꼭 필요한 학생(1~6학년)을 대상으로 돌봄 참여를 제한할 필요가 있다.

둘째, 다양한 프로그램을 제공하기 위해서는 교육비 지원 대상 학생을 제외한 일반 · 맞벌이 가정의 학생에 대해서는 현재 무상으로 제공되는 단체 활동 프로그램 이외의 프로그램에 대해서는 수익자 부담으로 운영하는 것을 원칙으로 하는 것이 필요하다. 돌봄교실에서 수익자 부담으로 운영하는 프로그램의 제공 여부 및 범위는 학교운영위원회의 심의를 거쳐 학교장이 결정하도록 하는 것이 바람직하다.

셋째, 참여 학생 수를 늘리는 것도 중요하지만 교육의 질을 높이기 위해서는 예산의 증가가 수반되어야 한다. 돌봄교실이 늘어나면서 운영비가 감축되어 프로그램의 다양성 부족, 교수학습자료의 지원 부족, 돌봄지원인력 등이 감축되어 돌봄교실 서비스의 질이 낮아지고, 학부모의 만족도가 떨어지고 있다. 따라서 국가와 교육청에서의 예산 증액이 필요하고, 이를 위하여 법적 근거를 마련하여 국가가 안정적인 예산을 지원할 수 있는 대책을 마련해야 한다.

넷째, 예산 운영의 효율화 및 학생 안전관리 등을 위하여 저녁돌봄이 5명 이하인 운영교실은 원칙적으로 지양하고, 분교 등 소인수 학급이 필요한 경우에는 저녁 7시까지만 돌봄교실을 운영하도록 해야 한다. 이를 해소하기 위한 방안으로 교육부의 방안에도 나와 있지만 지역돌봄협의체 및 지역돌봄 네트워크를 활용하여 소인수 참여 돌봄교실과 인근 지역아동센터와의 연계를 강화해야 한다.

다섯째, 대학생 봉사활동을 강화하여 돌봄교실에 대한 이해도 제고 및 보조인력 요구를 해소할 수 있도록 하는 방안의 모색도 필요하다. 교・사대 출신은 교육공무원임용령・규칙, 시도교육청 신규초등교원 임용후보자 경쟁시험 가산점 제도 변경, 대학의 봉사활동 과목 규정 등을 검토하여, 필요한 경우 개정 등을 추진하고 일반대학생도 회사에 채용 시 가산점을 주는 방안을 국가적으로 추진할 필요가 있다.

여섯째, 가정통신문, 학부모 설명회, 학교 홈페이지, 학부모 홍보 리플렛, 지역돌봄 안내자료, 교육(지원)청 홈페이지, 한국교육개발원 방과후학교 포털사이트 등을 활용하여 학부모 홍보를 강화할 필요가 있다. 특히 돌봄에 대한 일차적인 책임과 의무가 부모에게 있음을 인식시키고, 자녀들의 바람직한 성장발달과 인성함양을 위하여 여건이 되는 가정에서는 우선적으로 부모가 돌볼 수 있도록 하는 것이 중요하다.

일곱째, 온라인 웹 시스템(한국교육개발원의 방과후학교포털시스템)을 통한 초등돌봄교실의 운영현황 정보 수집 및 시스템을 구축한다. 또한 수요자(학부모) 만족도 조사 최소 연 2회, 돌봄교실 활동(프로그램 활동이나 전시회, 공연 등) 공개 최소 연 2회, 교육(지원)청이 실시하는 모니터링이나 컨설팅을 최소 연 1회 이상 실시하도록 한다. 아울러, 학교는 돌봄교실 평가 결과를 바탕으로 돌봄교실 운영 개선 자료로 적극 활용한다.

여덟째, 돌봄교실 표준 운영 모델은 학교의 돌봄교실들이 모델로 삼을 수 있는 준거가 될 수 있도록 표준 운영 모델을 개발하여 보급해야 한다. 이는 학교 업무 담당교사나 돌봄전담사 등의 업무부담을 경감시킬 수 있음은 물론, 효율적이고 내실 있는 돌봄교실 운영을 위해 꼭 필요하다.

탐구문제

1. 방과후학교와 돌봄교실의 활성화의 걸림돌을 알아봅시다.
2. 방과후학교와 돌봄교실의 문제점을 극복하고 내실화할 수 있는 방안을 알아봅시다.

부록

2016 방과후학교 운영 가이드라인

I. 총론

1. 개념

방과후학교는 학생과 학부모의 요구와 선택을 반영하여, 수익자 부담 또는 재정 지원으로 이루어지는 정규수업 이외의 교육 및 돌봄 활동으로, 학교 계획에 따라 일정한 기간 동안 지속적으로 운영하는 학교교육활동이다.

2. 비전과 목적

방과후학교는 학생 중심의 다양하고 창의적인 교육경험의 제공을 통해 창의 융합형 인재육성에 기여한다.

3. 목표

① 예체능 등을 통한 소질·적성·진로 계발, 교과의 심화·보충 등 다양한 사교육 수요를 흡수·대체하여, 사교육비를 경감한다.

② 도시 저소득층과 농어촌 소재학교 학생에 대한 방과후학교 수강 지원을 확대하여 교육격차를 완화한다.

③ 돌봄이 필요한 학생들에게 돌봄 서비스를 제공한다.

④ 지자체, 대학 등 지역의 인적·물적 자원을 활용하여, 지역사회학교를 실현한다.

4. 전략

교육청과 단위학교는 학생과 학부모 중심의 단위학교 자율 운영과 지역사회와의 연계·협력을 바탕으로 프로그램의 질 제고, 강사의 활동 여건 조성, 취약계층에 대한 지원을 강화함으로써 방과후학교의 목표를 달성하도록 노력한다.

5. 운영 근거

학교는 학생과 학부모의 요구를 바탕으로 방과후학교 또는 방학 중 프로그램을 개설할 수 있으며, 학생들의 자발적인 참여를 원칙으로 한다(초·중등교육과정 총론, 교육부 고시 제2015-74호).

6. 방과후학교 편성·운영 원칙

① 방과후학교는 학교의 장이 학교 여건과 학생·학부모의 요구를 고려하여, 학교운영위원회의 심의(자문)를 거쳐 자율적으로 운영한다.

② 방과후학교 프로그램은 학생과 학부모의 선택에 의한 자율적 참여를 기반으로 운영한다.

③ 단위학교는 방과후학교 연간운영계획을 수립하여 학교교육계획에 반영하며, 학년 초 정규수업 시작과 동시에 방과후학교를 운영할 수 있도록 한다.

④ 방과후학교 프로그램은 학교교육과정을 앞서는 프로그램을 운영해서는 안 된다(공교육 정상화 촉진 및 선행교육 규제에 관한 특별법 제8조). 다만, 초등학교 1학년과 2학년의 영어 방과후학교 과정은 운영할 수 있다(같은 법 시행령 제17조).

7. 정보 공개

① 교육청 및 단위학교는 방과후학교 운영에 대한 정보를 해당 홈페이지 등에 공개하여, 학생과 학부모의 알 권리 충족 및 선택기회 보장, 예산 운영의 투명성 및 신뢰도를 제고한다.

② 단위학교는 초·중등학교 정보공시 지침에 따라 방과후학교 운영 계획 및 운영·지원 현황을 연1회 공개한다.

8. 단위학교 지도·점검

교육청은 단위학교의 방과후학교 운영 전반에 대해 지도하고 컨설팅 한다.

Ⅱ. 방과후학교 운영

1 프로그램 운영

1. 프로그램

단위학교는 학생과 학부모의 요구를 반영하여, 특기·적성, 교과, 돌봄 등 다양한 프로그램을 개설·운영할 수 있다.

2. 수요 조사 및 정보 공개

단위학교는 학생과 학부모를 대상으로 프로그램 개설을 위한 기초 수요 조사를 실시하고, 프로그램명·수강료·수강정원 등에 대한 정보를 홈페이지 등에 공개한다.

3. 운영 방침

① 단위학교는 지역과 학교의 여건을 고려하여, 특색 있고 경쟁력 있는 다양한 프로그램을 개설한다.

② 방과후학교 운영계획서는 운영기간을 단위로 하여, 강사·프로그램·수준별로 작성한다.

③ 단위학교 또는 교육(지원)청에서는 방과후학교 프로그램을 담당할 역량이 있다고 인정되는 현직 교원, 외부강사, 자원봉사자 등 지역사회의 우수한 인적 자원을 방과후학교 강사로 활용한다.

④ 학습 취약계층을 위한 맞춤형 프로그램을 개설하고, 학습된 무기력 극복을 위한 심리·학습·진로·진학 상담 등을 병행하여 효과성을 제고한다.

⑤ 패키지 프로그램 운영은 학생과 학부모의 요구를 철저히 반영하고, 학생의 선택기회를 제한하지 않는 범위에서 운영한다.

⑥ 방과후학교 프로그램은 학생들의 자발적인 참여를 원칙으로 하며, 강제 참여를 금지한다.

⑦ 강제 참여의 유형은 다음과 같으며, 교육청은 단위학교에서 방과후학교에 학생들이 강제로 참여하지 않도록 관리·감독을 철저히 한다.

가. 방과후학교 프로그램을 신청하지 않은 학생에게 불이익을 주어 강제참여를 유도하는 경우

나. 방과후학교 운영 시간에 정규교육과정에서 계획된 수업을 진행하는 경우

다. 방과후학교 프로그램 교재의 지문, 문제 등을 교내 시험 등에 직접 인용하여 학생평가에 영향을 주는 경우 등

⑧ 단위학교는 방과후학교를 각종 재원지원 사업과 연계하여 효율적으로 운영한다.

4. 운영 대상

방과후학교는 해당학교 학생과, 타교 학생도 포함할 수 있다.

5. 운영 시간

① 방과후학교는 학생·학부모의 요구와 단위학교의 여건을 고려하여 정규수업 이외의 시간에 단위학교가 자율적으로 결정하여 운영한다.

② 방과후학교는 토요일, 휴업일, 방학 중에도 운영할 수 있다.

③ 단위학교는 학생의 건강이나 학교교육과정의 정상적인 운영을 저해하지 않도록 방과후학교 프로그램을 정규수업 이전 또는 늦은 시간까지 운영하지 않는 것을 원칙으로 한다.

6. 교재 사용

① 방과후학교 교재는 자체 개발하여 사용하는 것이 원칙이나, 학교운영위원회의 심의(자문)를 거쳐 외부교재(단가 포함) 및 재료를 활용할 수 있다.

<저작권법 제25조(학교교육 목적 등에의 이용) 제2항>
"학교(교육기관)에서 수업목적상 필요하다고 인정되는 경우 공표된 저작물을 복제·배포·공연·방송 또는 전송할 수 있다"에 있어 수업의 범위에 방과후학교 활동 포함(문체부 유권해석, '10.8.3.)

② 교재 판매를 위한 프로그램 개설, 교재 채택에 대한 대가 수수 및 강매하는 행위 등을 금지한다.

7. 활동내용 관리

단위학교는 학생들의 방과후학교 프로그램 운영 결과를 학교생활기록부 교과학습발달상황의 '세부능력 및 특기사항'에 입력할 수 있다(「학교생활기록부 기재요령」 참조).

8. 학생 관리 및 안전지도

① 단위학교는 방과후학교 운영계획 수립 시 생활·안전 지도 등 학생 관리 계획을 포함한다. 다만, 학교의 방과후학교 운영계획에 의해 급식이 필요한 경우, 관련 계획을 포함할 수 있다.

> ❍ 출결관리 : 학부모에게 지각·결석 상황 안내 및 출석 독려 등
> ❍ 생활지도 : 프로그램 참여 태도, 생활 태도, 위생 및 건강관리, 시설물 관리 등
> ❍ 안전지도 : 안전사고 예방 및 안전한 귀가 지도 실시
> ❍ 학생상담 : 방과후학교 프로그램 운영과 관련한 학생 상담은 교내에서 실시하고, 교외에서의 개별·그룹지도 및 가정 방문은 금지

② 단위학교는 앱(APP), 문자 서비스(SMS) 제공, 학교 배움터지킴이 활용 등 적극적인 학생 안전 관리 대책을 강구한다.

③ 단위학교는 방과후학교 운영교실을 집중 배치하여 관리의 효율성을 높이고, CCTV나 방화 차단막 등을 활용하여 안전사고에 대비한다.

④ 단위학교는 학교 인근 경찰 지구대 및 유관기관과 협조하여 학생 안전 관리체제를 구축한다.

9. 프로그램 질 관리

단위학교는 프로그램의 질 관리 및 학생·학부모의 만족도를 제고하기 위해 프로그램 운영 공개, 학생·학부모 만족도 조사, 프로그램 평가 등 다양한 방법으로 평가를 실시하고, 그 결과를 홈페이지 등에 공개한다.

10. 학교운영위원회

① 단위학교의 학교운영위원회는 방과후학교 프로그램 운영과 수익자 부담 경비에 관한 사항을 심의(자문)한다.

② 학교운영위원회는 업체위탁 시 방과후학교 운영의 투명성 및 공정성 확보를 위해 방과후학교소위원회를 설치·운영할 수 있다.

③ 학교운영위원회는 심의(자문)시 방과후학교소위원회의 사전 검토 결과를 청문할 수 있다.

2 개인위탁

1. 강사 선정 및 계약 체결

① 개인위탁 강사는 교육청 단위 강사풀 활용, 홈페이지 공고 또는 방과후학교포털시스템(www.afterschool.go.kr)을 통해 모집하고, 학교장은 학교운영위원회의 심의(자문)를 받은 강사 선정계획에 따라 강사를 선정한다.

② 외부강사 모집 시 건강검진기관에서 발행한 채용신체검사서(공무원채용신체검사서도 가능)의 유효기간은 검사일로부터 1년으로 한다.

③ 개인위탁 계약을 체결하는 경우, 계약기간은 1년 이내로 하되 시도 여건에 따라 재평가(만족도가 100점 만점의 90점 이상인 경우 등)를 거쳐 재계약할 수 있다. 다만, 총 계약기간이 2년 이상인 경우에는 공모절차를 다시 실시해야 한다.

④ 개인위탁 외부강사에게 '성범죄 경력 조회 동의서' 및 '아동학대관련범죄 전력 조회 동의서'를 제출받아 '성범죄 경력 조회'와 '아동학대관련범죄 전력 조회'를 실시하고, 취업제한 사유에 해당여부를 확인한 후에 계약한다.

⑤ 단위학교는 강사와 프로그램 위탁계약 시 강사가 프로그램 운영과 학생 관리에 전념할 수 있도록 학교의 일반 행정 업무 수행 등의 불리한 규정을 두지 않는다.

⑥ 외부강사는 개인사정에 의하여 프로그램 운영을 스스로 포기할 경우 30일 전에 서면으로 그 사유를 학교에 통지하여야 한다. 그렇지 않을 경우 학교 및 교육청은 외부강사에게 불이익을 줄 수 있다.

2. 개인위탁 계약 해지

다음 각 호의 '개인위탁 계약 해지 조항'을 계약서에 명기한다.

① 제출한 서류에 허위 사실이 있을 때
② 특별한 사유 없이 2회 이상 무단으로 결강하였을 때
③ 성범죄, 아동학대관련범죄 등으로 학생을 지도하기에 심히 부적절한 사유가 발생하였을 때
④ 프로그램 운영 준비 및 학생 지도 소홀 등으로 강사의 교체가 필요하다고 인정되었을 때
⑤ 기타 계약 당사자 일방의 부당한 행위 등으로 계약의 기초가 되는 신뢰관계가 파괴 되었을 때

※ 학교의 장은 ③의 사유로 계약을 해지한 경우 교육청에 서면으로 보고한다.

3. 강사 활용

① 교육청은 단위학교에서 추천된 강사를 강사풀에 등재하고, 단위학교에서 강사풀을 활용할 수 있도록 안내한다.

② 교육청 또는 단위학교는 방과후학교의 프로그램 질 제고를 위해 강사가 활동할 수 있는 여건 조성을 위해 노력한다.

③ 농어촌 소재학교는 지역 내에 있는 주민 중 전문 능력을 가진 인적 자원(군인, 귀농인, 기업인 등)을 강사로 활용할 수 있다.

④ 교육청 및 방과후학교지원센터는 농어촌 방과후학교 활성화를 위한 순회 강사를 확보하여 단위학교를 지원할 수 있다.

⑤ 농어촌 지역 강사에게는 예산의 범위 안에서 교통비를 지원할 수 있다.

⑥ 불가피한 사정에 의해 별도의 보강이 필요한 경우, 학교장은 강사와 협의하여 보강기회를 제공할 수 있다.

4. 원어민 강사

① 외국인이 우리나라에서 체류하면서 방과후학교 강사로 활동하고자 하는 경우, 법률에서 정하는 바에 따라 취업활동을 할 수 있는 체류자격을 받아야 하고, 취업활동을 할 수 있는 체류자격을 가진 외국인은 지정된 근무처 이외의 장소에서 근무하고자 하는 경우 「출입국관리법 시행령」에 따라 출입국관리사무소의 '근무처 변경·추가' 절차를 이행한 후 방과후학교 강사로 활동 가능하다.

② 단위학교의 장은 원어민 강사를 활용하고자 하는 경우, 성범죄 경력 및 아동학대관련범죄 전력을 조회하여야 한다.

③ 누구든지 취업활동을 할 수 있는 체류자격을 가지지 아니한 외국인을 고용하거나, 고용을 알선 또는 권유하여서는 안 되며, 고용을 알선할 목적으로 그를 자기 지배하에 두는 행위를 해서는 안 된다.

④ E2(회화지도)자격으로 국내 사설학원 및 평생교육법에 의해 설치된 평생교육시설에 고용되어 있는 자로서 출입국관리법령에 따라 '근무처의 변경·추가' 신고를 행한 자는 방과후학교 원어민 강사로 활동할 수 있다[출입국관리법 시행령 제12조(외국인의 체류자격) 별표1의 체류자격 기호 20].

⑤ 평생학습기관(평생교육법에 의해 설치된 평생교육시설로서 법무부장관이 정한 기준에 부합하는 시설)과 단위학교 간 위탁계약을 맺고 평생학습기관에 고용되어 있는 원어민 강사를 위탁계약한 단위학교의 원어민강사가 별도의 보수 없이 활동하게 하는 경우에는 '근무처의 변경·추가'신고 없이도 가능하다.

3 업체위탁

1. 취지

단위학교는 학생과 학부모가 원하는 방과후학교 프로그램 운영 및 교원의 업무 경감을 위해 학교운영위원회의 심의(자문)를 받아 프로그램의 전부 또는 일부를 위탁 운영할 수 있다.

2. 업체위탁 운영 절차

단 계	운영 절차
준 비	① 방과후학교 운영 프로그램 수요 조사(학생, 학부모) ② 방과후학교 (연간)운영계획 수립
↓	
검토·심의	③ 방과후학교 (연간)운영계획 심의·자문(학교운영위원회) – 프로그램 편성 계획(개설프로그램, 운영횟수 등) – 수강료 산출 내역(강사료 산정 적정성 포함) – 업체 선정 계획(방법, 절차, 평가계획, 제안요청서 등) ※ 소위원회 구성 시 위 사항을 조사검토 후 학교 운영위원회에 결과 보고 ④ 전자입찰 또는 수의계약 ⑤ 위탁업체의 제안서 평가 ※ 평가위원회를 구성
↓	
선정·계약	⑥ 위탁업체 선정 및 계약 체결(학교의 장)
↓	
운 영	⑦ 수강 신청 ⑧ 프로그램 운영 및 정보 공시(학교알리미)
↓	
평 가	⑨ 운영 평가 ⑩ 결과 공개 및 환류

3. 위탁업체의 선정

단위학교는 업체 선정 시 다음 각 호의 사항에 유의하여야 한다.

① 영리 또는 비영리 여부에 따른 계약보다 프로그램과 강사의 질 등을 우선적으로 검증한다.

② 위탁업체의 선정은 방과후학교 위탁운영의 투명성과 공정성 제고를 위해 다음의 방법 중 선택하여 할 수 있다.

가. 추정가격이 2천만 원 초과 시 지정정보처리장치(G2B)를 활용한 2단계 입찰(규격·가격 동시 입찰 포함) 또는 협상에 의한 계약

나. 추정가격이 2천만 원 이하 시 수의계약. 다만, '가'항의 절차 준용 가능

다. 기타 계약법령 상의 다른 방법*

* 적격심사, 5천만원 미만의 경우 2인 이상 견적에 따른 수의계약, 특정인 또는 입찰에 부칠 여유가 없는 경우 등에 따른 1인 견적 수의계약 등

③ 계약 기간은 1년 이내로 하되, 운영기간별 수요 조사 결과 수요가 없을 때에는 프로그램을 개설할 수 없다.

④ 동일 업체와의 계약이 1년을 경과하면 재공모 절차를 거쳐야 한다.

4. 위탁업체 선정의 투명성 강화

① 단위학교는 위탁업체 선정 시, 학교운영위원회에서 학교장이 수립한 방과후학교 운영계획(프로그램 편성계획, 수강료 산출 내역, 업체선정계획 등)을 면밀히 검토·심의(자문)함으로써 투명성을 강화한다. 다만, 방과후학교소위원회가 구성된 경우에는 소위원회의 조사·검토 결과를 심의(자문)할 수 있다.

② 단위학교는 방과후학교 위탁업체 선정과정의 투명성 확보 및 프로그램 안내를 위해 학부모 대상으로 설명회를 실시할 수 있다.

③ 단위학교는 위탁업체의 방과후학교 프로그램 운영을 공개하고, 학생·학부모 만족도 조사 및 프로그램 평가결과 등을 단위학교 홈페이지에 공개한다.

④ 위탁업체와의 계약은 중도 해지가 가능하나, 해지 조건을 계약서에 명시해야 한다.

5. 계약 체결 금지 사항

위탁업체의 선정 및 계약 체결 시에는 다음과 같은 행위를 금지한다.

① 자체 프로그램 없이 강사 송출을 전문으로 하는 업체와의 계약
② 금품 및 향응 수수, 시설 및 기자재 기부 등을 조건으로 하는 계약
③ 해당학교 장의 직계 존·비속 및 배우자의 계열회사 등이 단위학교와 체결하는 계약
④ 부정당업자 제재에 의한 입찰 참가자격이 제한된 자와 체결하는 계약
⑤ 부적격업체로 제재기간 중인 자와 체결하는 계약
⑥ 영업정지중인 자 또는 다른 법령에 의하여 영업 또는 사업행위를 일시 중지된 경우
⑦ 당해 지방자치단체장이나 지방의회의원이 사업자인 경우로 그들이 종사하는 당해 자치단체와 영리목적으로 체결하는 계약(지방계약법 제33조)
⑧ 당해 지방자치단체의 장, 지방의원의 직계 존·비속 및 배우자 계열회사 등이 당해 지방자치단체와 체결하는 수의계약(지방계약법 제33조)
⑨ 법령에 의하여 인·허가 등 자격요건을 갖추어야 하나 갖추지 않은 경우
⑩ 소득세법, 법인세법, 부가가치세법에 의한 사업자등록자 또는 납세번호 부여가 되지 않은 자와 체결하는 계약
⑪ 보안 측정 등 조사가 필요함에도 이를 이행하지 않는 자와 체결하는 계약

6. 위탁업체와의 계약

① 단위학교는 위탁업체와의 계약 시 계약법령에 따라 입찰 참가자격(제한경쟁의 경우 제한사항에 대한 자격 유무 포함)을 확인해야 한다.
② 단위학교는 위탁업체가 제시하는 프로그램 및 강사 등의 운영방안에 대해 심도 있는 검토와 평가를 진행하여 프로그램의 질을 확보할 수 있는 업체를 선정해야 한다.

Ⅲ. 방과후학교 운영 지원

1 교원 업무 지원

1. 교직원 인센티브

① 교육청은 방과후학교 유공교원에게 전보 및 승진 가산점을 부여할 수 있다.
② 교육청은 방과후학교 운영전반에 대한 평가를 통해 교직원을 표창할 수 있다.
③ 단위학교는 방과후학교 업무 담당교사를 교내 인사와 관련하여 우대할 수 있다.

2. 전담 보직교사 임명

방과후학교의 체계적 운영을 위해 단위학교에 방과후학교 전담 보직교사 임명을 권장한다.

3. 보조인력 활용

① 보조인력이라 함은 방과후학교 운영 업무 지원을 위한 코디네이터, 일용직, 자원봉사자 등을 지칭하는 것으로 학교장, 교감, 행정실 직원(실장 포함), 무기계약직원은 해당되지 않는다.
② 단위학교는 학교운영비(방과후학교 사업 지원) 또는 수용비 범위 내에서 보조인력과 계약 또는 위촉하여 방과후학교 업무를 지원할 수 있다.
③ 보조인력은 다음과 같은 방과후학교 관련 업무를 지원한다.

프로그램 수요조사, 강사 및 수강생 모집업무 보조, 시간표 작성, 참여학생 출결관리, 시설관리, 각종 보고를 위한 현황 파악, 나이스방과후학교개편시스템 및 에듀파인 업무, 만족도 조사, 평가결과 공개, SMS 문자발송 등

4. 나이스방과후학교개편시스템 적극 활용

① 교육청 및 단위학교는 나이스방과후학교개편시스템의 사용자(교직원, 학생, 학부모)에 대한 교육 및 홍보 활동을 적극 실시한다.

② 단위학교는 나이스방과후학교개편시스템을 적극 활용함으로써 담당교원의 업무경감, 교육행정 및 예산 운용의 효율성 향상, 자녀교육에 대한 학부모의 알 권리 등을 충족시키고, 학생 등의 개인정보가 유출되지 않도록 해야 한다.

2 연수 및 홍보

1. 교직원 연수

① 담당자 연수는 단위학교 교장, 교감, 방과후학교 담당교사, 행정실 업무 담당자를 대상으로 실시한다.

② 연수 방법은 강연, 워크숍, 토의, 발표, 세미나, 현장견학 등이 가능하며 단위학교 간에 우수사례가 공유될 수 있도록 지도한다.

2. 홍보

① 교육청 및 단위학교는 방과후학교에 대한 올바른 이해와 공감대 형성, 지역사회 연계 등을 위한 방과후학교 홍보를 실시한다.

② 홍보 방법은 홈페이지, 가정통신문, 현수막, 방과후학교 프로그램 운영 공개, 방과후학교 운영결과발표회 및 전시회 개최, 방과후학교 박람회 참가, 소식지, 언론 홍보, 반상회보, 지자체 홈페이지, 방과후학교포털시스템(www.afterschool.go.kr) 등 다양한 경로를 활용한다.

③ 홍보 내용은 방과후학교 정책 취지 및 운영 목적, 우수 프로그램 소개, 행사 등을 포함한다.

④ 교육청 및 단위학교는 방과후학교 관련 학부모 대상 홍보를 강화한다.
- 학부모지원센터와 연계하여 방과후학교 관련 홍보를 실시한다.
- 교육청별 학부모 대상 연수기회를 활용하여 홍보를 실시한다.

3 방과후학교지원센터

1. 목적

방과후학교지원센터는 지역사회의 활용 가능한 자원과 단위학교를 연계하여 단위학교의 방과후학교 운영을 지원한다.

2. 설치

① 교육청은 방과후학교의 효율적 운영을 지원하기 위해 다양한 형태의 방과후학교지원센터를 별도 조직으로 설치·운영할 수 있다.

② 방과후학교지원센터의 형태는 교육청 단위, 교육지원청 단위, 지자체 공동, 공익재단 등의 운영이 가능하며, 지자체 공동 운영을 권장한다.

③ 교육청은 방과후학교지원센터의 기능을 강화하기 위한 전담인력(정규직)을 배치하도록 노력한다.

3. 역할

교육청·지역사회·학교 간 수요와 공급의 연결 체제 역할을 수행한다.

① 단위학교 간에 연계 및 연합이 필요한 사업을 수행한다.

② 교육기부를 적극 유치하기 위해 노력하고, 유관기관과의 네트워크를 구축하여 단위학교가 지역 내 방과후학교 인프라를 공유하도록 지원한다.

③ 방과후학교지원센터 홈페이지에 적격 위탁기관 및 업체, 강사 및 프로그램에 대한 정보를 구축하여 단위학교에서 활용할 수 있도록 안내한다.

④ 방과후학교 업무 관련자 연수를 실시하며, 단위학교의 방과후학교 운영 관련 자료를 보급 지원한다.

IV. 회계 관리

1. 회계 원칙

모든 회계는 「국·공립 초·중등학교회계규칙」, 「사학기관 재무·회계 규칙」에 따르며, 방과후학교의 목적과 용도에 맞게 운영되어야 한다.

① 방과후학교의 수강료는 수익자부담을 원칙으로 한다.

② 교육청 및 지자체 등은 저소득층 학생이나 방과후학교 활성화를 위해 재정지원을 할 수 있다.

2. 수강료

① 수강료는 방과후학교 프로그램에 참여하기 위해 수익자가 부담하는 경비를 의미하며, 강사료, 도서구입비, 재료 구입비, 수용비로 구성된다.

② 수강료는 수익자부담을 최소화하기 위하여 사교육 기관보다 저렴하게 책정하고, 학교알리미와 홈페이지 등을 통해 수강료 정보를 공개한다.

③ 수강료는 선수납을 원칙으로 한다.

④ 수강료는 강사가 직접 수납할 수 없으며, 학교회계출납원이 수납하는 것을 원칙으로 한다.

⑤ 재료구입비를 제외한 방과후학교 수강료(강사료, 수용비, 도서구입비)는 교육비 세액공제의 대상이 된다. 여기서의 도서구입비라 함은 방과후학교 프로그램 운영을 위해 학교 등에서 구입한 교재구입비를 말한다(소득세법 시행령 제118조의 6, 같은 법 시행규칙 제58조제1항3의5 별지서식).

⑥ 수강료 환불규정은 단위학교가 학교여건에 따라 마련하되, 교육청은 단위학교에 수강료 환불규정을 제시할 수 있다.

3. 강사료

① 강사료는 프로그램 운영 시수, 수강 학생 수, 프로그램 내용 등을 고려하여 학교운영위원회의 심의(자문)를 거쳐 적정 수준으로 책정한다.

② 소속 교원이 강사로 활동할 경우 연말정산 시 합산하여 정산하고, 타교 현직 교원 또는 타 기관·단체에 근무하는 자가 방과후학교 강사로 일시적으로 활동할 경우에는 기타소득세를 원천 징수한다.

③ 외부 강사는 사업 소득세를 적용하여 원천 징수한다.

④ 담임교사가 방과후학교에서 본연의 업무(입학 상담이나 진로 지도 등)와 관련된 내용으로 프로그램을 개설할 경우에는 강사료를 받을 수 없다.

⑤ 교육청은 내부강사 간 형평성을 고려하여 강사료에 대한 적정한 가이드라인을 마련한다.

⑥ 강사료는 계약상대자가 요구하는 경우 월별로 지급한다.

4. 수용비

① 수용비는 학교운영위원회의 심의(자문)를 통해 강사료의 8% 이내에서 정할 수 있다.

② 학교시설 신·증축 등 환경개선 사업 및 학교자산 취득을 목적으로 수용비를 사용할 수 없다.

③ 수용비는 방과후학교 운영을 위한 전화·전기료, 냉·난방비, 복사기 및 정수기 사용료, 인쇄비, 기타 소모품 구입 등의 학교 시설 사용료와 학생 관리를 위한 SMS 문자 사용료, 방과후학교 보조 인력 인건비(기타 인건비성 항목은 지출 금지) 등으로 사용할 수 있으며, 학교운영위원회 심의(자문)를 거쳐 집행한다.

5. 정산

① 수익자 부담 경비의 집행 잔액은 수강생에게 반환하는 것을 원칙으로 한다. 다만, 집행 잔액이 소액으로 반환하기 어려운 경우에는 학교운영위원회의 심의(자문)를 거쳐 학생복지 사업비 등으로 편성하여 사용할 수 있다.

② 학교장은 방과후학교 운영 가이드라인에 근거하여 수강료 환불규정을 마련하고, 수강료 환불 사유 발생 시 환불규정에 따라 수강료를 환불해야 한다.

6. 방과후학교 자유수강권

① 방과후학교 자유수강권은 교육부 지원계획에 따라 소득을 기준으로 저소득층 학생을 우선 지원하되, 교육청 여건에 따라 별도의 지침을 수립하여 운영할 수 있다.

② 방과후학교 자유수강권은 학생의 필요에 따라 자유로운 수강이 보장될 수 있도록 운영하고, 지원 대상 학생이 참여한 프로그램의 수강료(강사료, 도서구입비, 재료구입비, 수용비) 및 학교운영위원회 심의(자문)를 거친 방과후학교 프로그램 과정 내의 현장학습 및 체험 활동 경비(입장료, 대여료, 교통비) 등에 지원할 수 있다.

※ 학교운영위원회 심의(자문)을 거치지 않은 방과후학교 현장 학습 및 체험활동은 제외

③ 방과후학교 자유수강권은 학교 교육계획에 의해 운영되는 해당 학교, 타교, 공공기관의 방과후학교에 활용할 수 있다.

④ 단위학교는 방과후학교 자유수강권 대상 학생들의 거부감과 낙인감 및 지원이 필요한 학생들의 낮은 참여율 등의 부작용을 최소화하기 위한 종합적인 지원방안을 마련하여 추진한다.

⑤ 교육청에서는 단위학교 저소득층 학생 수 및 수요 현황을 고려하여 방과후학교 자유수강권 예산을 배정하되, 각종 재원지원 사업과 연계하여 효율적으로 운영한다.

⑥ 방과후학교 자유수강권 대상 학생의 경우, 1인당 연간 지원금액 범위 내에서 월 지원금액 및 참여 가능한 프로그램 수는 제한하지 않도록 하여 규모 있게 예산을 운용할 수 있도록 한다.

7. 예산 교부

교육청은 방과후학교 운영 방향 및 예산 지원 계획을 2월 이전에 단위학교에 안내한다.

V. 평가 및 환류

1. 평가 및 환류

단위학교는 방과후학교의 내실화 및 활성화를 위해 평가 및 환류 체계를 구축하여 운영한다.

① 방과후학교 프로그램 운영 공개 등을 실시하고, 평가 결과는 프로그램의 질 개선에 활용한다.

② 학교교육계획 평가 시, 방과후학교 운영에 대한 점검·평가도 함께 실시하여 방과후학교 운영을 개선한다.

2. 컨설팅 및 모니터링

① 교육청은 방과후학교지원센터 및 단위학교의 방과후학교 업무 지원을 위해 방과후학교 컨설팅팀을 구성·운영한다.

② 교육청은 단위학교 방과후학교 운영 전반에 대한 모니터링을 강화하고 지도한다.

③ 단위학교는 학부모 모니터링을 활성화하여 방과후학교 운영 전반에 대한 의견을 수렴·반영한다.

3. 만족도 조사

① 단위학교는 프로그램 내용과 방법, 강사에 대한 만족도 조사를 실시한다.

② 프로그램별 만족도 조사 결과는 차기 계획 수립 및 강사, 업체와의 계약에 반영한다.

4. 결과 공개

방과후학교 프로그램의 질 제고를 위해 만족도 조사결과를 단위학교 홈페이지 등에 공개한다.

참 고 문 헌

교육개혁위원회(1995). 신교육체제수립을 위한 교육개혁방안. 교육개혁위원회 제2차 대통령보고서.

교육과학기술부(2007). 2007학년도 방과후학교 운영 기본계획.

교육과학기술부(2008). 교육과학기술부의 학교자율화 조치. 2008년 4월 15일 보도자료.

교육과학기술부(2009). 초 · 중등교육과정 총론. 교육과학기술부 고시 제2009-41호.

교육과학기술부(2011). 2011 방과후학교 내실화 방안.

교육과학기술부(2011b). 공교육강화-사교육경감 선순환 방안. 2011. 2. 23. 보도자료.

교육과학기술부(2011c). 방과후학교 내실화 방안 보도자료. 2011. 7. 29. 보도자료.

교육과학기술부(2012). 주5일 수업제 추진성과 및 향후계획.

교육과학기술부 · 한국교육개발원(2011). 주5일 수업제 운영매뉴얼.

교육부 외(2011). 방과후학교 매뉴얼.

교육부 외(2011). 방과후학교 운영 매뉴얼. 한국교육개발원.

교육부 외(2015). 초등돌봄교실 안전교육 길라잡이.

교육부 외(2016). 초등돌봄교실 가이드라인.

교육부(1997). 초등학교교육과정 해설(Ⅱ). 서울 : 교육부.

교육부(1998). 교육비전 2002 : 새 학교문화 창조.

교육부(2008). 방과후학교 운영현황.

교육부(2013). 2013 방과후학교 운영현황. 조사 기준일 2013년 4월 30일.

교육부(2013b). 2013년 3월 29일 대통령 업무보고 보도 자료.

교육부(2013c). 초등학교 교사용 지도서 통합교과 1.

교육부(2013d). 초등학교 교사용 지도서 통합교과 2.

교육부(2015). 방과후학교 가이드라인.

교육부(2016). 2015 방과후학교 운영현황.

교육부 · 한국교육개발원(2016). 2016 초등돌봄교실 운영 길라잡이. 한국교육개발원.

교육부 · 한국교육개발원 · 17개시도교육청(2015). 2015 방과후학교 운영가이드라인. 한국교육개발원.

교육부 · 한국교육개발원 · 17개시도교육청(2016). 2016 방과후학교 운영 가이드라인. 한국교육개발원.

교육인적자원부(2004). 교육인적자원부의 대통령 업무보고. 2004. 4. 21. 보도자료.

교육인적자원부(2005). 방과후학교 로드맵(안). 서울 : 교육인적자원부.

교육인적자원부(2006). 2006학년도 방과후학교 시범학교 운영계획(안).

교육인적자원부(2006b). 방과후학교의 운영방식.

교육인적자원부 · 한국교육개발원(2007a). 방과후학교 활성화 방안 모색을 위한 국제 세미나 자료집.

교육인적자원부 · 한국교육개발원(2007b). 방과후학교의 이론적 · 철학적 기반 정립을 위한 세미나 자료집.

국회예산정책처(2009). 방과후학교 사업 평가. 대한민국국회.

김대현 · 김석우(2011). 교육과정과 교육평가. 학지사.

김명수 · 송광용(2004). 『방과후학교』운영 기본 계획(안). 교육인적자원부.

김민호(2007). 지역사회와 방과후학교. 방과후학교의 이론적 · 철학적 기반 정립을 위한 세미나 자료집, 34~64, 한국교육개발원.

김상재(2012). 주5일 수업제 시행중간점검-성과와 과제, 향후전망, 교육개발 여름호. 한국교육개발원.

김성기(2007). 방과후학교의 이론적 · 철학적 기반 정립을 위한 세미나 자료집. 한국교육개발원.

김수동(2005). 교육과정 중심 특기 · 적성교육의 실천 방안 연구, 교육문제연구, 제23집, pp. 119-138. 서울: 고려대학교 교육문제연구소.

김수동(2007). 방과후학교의 장애요인 및 극복과정 전략과 정책 연구과제. 열린교육연구 15(3). pp 157-150.

김수동(2008). 초등학교교육과정과 방과후학교의 연계 방안 탐색 연구. 한국초등교육, 18(2), pp 1-16. 서울 : 서울교육대학교.

김수동(2013). 일본의 방과후 아동교실 운영에서 지역교육력 활용 사례의 특징 및 시사점. 열린교육연구, 21(2). 서울 : 한국열린교육학회.

김수동(2014a). 방과후학교 정책의 쟁점과 전망. 한국방과후학교의 쟁점 재조명. 2014년도 한국방과후학교학회연차학술대회. 한국방과후학교학회 · 공주대학교한국농촌교육연구센터.

김수동(2014b). 한국과 일본의 중등학교 교과외 활동과 방과후 특기 · 적성교육활동의 연계에 대한 고찰. 한국교육학연구, 20(2). 서울 : 안암교육학회.

김수동(2015). 토요 방과후학교 운영 내실화 방안 연구 -지역사회 자원 활용을 중심으로-.

사단법인 인문사회과학기술융합학회 2016년도 춘계학술대회 자료집.
김수동 · 권양이(2015). 미국과 일본 대학의 역량기반 교육과정의 비교 분석 : 대학교육 및 평생학습에의 시사점. 한국일본교육학연구, 29(1), pp 21-43. 서울 : 한국일본교육학회.
김수동 · 김정주(2004). 국내외 방과후 교육활동 사례 수집 및 분석 · 유형화. 서울 : 한국교육과정평가원.
김수동 · 왕석순 · 권양이(2000). 초 · 중등학교 특기 · 적성교육의 효율적 실행 방안 연구. 한국교육과정평가원.
김숙정 외(2014). 2014년 지역사회 협력을 통한 돌봄교실 확대 방안. 2014년 교육정책네트.
김양분 · 이재경 · 임현정 · 신혜숙(2010). 학력격차의 변화추이 및 해소방안 연구, 한국교육개발원.
김영식 · 왕석순 · 이영우 · 민경희(2005). 방과후학교매뉴얼개발연구 : 초등학교대도시형. 인천광역시교육청.
김창현(2014). 생활안전교육 및 지도법, 서울 : 동문사.
김태완(2012). 방과후학교 컨설팅매뉴얼. 교육과학기술부 · 한국교육개발원.
김평국 · 김수동 · 손민호 · 김수진(2007). 학교교육과정과 방과후학교 연계 방안. 교육인적자원부.
김홍원 외(2007). 2006 방과후학교 중앙컨설팅단 운영 결과 보고서. 한국교육개발원.
김홍원 외(2010). 방과후학교 질적 수준 제고 방안. 한국교육개발원.
김홍원(2011). 방과후학교 질적 수준 제고 방안. 한국교육개발원.
김홍원(2013). 초등 방과후 돌봄 정책 토론회자료집. 교육부 · 한국교육개발원.
김홍원(2013). 초등 방과후 돌봄서비스의 확대 시행과 전망 -교육개발-. 한국교육개발원.
김홍원(2014). 방과후학교 연구경향 및 연구과제, 2014한국교육학회연차학술대회, 한국방과후학교학회분과발표자료.
김홍원(2016). 한국의 방과후학교와 주요 쟁점, Expanding the horizon of research in extended education : Perspectives, fields and methods, 2016년도 한국방과후학교학회 국제학술대회 발표자료.
김홍원, 구자억, 김수동, 조덕주, 김연석(2006). 방과후학교 성과분석 및 성과지표 개발 연구. 교육인적자원부.
김홍원, 양애경(2011). 2011 방과후학교 성과분석 연구. 한국교육개발원.
김홍원 · 김경성 · 곽현석 · 마광진 · 임봉조(2014). 2013 방과후학교 성과분석 연구, 한국교육개발원.
김홍원 · 양애경 · 강신천 · 김수동 · 정영식 · 권동택(2012). 주5일수업제 토요프로그램 운영

개선방안 연구. 한국교육개발원.

김홍원 · 양애경 · 노상수(2010). 2010 지자체 · 교육청 공동운영 방과후학교지원센터 컨설팅운영 결과보고서(기술보고 TR 2010-18). 한국교육개발원.

김홍원 · 양애경 · 양병찬(2012). 2010 지자체 · 교육청 공동운영 방과후학교지원센터 운영 실태 분석 및 활성화방안 연구(수탁연구 CR 2010-17). 한국교육개발원.

김홍원 · 양애경 · 양병찬(2012). 2010 지자체 · 교육청 공동운영 방과후학교지원센터 운영 실태.

김홍원 · 양애경 · 이성원(2012). 엄마품 온종일 돌봄교실 운영실태 및 성과분석. 한국교육개발원.

김홍원 · 양애경 · 임현성 · 김유리 · 정영모(2011). 2011 지자체 · 교육청 공동운영 방과후학교지원센터 운영 실태 분석 및 활성화방안 연구(수탁연구 CR 2011-53). 한국교육개발원.

김홍원 · 양애경 · 정영식 · 이성원(2013). 방과후학교 성과분석 연구. 한국교육개발원.

김홍원 · 양애경 · 정영식 · 이성원 · 정영모 · 임현성 · 하승연 · 전수민(2013). 2012 방과후학교 성과분석 연구, 한국교육개발원.

김희삼(2012). 교육경제측면에서 본 방과후학교, 학문영역에서 본 방과후학교의 성격. 4차 학술세미나 자료, 한국교육개발원.

대남초등학교(2007). 방과후학교의 정착을 위한 방과후학교의 학교교육과정 편성에 관한 연구. 대남초등학교.

미래로에듀(2015). 인성지도사 연수 자료. 미래로에듀.

및 활성화방안 연구(수탁연구 CR 2010-17). 한국교육개발원.

박지연(2011). 방과후 프로그램의 활성화를 위한 단위학교-지역사회 간 협력방안 연구. 석사학위논문. 경희대학교.

배상훈(2012). 중장기 방과후학교 운영체제 개편방안. 한국교육개발원.

배상훈(2014). 방과후학교의 과거, 현재, 그리고 미래 : 교육철학적기반, 정책적의의, 그리고 발전전망. 방과후학교연구1(1). pp 1-14.

배상훈 · 김성식 · 양수경(2010). 방과후학교 참여와 사교육비 지출 및 학업성취 수준과의 관계. 교육행정학 연구, 28(2), pp 55-79.

배상훈 · 송경오 · 김정현 · 이태희(2012). 중장기 방과후학교 운영체제 개편방안 연구. 서울 : 한국교육개발원.

법제처(2007). "행정권한의 민간위탁의 범위와 사후관리방안"에 관한 연구.

변종임 · 조순옥 · 양병찬 · 권영숙(2010). 방과후학교지원센터 운영 효율화 및 활성화모델

개발연구(수탁연구 CR 2009-45). 한국교육개발원.

보건복지부(2007). 최신판 소아・청소년표준성장도표. 보건복지부 질병관리본부.

보건복지부・지역아동센터중앙지원단(2013). 2013년 지역아동센터 운영매뉴얼.

부산광역시교육청(2013). 2013. 방과후학교 초등돌봄교실 운영 계획.

서명초등학교(2007). 학교교육과정과방과후학교연계운영모형개발을통한서명두레방방과후학교의활성화. 2007학년도 교육인적자원부 지정 방과후학교연구학교 운영계획서. 부산: 서명초등학교.

서영숙 외(2012). 방과후 아동지도. 양서원.

서영숙・김진숙・김현자・서지영・서혜전・신지현・신혜경・윤매자・이향란(2010). 방과후 아동지도. 양서원.

서영숙・서혜전・이향란・김현자・노성향・안소영・양윤이・김진숙(2014). 방과후아동지도. 양서원.

서영숙・허정경・오현주(2006). 방과후 아동지도론. 양서원.

양계민・오승근・권두승・전명기・조대연・김혜영・한지연(2006). 청소년 방과후활동의 운영 실태와 활성화 방안. 한국청소년개발원.

양애경・김홍원・김광혁・노상수(2013). 지역사회와 연계한 주5일수업제 토요프로그램 활성화 방안 연구. 한국교육개발원.

양애경・김홍원・김광혁・노상수・한도희・정종민(2014). 지역사회와 연계한 주5일수업제 토요프로그램 활성화방안연구. 한국교육개발원.

양애경・장원동・최희양(2016). 창의인성론. 서울: 동문사.

양윤이(2008). 초등보육강사연수프로그램: 숙제지도. 한국교육개발원.

양윤이(2015). '2015-2016년도 보건복지부 보육교직원 온라인 특별직무교육' 방과후보육과정 : 학습 및 과제지도. 에듀케어아카데미.

양윤이・신윤정(2010). 방과후학교 내실화 및 활성화를 위한 보육시설. 한국교육개발원.

에듀케어아카데미(2014). 방과후 교육과정. 보건복지부.

여성가족부(2015). 청소년 백서(2015.12.) (발행번호: 11-1383000-000102-10)

여성가족부(2015). 청소년방과후아카데미 운영실무자 업무매뉴얼.

왕석순(2009). 방과후학교 발전 방안의 탐색. 교육종합연구 7(2). pp 109-134.

우길주 외(2008). 방과후학교 위탁운영모델 자료집 개발. 한국교육개발원.

이경화 외(2007). 효과적인 교수-학습을 위한 교육심리학, 24, 교육과학사.

이명희・양애경・강신천・김수진(2013). 부모의 자녀교육 지원을 위한 정책 연구. 교육과학기술부.

이성호(1999). 교육과정과 평가. 양서원.

이옥 · 노성향 · 이회현(2005). 학령기 아동을 위한 방과후활동의 실제. 양서원.

이지연(2011). 방과후학교 수학프로그램의 운영 실태 및 만족도에 대한 연구. 숙명여자대학교 석사학위논문.

이지연(2012). 방과후학교 수학프로그램 운영 실태 및 만족도에 대한 연구. 광주교육대학교 석사학위논문.

임현성(2014). CIPP 평가모형을 적용한 방과후학교지원센터 평가도구 개발. 동의대학교대학원 박사학위논문.

장명림 외(2016). 2015 대학주도 방과후학교 사회적기업 육성사업 사업 운영보고서.

장명림(2015). 초등돌봄교실의 안정적운영을 위한 학교중심 실행 방안 연구.

장명림(2016). 2016년 방과후학교중앙지원센터 연구사업 추진 계획. 방과후학교 온라인뉴스레터 45호.

장명림 · 김홍원 · 임현성 · 정영식 · 정은주(2015). 방과후학교 프로그램 운영변화추이분석. 한국교육개발원.

장보경(1997). 방과후 아동지도 시설 유형에 따른 운영실태 연구. 석사학위논문. 이화여자대학교.

장원동 · 류현수(2012). 부모교육. 태양출판사.

장원동 · 양애경(2012). 현장중심에서 본 교육학 개론. 동문사.

정영옥(2006). 방과후학교 프로그램의 효율성 증진방안에 대한 연구. 동아대학교 석사학위논문.

정철영(1999). 특기 · 적성교육의 개념과 영역 및 내용. 진로교육연구, 제10호. 진로교육학회.

조벽(2016). 인성이 실력이다. 해냄출판사.

조지연(2007). 학교도서관기반 방과후학교 프로그램의 운영실태와 발전방안. 계명대학교 석사학위논문.

중앙보육정보센터(2014). 행복한 아이를 위한 인성교육.

중앙자활센터(2009). 미래희망돌봄사업 : 방과후아동 돌봄서비스 교육교재.

지자체 · 교육청 공동운영 방과후학교지원센터 실무담당자 역량강화 워크숍 교재(연수교재 TM2010-27). 한국교육개발원.

차선희(2008). 방과후 아동지도 프로그램의 운영현황과 활성화 방안. 성결대학교 석사학위논문.

채재은 · 임천순 · 우명숙(2009). “방과후학교와 수능강의가 사교육비 및 학업성취도에 미치는 효과 분석.” 교육재정경제연구, 18(3), 37-62.

통계청(2015). 사교육비 통계자료.

한국교육개발원(2011). 교육정책네트워크 교육현장 순회토론회「주5일수업제 안정적 정착을 위한 지자체와의 협력체제 구축 방안」. 한국교육개발원.

한국교육개발원(2012). 방과후학교컨설팅 매뉴얼.

한국교육개발원(2013). 방과후학교 교원연구대회 수상사례집 II (자료집 부문).

한국교육개발원(2015a). 2015 공립학교 회계분석 종합보고서.

한국교육개발원(2015b). 2015 사립학교 교비회계분석 종합보고서.

한국교육개발원(2015c). 2016 방과후학교 운영 가이드라인.

한국교육개발원(2016). 2016 방과후학교 운영 길라잡이.

한국교육신문(2000). 2000년 5월 1일자 게재 보도문.

한국방과후아동지도학회(2012). 방과후교사 자격시험 문제집. 양서원.

한국여성개발원(1997). 방과후 아동지도 프로그램. 교육과학사.

한서대학교평생교육원(2012). 2012년도 지역여성인적자원개발 방과후아동지도사.

허경철(2007). 방과후학교의 이론적 · 철학적 기반 정립을 위한 세미나 자료집. 한국교육개발원.

홍순정 외(2013). 전생애인성교육. 경기 : 양서원.

2011 교육정책네트워크 교육현장 순회토론회「주5일수업제 안정적 정착을 위한 지자체와 의협력체제 구축 방안」(연구자료 CRM 2011-15-12). 한국교육개발원.

BruceJoyce, Marcha Weil & Emily Calhoun(2004). Models of Teaching : The SeventhEdition. Pearson Education, Inc.

저자소개

■ **김홍원**

현재 한국교육개발원 석좌연구위원으로 재직 중이다. 한국교육개발원에서 다년간 연구 활동을 수행하였으며, 기획처장, 학교지원본부장, 중앙방과후학교지원센터소장 등을 역임하였다. 한국방과후학교학회 회장, 교육부장관 초중등교육정책 자문위원, 방과후 돌봄 중앙행정기관 정책협의회 위원, 시도교육청 방과후학교 자문위원, 부처공동 지역돌봄협의체 컨설팅위원 등을 역임하였다. 방과후학교 성과분석, 방과후학교 질적 수준 제고 방안, 온종일 돌봄을 위한 단위학교 운영모델 개발, 방과후 돌봄서비스 전달체제 연구 등 방과후학교와 관련된 여러 연구를 수행하였다. 주요저서로는 '사고전략', '영재교육학원론(공저)' 등, 이외에도 다수의 국가정책연구보고서와 논문을 발표하였다.

■ **양애경**

현재 한서대학교 교양학과 교수이다. 한국교육개발원(KEDI) 연구위원 역임 홍익대학교 사범대학교 및 국민대학교 대학원 외래교수 한세대학교, 숭의여대 겸임교수, 오렌지 Montessori 미술/어린이집/유치원장을 역임하였다. 학습컨설턴트 전문가, 시도교육청 특강, 교육부 정책 심의위원, 한국교육개발원 자문위원, EBS미디어 교육정책 자문위원 등으로 활동 중이다. 저서로는 학업성취도를 높이는 감동학습 플랜(2010), 현장중심에서 본 교육학개론(2013), 창의성과 감성교육을 위한 ART 교육프로그램 어린이아뜨리에(공저), 창의인성론(2016) 등이 있으며 이외에도 다수의 논문을 발표하였다.

■ **김수동**

현재 동국대 경주캠퍼스 사범교육대학 교직부에서 교육과정 및 교육평가,교육방법 및 교육공학, 학교폭력 예방의 이론과 실제를 강의하고 있다. 한국교육과정평가원에서 교육과정과 교수학습 및 교육평가 관련 선임연구위원으로 근무하였으며, 관련 연구를 다수 수행하였다. 또한 방과후학교 관련 연구 및 컨설팅 활동 등에 참여하였다. 주요 연구분야는 방과후학교 정책 전반, 초등 돌봄, 민간위탁, 학생 핵심역량, 지역교육력, 토요방과후학교 운영, 방과후학교 정책의 국제비교 연구 등이다.

■ **정영모**

현재 한국방과후학회 사무국장으로 활동 중이다. 한국교육개발원 방과후학교중앙지원센터에서 연구원으로 근무하였으며, 방과후학교 관련 연구 및 컨설팅 활동에 참여하였다. 주요 연구분야는 학교정책, 민간위탁, 초등 돌봄, 학교 정책, 방과후학교 관련 법률 등이다.

■ **김주섭**

현재 한국방과후학교학회 부회장, 더-사랑다문화교육연구원 이사로 활동하고 있다. 안산시곡초등학교 교장, 안양부안초등학교 교장, 경기도김포교육지원청 교육장을 역임하였다. 주요 연구 분야는 다문화교육, 인구교육, 환경교육, 학생들의 꿈을 키우는 학부모 교육 등이다.

■ **정종민**

현재 경기도여주교육지원청 교육장으로 재직 중이며, 성균관대학교 겸임교수로도 활동하고 있다. 경기도교육청 방과후학교 담당 장학관으로 근무하였으며, 성남교육지원청 교수학습국장으로 방과후학교 활성화를 위해 노력하였다. 교육칼럼니스트로 칼럼집 '아이들의 이름을 불러주자', '0.3초의 기적'을 출간하였으며, 방과후학교에 대한 다수의 칼럼을 발표하였다.

■ **유재복**

전북교육청 방과후학교 담당장학사 및 장학관, 전국방과후학교담당자 협의회장과 전국방과후학교지원센터 자치협의회장을 역임하였다. 교육부 방과후학교 및 돌봄교실 컨설팅 위원, 방과후학교지원센터 컨설팅위원, 방과후학교 대상 심사위원, 방과후학교 가이드라인 및 매뉴얼 집필위원, 한국방과후학교학회 이사 등으로 활동하고 있으며, 현재 전주효림초등학교 교장으로 재직하고 있다.

■ **윤준영**

경영학 박사이며 한세대학교 경찰법무경영대학원 복지경영학과장이다. 전국 대학주도 방과후학교 사회적기업 협의회 회장직을 수행하며 방과후학교, 돌봄 관련 연구 및 자문위원, 컨설팅위원으로 교육부 및 교육청활동에 참여하였다. 주요 관심 연구분야는 사회적경제조직 및 협동조합, 방과후학교 민간위탁 및 돌봄정책등이다

■ **양윤이**

현재 한국방송통신대학교 강사, 가천대학교 돌봄안전연구소 소장, 중앙사이버평생교육원 운영교수 및 본 교육원 산하 미래교육연구소 연구위원으로 활동 중이다. 또한 가천대학교 사회정책대학원에 '돌봄안전학석사'과정을 제안하여 2016년 9월부터 운영, 돌봄학개론 등 돌봄학 관련 과목 강의 및 본 대학교 산하 돌봄안전연구소 소장으로 재직 중이다. 1998년부터 2011년 3월까지 초등돌봄교사와 관련한 대표 및 고문을 역임하였고, 2014년 초대 이사장을 역임하였다. 사회복지학박사학위 취득(2015), 초등돌봄 관련 연구 및 강의 그리고 집필과 정책 분야에 활동 중이다.

■ **노상수**

현재 부산광역시 남구청 평생학습팀장으로 재직중이다. 평생교육 분야에서 평생학습도시 건설 사업 등에 참여하였으며, 방과후학교 컨설턴트 및 자문위원으로도 활동하였다. 주요 참여 프로젝트로는 부산남구 교육인적자원개발벨트사업 등이 있다.

■ **채명숙**

현재 세종특별자치시 연서초등학교 교장으로 재직중이다. 공주교대부설초등학교 외 5개 학교에서 20년간 교사로 재직 후 충청남도공주교육지원청 장학사, 세종특별자치시교육청 장학사, 방과후학교 컨설턴트 및 자문위원 등으로 활동하였다.

현장중심 방과후학교 교육개론

초판 1쇄 인쇄 / 2016년 8월 20일
초판 1쇄 발행 / 2016년 8월 25일

•

공저자 / 김홍원 · 양애경 · 김수동 · 정영모 · 김주섭 · 정종민
유재복 · 윤준영 · 양윤이 · 노상수 · 채명숙
발행인 / 이 중 수
발행처 / **동 문 사**

•

서울특별시 서대문구 홍제원 1길 12
(홍제동 137-8)
Tel : 02)736-3718(대), 736-3710, 3720
Fax : 02)736-3719
등록번호 : 제9-17호
가격 : 20,000원

•

ISBN : 978-89-8251-843-0(93370)
E-mail : dong736@naver.com
www.dongmunsa.com